全国高职高专经济管理类"十四五"规划理论与实践结合型系列教材

统计学原理

TONGJIXUE YUANLI

主　编　王　轩　王喜英
副主编　杨冬梅
参　编　赵正娜　赵丹阳　肖文博

华中科技大学出版社
http://www.hustp.com
中国·武汉

图书在版编目(CIP)数据

统计学原理/王轩,王喜英主编. —武汉:华中科技大学出版社,2021.2(2024.9重印)
ISBN 978-7-5680-6869-7

Ⅰ.①统… Ⅱ.①王… ②王… Ⅲ.①统计学 Ⅳ.①C8

中国版本图书馆 CIP 数据核字(2021)第 030023 号

统计学原理
Tongjixue Yuanli

王 轩 王喜英 主编

策划编辑:聂亚文
责任编辑:刘姝甜
封面设计:孢 子
责任监印:朱 玢

出版发行:华中科技大学出版社(中国·武汉)　　电话:(027)81321913
　　　　　武汉市东湖新技术开发区华工科技园　　邮编:430223
录　　排:武汉创易图文工作室
印　　刷:武汉开心印印刷有限公司
开　　本:787mm×1092mm　1/16
印　　张:18
字　　数:469 千字
版　　次:2024 年 9 月第 1 版第 5 次印刷
定　　价:48.00 元

本书若有印装质量问题,请向出版社营销中心调换
全国免费服务热线:400-6679-118　　竭诚为您服务
版权所有　侵权必究

前言
PREFACE

"统计学原理"是经济类专业的基础课,也是相关专业的必修科目,是进一步学习相关学科的重要基础,掌握并熟练运用统计学原理是经济管理工作者和经济研究人员所必备的一项知识技能。"统计学原理"课程主要培养学生的统计思维推理能力,使学生掌握统计基本知识和方法,能对相关现象进行调查研究,并能运用统计方法分析、研究有关问题,以提高认识、判断水平。

本书围绕统计分析工作的基本流程设计,突出统计数据收集、整理和分析这一主线,以培养学生的数据分析能力为目标,从解决职业中遇到的具体问题出发,通过设定任务、分解任务、完成任务等步骤,帮助学生掌握数据处理的基本流程与方法,旨在帮助学生建立基本的统计思想与思维,掌握数据处理的程序与分析方法;根据后续课程和实际工作需要安排知识点,突出操作性与实用性。

全书内容及目标安排如下:

项目一,认知统计,主要介绍统计的含义、统计研究对象与方法、统计活动过程和任务,使学生理解并记忆统计学中的几个基本概念,从而建立基本的统计思想与思维。

项目二,统计数据的搜集,介绍统计数据来源及其类型、收集方式与方法,使学生具备基本的数据获取能力。

项目三,统计整理,介绍统计数据的分组与分布以及统计表、统计图等数据的基本特征,使学生具备数据整理的能力。

项目四、项目五、项目七,这三个项目介绍如何进行总量指标与相对指标、平均指标与变异指标、相关与回归等方面的分析,使学生掌握静态数据常用的分析方法。

项目六,主要介绍抽样推断的有关知识,包括抽样估计的意义和一般步骤、抽样分布和参数估计、推断设计等主要内容。通过学习这一项目,学生可初步具备在实际工作中正确运用抽样方法收集资料并做出正确推断的能力。

项目八至项目十主要分析数据的动态发展变化,包括动态数列分析、动态趋势分析与预测以及统计指数分析,可使学生根据过去和现在的数据,更好地把握现象变动方向和变动趋势。

书中各项目既有一定的独立性,相互之间又紧密联系。在内容安排上,各项目包含任务描述、理论推导、举例分析、操作步骤演示和实践运用,且每个项目后附有项目习题与实训,以便教师或学生对本项目知识和方法掌握情况进行测试或自测,查漏补缺。

本书由王轩(甘肃农业职业技术学院)、王喜英(河南工业大学理学院)担任主编,杨冬梅(上海农林职业技术学院)担任副主编。编写分工如下:赵正娜(青海大学)编写项目一;王喜英编写项目二;杨冬梅编写项目三及项目十;赵丹阳(上海农林职业技术学院)编写项目四;王轩负责整体框架设计和统稿,拟定提纲并编写项目五、项目六、项目八及项目九;肖文博(黑龙江农业经济职业学院)编写项目七。

  在本书的编写过程中,编者参阅了很多相关文献,在此向相关作者表示诚挚的谢意。书中难免有不足之处,恳请广大读者多提宝贵意见。

编 者

2020 年 12 月

目录
CONTENTS

项目一　认知统计　1
　任务一　统计的研究对象与方法　2
　任务二　统计学中的基本概念　5
　项目习题与实训　10

项目二　统计数据的搜集　14
　任务一　统计数据的来源　15
　任务二　统计调查方法的组织形式　16
　任务三　统计调查方案与调查问卷设计　19
　项目习题与实训　24

项目三　统计整理　31
　任务一　认知统计整理　32
　任务二　统计分组　33
　任务三　分配数列　37
　任务四　分布数列表示方法　44
　项目习题与实训　50

项目四　总量分析与相对分析　56
　任务一　总量指标分析　57
　任务二　相对指标分析　60
　项目习题与实训　70

项目五　平均指标与变异指标　73
　任务一　认知平均指标　74
　任务二　数值平均数　74
　任务三　位置平均数　84
　任务四　标志变异指标　93
　任务五　是非标志总体及其指标　100
　项目习题与实训　102

项目六 抽样推断 ········ 109
- 任务一 认知抽样推断 ········ 110
- 任务二 随机抽样方法与抽样分布 ········ 115
- 任务三 参数估计 ········ 128
- 项目习题与实训 ········ 135

项目七 相关与回归分析 ········ 141
- 任务一 认知相关分析 ········ 142
- 任务二 相关关系的测定方法 ········ 145
- 任务三 一元线性回归分析 ········ 153
- 项目习题与实训 ········ 157

项目八 动态数列 ········ 160
- 任务一 认知动态数列 ········ 161
- 任务二 动态数列的水平分析 ········ 165
- 任务三 动态数列发展速度分析 ········ 178
- 项目习题与实训 ········ 187

项目九 动态趋势分析与预测 ········ 193
- 任务一 动态趋势因素分析 ········ 194
- 任务二 线性趋势分析与预测 ········ 195
- 任务三 曲线趋势分析与预测 ········ 209
- 任务四 指数平滑预测法 ········ 224
- 任务五 季节变动分析与预测 ········ 229
- 项目习题与实训 ········ 234

项目十 统计指数 ········ 241
- 任务一 认知统计指数 ········ 242
- 任务二 综合指数 ········ 244
- 任务三 平均数指数 ········ 248
- 任务四 指数体系及因素分析 ········ 254
- 任务五 平均指标指数 ········ 266
- 项目习题与实训 ········ 269

参考文献 ········ 280

项目一
认知统计

TONGJIXUE YUANLI

任务一　统计的研究对象与方法

一、统计的含义

"统计"一词最基本的含义是人们对客观事物的数量表现、数量关系和数量变化进行描述和分析的一种计量活动。统计作为一种社会实践活动,已有悠久的历史,从有国家开始就有统计实践活动。最初,统计只是一种计数活动,为满足统治者管理国家的需要而搜集资料,通过统计计数以弄清国家的人力、物力和财力,作为国家管理的依据。在今天,"统计"一词已被人们赋予多种含义,在不同的场合、不同的语言环境中有多种不同的解释。主要概括为以下三个方面的含义,即统计工作、统计资料和统计学。

1. 统计工作

统计工作是为满足管理或研究需要而进行的搜集、整理和分析相关数据的一系列活动,也称统计实践活动。

2. 统计资料

统计资料是指通过统计工作取得的、用来反映社会经济现状的数据、文字、图表及其他相关资料的总称,也称统计数据、统计信息,是统计工作的结果。统计资料包括各项数字资料及有关文字资料,有统计表、统计图、统计年鉴、统计公报、统计报告和其他有关统计信息的载体。

3. 统计学

统计学是一门关于数据资料搜集、整理、分析与推断的科学,即统计理论。统计学是研究如何去采集、整理、显示、描述、分析数据和由数据得出结论的一系列概念、原理、原则、方法和技巧的方法论科学,是统计工作的经验总结和理论概括,是系统化的统计知识体系。

以上三个方面的含义之间的关系如下:

首先,统计工作和统计资料是过程与结果的关系。一方面,统计资料的需求支配着统计工作的局面;另一方面,统计工作的好坏又直接影响着统计资料的数量和质量。

其次,统计工作与统计学是实践与理论的关系。一方面,统计理论来源于统计实践,只有当统计工作发展到一定程度,才可能形成独立的统计学;另一方面,统计实践又需要统计理论的指导,统计科学研究大大促进了统计实践工作水平的提高,统计工作的现代化和统计科学的进步是分不开的。

总之,三者中最基本的是统计工作,没有统计工作就不会有统计资料,没有丰富的统计实践经验就不会产生统计科学。

二、统计学的研究对象

从统计发展趋势来看,由于管理统计学的兴起,各行各业都离不开统计,统计成为研究自然现象、社会现象、技术发展判定的一种方法论科学。

统计学的研究对象是客观现象总体的数量方面。所谓数量方面,主要是反映现象的数量特征、数量关系及数量界限的一系列数据。通过对这些数据进行研究,可以说明所研究现象的规模、水平、发展速度、比例、效益和变化等,揭示现象的本质与统计规律。比如,国民财富与资产、人口与劳动力资源、生产与消费、财政与金融、教育与科技发展状况、城乡人民物质文化生活水平等,通过对这些基本的社会经济现象的数量方面的认识,达到对整个社会的基本认识。

社会经济统计所研究的数量方面,具有如下特点。

1. 数量性

统计学最基本的特点就是用大量数据描述和分析现象,揭示本质,反映规律,推测发展趋势。

2. 总体性

统计学以客观现象总体的数量方面作为研究对象,是整体的数量方面,不是少量或个别单位的数量方面,通过对总体中各单位普遍存在的数量事实进行大量观察,加以分析综合,来反映现象的数量特征,揭示现象的本质和规律性。例如,一个国家或地区的物价情况,应该是这个国家或地区的多种消费品及服务项目总的价格状况,而不是指某一种具体的消费品或服务项目价格的高低。

3. 具体性

统计学研究现象的数量方面,不同于数学研究的纯数量,统计数据不是抽象的数量,是带有一定具体内容的数量。如果离开具体内容,仅是一个抽象的数字。如某人身高 170 cm,去掉限定,只剩下 170,则是一个没有任何内容的空洞数字,这就不是统计数据。可见,具体性就是指在时间、地点、条件三方面有着明确规定的数量。

4. 社会性

统计活动的主体是人,对象是社会经济现象,统计活动又是通过社会实践的方法来实现的,因此,统计学的研究对象具有社会性的特点。

综上所述,统计学是一门认识社会经济现象总体数量特征和数量关系的方法论科学,是一门应用科学,与其他理论科学不同,它不能直接阐明社会经济规律,而只是为从社会现象数量表现、数量关系及其发展趋势中研究经济规律提供原理、原则和方式方法。因此,统计学只是认识社会的方法、工具或手段。

三、统计工作过程

统计工作过程是指开展统计工作的步骤。

统计学解决问题的基本思路如图 1-1 所示。

```
提出与统计有关的实际问题 → 建立指标体系 → 调查、收集相关数据
→ 选用有效的统计方法对数据进行处理 → 采用适合的方式以显示数据的特征
→ 根据所收集数据的特征,结合定性、定量知识做出对总体特征的合理推断与预测
```

图 1-1 统计学解决问题的基本思路

因此,一个完整的统计工作过程一般要经过统计设计、统计调查(数据采集)、统计整理(数据整理)、统计分析(数据分析)几个阶段。

1. 统计设计

统计设计是根据统计研究对象的特点和研究的目的、任务,对统计工作的各个方面和各个

环节进行通盘考虑和安排,如确定调查对象,设计指标体系,编制分类目录,制订调查、整理和分析方案等。统计设计是科学、有效地组织统计活动的前提。

2. 统计调查

统计调查是根据统计研究的目的和要求,根据统计设计的内容、指标和指标体系的要求,有计划、有目的、有组织地搜集统计数据的工作过程。数据准确与否,是衡量统计工作质量好坏的关键。

3. 统计整理

统计整理是对调查数据进行综合汇总,使零散的资料条理化、系统化,以表明总体特征的工作过程。这个阶段的主要任务就是为数据分析阶段做准备,提供能在一定程度上说明总体特征的统计数据。但在实际工作中,数据整理与统计调查和统计分析并非总是截然分开的,有时也会交织在一起,统计整理是统计调查的继续,也是统计分析的开始。

4. 统计分析

统计分析是在统计整理的基础上,根据研究目的和任务,利用科学的统计分析方法,对统计研究对象的数量方面进行计算、分析的工作过程。统计结论要从分析中得出,因此,这一阶段的主要任务是揭示研究对象的状况、特点及统计规律。

四、统计研究的具体方法

统计研究的具体方法指研究统计数据的数量状况及内在变化趋势的方法,用于揭示统计规律,主要有以下五种。

1. 大量观察法

大量观察法是指统计时,即在研究社会经济及其发展的过程中,要从总体上加以观察,对现象总体的全部或足够多的单位进行调查研究并综合分析,才能得出正确的结论。这是因为社会经济现象的数量及其发展受多种因素的影响,总体内的各个单位,由于各自的具体条件不同,它们的数量状况及其变化带有一定程度的偶然性和随机性。因此,只有在对现象进行质的分析的基础上,观察现象总体的全部或足够多的个体,才能使偶然性的、随机性的因素相互抵消,现象的特征和规律性才能呈现出来。

此处"大量"只是一个相对概念,统计学的各种调查方法都属于大量观察法。

2. 统计分组法

统计分组法是指根据统计研究的任务,将所研究的社会经济现象总体按照一定标志划分为若干组的方法。社会经济现象本身具有复杂性、差异性及多层次性,需要我们进行分组或分类研究,以期在同质的基础上探求不同组或类之间的差异性。例如,在统计调查阶段可通过统计分组来搜集不同类的资料;在统计整理阶段可以通过统计分组法使各种数据资料得以分门别类地加工处理和储存,为编制分布数列提供基础;在统计分析阶段则可以通过统计分组来划分现象类型、研究总体内在结构、比较不同类或组之间的差异以及分析不同变量之间的相关关系。

3. 综合指标法

综合指标法是指运用具有综合性的统计指标来反映社会经济现象总体的一般数量特征和

数量关系的研究方法,一般用于概括地描述总体各单位在数量方面的综合特征和变动趋势。例如,总量指标可以显示出现象在具体时间、地点条件下的规模、水平;又如,相关分析与回归分析法、指数因素分析法、发展趋势分析法、综合评价法等都是运用综合指标来研究现象之间的数量关系的。

4.统计推断法

在统计认识活动中,我们所观察的往往只是所研究现象总体中的一部分,是有限的。要达到对总体的认识,就需要根据有关理论,由部分来推断总体,这种由部分来推断总体的方法就叫统计推断法。在实践中统计推断法是一种有效又经济的方法,其应用范围很广泛,发展很快。统计推断法已成为现代统计学的基本方法。

5.统计模型分析法

统计模型分析法是根据一定的经济理论和假设条件,用数学方程去模拟客观经济现象相互关系的一种研究方法,如相关分析法、回归分析法和趋势分析与统计预测。

上述各种方法之间是相互联系、互相配合的,共同组成了统计学方法体系。

五、统计的基本任务

《中华人民共和国统计法》规定:"统计的基本任务是对经济社会发展情况进行统计调查、统计分析,提供统计资料和统计咨询意见,实行统计监督。"也就是说,统计具有三大职能,分别是信息职能、咨询职能及监督职能。

(1)信息职能,指统计具有信息服务的功能,也就是说,统计时通过系统地搜集、整理和分析,得到统计数据,在统计数据的基础上再经过反复提炼筛选,提供大量有价值的、以数量描述为基本特征的统计信息。

(2)咨询职能,即提供统计数据和统计咨询意见,利用已经掌握的丰富的统计信息资源,运用科学的分析方法和先进的技术手段,深入开展综合分析和专题研究,为科学决策和管理提供各种可供选择的咨询建议与对策方案。

(3)监督职能,即统计监督,根据统计调查和统计分析,从总体上反映国民经济和社会的运行状态,并按照客观规律的要求对其实行全面、系统的定量检查、监测和预警,以促使经济和社会持续、协调、稳定地发展。统计监督的内容是国民经济和社会的运行状态,其依据一整套能够及时、准确、全面、系统地反映国民经济和社会运行状态的统计信息。

统计的这三大职能是相互作用、相互促进、相辅相成和密切联系的。统计信息职能是保证咨询职能和监督职能有效发挥的基础;统计咨询职能是统计信息职能的延续和深化;统计监督职能则可在信息职能、咨询职能基础上进一步拓展并促进统计信息和咨询职能的优化。

任务二 统计学中的基本概念

统计是指从对个体单位的观察入手,最终得到反映总体的统计数据,在这个活动过程中产生了一系列的专业术语,如统计总体、总体单位、统计标志、统计指标体系,等等。这些专业术语是统计学中最基本的概念,也是统计研究对象的具体量化。

一、统计总体与总体单位

(一)统计总体

总体,是指客观存在的、在某一相同性质基础上结合的许多个别事物的集合,是对研究对象和范围的界定。根据一定统计研究目的所确定的总体,称为统计总体,也简称总体。统计总体的概念包含三方面内容:

(1)统计总体是根据统计研究目的确定的。

(2)统计总体是客观存在的,具有可验证性。

(3)统计总体中的所有单位至少具有某一种相同性质。

(二)总体单位

构成总体的个体称为总体单位,简称单位。总体中所包括的单位数目称为总体单位数。

统计总体与总体单位,可以是人,可以是物,也可以是事件或现象等。例如,研究对象为一辆汽车上的全体乘客时,车上的每一位乘客就是总体单位;研究对象为一片果园时,果园内的每一棵果树就是总体单位;研究对象为某商场的促销力度时,该商场的每一次促销活动就是总体单位。

(三)统计总体和总体单位的关系

(1)统计总体和总体单位是整体与部分的关系。统计总体是整体,总体单位是个体,统计总体由总体单位构成,要认识统计总体必须从总体单位开始,统计总体的特征是通过对总体单位进行归纳综合体现出来的。

(2)统计总体和总体单位的划分不是绝对的,而是相对统计研究目的而言的。在一次特定范围、特定目的的统计研究中,统计总体与总体单位是不容混淆的,二者的含义是确切的,是包含与被包含的关系。但是,随着统计研究任务、目的及范围的变化,统计总体和总体单位可以相互转化。

(3)统计总体和总体单位互为依存的条件,没有总体单位,就没有统计总体;没有统计总体,总体单位也不复存在。

(四)统计总体的种类

统计总体按包含个体的多少分为有限总体和无限总体。

(1)有限总体是指统计总体中包含的单位数是有限的,可以计量并且能够穷尽,可以用确切的数值表示。例如,某地区人口总数、资产总量等,不论它们的数量有多大,都是有限的、可计量的,并有一个确切的数值。对于有限总体,可以进行全面调查,也可以进行非全面调查。

(2)无限总体是指统计总体中包含的总体单位数是无限的,可计量但不能穷尽。例如,一个人有多少根头发,宇宙中有多少个天体,其数量虽然可以计量,但是不能穷尽。对于无限总体,不能采用全面调查方法,只能采取非全面调查方法,即选取部分单位进行调查,然后由部分推断出总体。由总体的部分单位组成的集合称为样本(又称子样);构成样本的单位称为样品;样本中样品的数目称为样本容量。

(五)统计总体的特点

构成一个统计总体,必须同时具备以下三个特点。

1. 同质性

同质性指构成统计总体的各个总体单位至少有一种性质是相同的,这种相同是将各个单位结合起来构成总体的纽带。

2. 大量性

构成统计总体的总体单位要足够多,多到足以代表所要研究的现象。统计研究目的是揭示现象的规律性,这种规律只有在大量事物的普遍联系中才能表现出来。

3. 差异性

构成总体的所有单位既有共性又有个性,个性是指各单位之间存在差异,这些差异有属性上的差异与数量上的差异。例如,研究某校学生,研究对象除了都是该校学生以外,每一个学生在所属班级、性别、民族、年龄、身高、体重、兴趣、学习成绩等诸多方面不一定相同,这就是差异性。正是这种差异性的普遍存在,才使统计研究成为必要。

二、统计标志

(一)概念

统计标志,简称标志,是说明总体单位属性和特征的概念名称。例如,调查某个班级,该班级中的每一个学生是总体单位,每个学生的性别、年龄、身高、体重等名称就是标志。

标志必须是总体中每个单位普遍具有的属性和特征,具有普遍性;如果只是个别单位具有的特殊属性和特征,就不能作为总体的标志。

标志和总体单位的关系是非常明确的,总体单位是标志的直接承担者,标志是依附于总体单位的。

标志表现,是指标志特征在各单位的具体表现。如果说标志是统计所要调查的项目,那么标志表现是调查所得结果,是标志的实际体现。例如,某人,性别——男,年龄——20岁,民族——汉族。这里,"男""20岁""汉族"就是"性别""年龄""民族"的具体体现,即标志表现。

(二)标志的分类

1. 按表现形式不同分为品质标志和数量标志

(1)品质标志。

品质标志指总体单位性质方面的特征,如人的性别、民族、籍贯、兴趣、爱好等,这一类标志只能用文字来表示,不能用数量来表示。

(2)数量标志。

数量标志指总体单位数量方面的特征,如人的年龄、身高、体重、收入支出,企业的职工人数、产量、产值、资产等,这一类标志只能用数值来表示。

2. 按变异情况可以分为不变标志与可变标志

(1)不变标志。

无论是品质标志还是数量标志,当某个标志在各个单位之间的具体表现相同时,该标志是不变标志。例如,第六次全国人口普查中,被普查的每个人都是中国境内的常住居民,这就是不变标志。一个总体的各个单位至少要有一个不变标志,满足同一属性,才能使各个单位结合在一起,组成总体。不变标志就是构成总体同质性的基础。

(2)可变标志。

当某个标志在总体各个单位上的表现不尽相同时,该标志为可变标志,即可变动的标志,也称变异标志。总体的各个单位如果在许多方面不同,意味着其具有许多可变标志。例如,在国有企业这个总体中,各企业的经营范围、职工人数、劳动生产率、产值等方面情况都是不相同的,这些不相同的标志,就是可变标志。可变标志是统计研究的主要内容,如果标志在总体的各单位之间的表现都相同,只研究一个单位就可以代表全部,那就没有必要进行统计研究了。

三、统计指标

(一)概念

统计指标是反映统计总体数量特征的概念和数值,简称指标。一个完整的统计指标由两个最基本的部分所构成,即指标名称和指标数值。

指标名称是统计研究现象的科学概念,表明该现象质的规定性,反映某一现象内容所属的范围,如年末全国人口总数、全年国内生产总值、国内生产总值年度增长率等。

指标数值简称指标值,是统计研究现象的具体数量综合的结果,对现象从数量上加以说明,反映现象量的规定性。

统计指标名称及指标数值的有机结合,也就是事物质的规定性和量的规定性有机联系的表现。

统计指标一般有六个要素,即指标名称、计量单位、核算方法、时间限制、空间限制和指标具体数值。例如,2017年末我国总人口为13.9亿人,该统计指标(见表1-1)就包含上述六个要素,其中核算方法是指指标具体数值的计算方法,一般在指标中不明确出现。

表1-1 2017年末我国总人口统计指标

时间限制	空间限制	指标名称	指标具体数值	计量单位
2017年末	我国	总人口	13.9	亿人

(二)统计指标的类型

统计指标按其所反映总体现象的数量特性的性质不同,可分为数量指标和质量指标。

1. 数量指标

数量指标是反映现象总规模大小和数量多少的统计指标,是总体的各单位数量标志值的汇总结果,一般用绝对数表示,并具有实物的或货币的计量单位,如某地区土地面积、人数、总产量、总产值等,其数值大小一般随总体范围的大小而增减。

2. 质量指标

质量指标是反映总体相对水平或平均水平的统计指标,它表示事物的内含量状况,一般用相对数或平均数表示,如计划完成程度、优质品率、平均工资等。

数量指标和质量指标的关系表现在:数量指标是基础;质量指标是属性,是相关的数量指标对比的结果。

(三)统计标志与统计指标的区别和联系

1. 两者的区别

(1)概念不同,标志是说明总体单位特征的,指标是说明总体特征的。

(2)表现形式不同。有的标志可用数量表示,如数量标志;有的标志不能用数量表示,如品质标志。统计指标则都是用数量表示的,没有不能用数量表示的统计指标。

2.两者的联系

(1)数量标志是统计指标的基础,统计指标的指标数值是由各单位的数量标志汇总或计算得来的。

(2)统计标志与统计指标之间存在着变换关系,如果研究目的、范围发生变化,原来的总体变成单位了,则相应的统计指标也就变成了数量标志。反过来,如果原来的单位变成总体了,则相应的数量标志也就变成了统计指标。

四、统计指标体系

单个指标只反映总体现象的一个侧面,要对一个总体有全面的认识,需要从多个方面观察研究,一个方面用一个统计指标,多个方面就会形成多个统计指标,而反映一个总体的多个指标,在一定的范围或条件下是相互联系、相互影响的。这种由相互联系、相互影响的三个或三个以上统计指标所构成的整体指标系统称为统计指标体系。例如,一个小企业,产量少,销售量也会少,销售额也会小,根据销售量和销售额还可以推算出销售价格,这样,销售额、销售价格、销售量就构成了一个反映销售情况的统计指标体系。

统计指标体系的作用是从多个不同的方面综合反映总体现象的状况和发展变化,以满足人们全面深入认识客观事物的要求。

统计指标体系的形式有两种。

一种是指标体系中的各个指标存在着确定的对应关系,各指标间的关系可以用关系式表达。

例如:

$$销售额 = 销售价格 \times 销售量$$
$$总产值 = 生产价格 \times 产量$$
$$总成本 = 单位成本 \times 产量$$

另一种是各指标间关系无法用算式表达,只能用相互关联、相互补充关系表示。例如,国民经济指标体系由反映再生产基本条件的指标、国民财产指标、自然资源指标、反映生产与使用方面的指标、反映分配与流通方面的指标、反映消费与积累方面的指标、反映国际收支方面的指标、反映国民经济循环的指标等构成。随着社会的发展,统计指标体系也是不断发展完善的。

五、变异与变量

(一)变异

变异是变化的标志,是指可变标志的属性或特征由一种状态变到另一种状态,统计上称之为变异。变异表现为各个单位之间的差异,包括量(数值)的差异和质(性质、属性)的差异。例如,一个班级,性别有男、女之分,这是属性差异;身高的值有大有小,这是数量上的差异。

(二)变量

1.变量的概念

在统计中,一般把说明现象某种特征的概念称为变量。如果一个变量是由品质标志数据来记录的,则该变量称为品质变量,如"性别"。如果一个变量是由数量标志数据来记录的,则该变量称为数量变量或数字变量,在多数情况下我们所说的变量都是指数字变量。

变量的具体表现称为变量值。例如,身高就是一个变量,同一年龄的人身高却是有差别的,尽管原因我们不清楚,但这种差别却是存在的,甲的身高为 168 cm,乙的身高为 173 cm,丙的身高为 185 cm,身高针对不同个体有不同的值,是变量,而"168 cm""173 cm""185 cm"都是身高这个变量的变量值(标志值、具体数量表现)。

2. 变量的种类

(1)按变量值的连续性可把变量区分为连续变量和离散变量两种。

①连续变量。

连续变量,其数值用测量或计算的方法取得,变量值是连续不断的,在一定区间内可以任意取值,相邻的两个数值之间可以进行无限分割,一般可以表现为小数。例如,人的身高、体重、年龄等都是连续变量。

②离散变量。

离散变量的数值是通过逐个计数的方法得出的,其变量值是间断的,只能以整数断开,而不能表现为小数,如果取小数,则失去原来的意义。例如,人数、企业数、设备台数等都是离散变量。

有些性质上属于连续变量的现象也可按整数取值,即可以把它们当作离散变量来看待。例如,年龄、评定成绩等虽属连续变量,但一般按整数计算,按离散变量来处理。

(2)按变量所受影响因素与结果不同,可把变量区分为确定性变量和随机性变量。

①确定性变量。

确定性变量,是指受确定性因素影响的变量,也即影响变量值变化的因素是明确的,可解释或可控制,因而变量的变化方向和变动程度是可确定的。这种变量与影响因素之间在数量上是有因果联系的。例如,"利润=收入-成本-税金",对于一个企业而言,利润就是收入除去成本和税金后的余额,在收入、成本、税金确定后,利润就是一个确定的数值。

②随机性变量。

随机性变量,是指受各种不确定性、偶然性、随机性因素影响的变量。这种变量受多种因素的影响,变量与影响因素之间的数量关系是一对多或者多对多,某个事件发生以后,变量的变化并不是由该事件的发生必然导致的,而是有多种可能。例如,一只骰子有 6 面,掷一次骰子,骰子朝上的一面可能是 1 点,也可能是 2 点、3 点、4 点、5 点、6 点,因为掷一次骰子(起因)后出现其中的某一点数是偶然的,没有必然性,所以称得到的点数——1 点至 6 点是随机性变量。

项目习题与实训

任务一 统计的研究对象与方法

一、填空题

1."统计"一词从不同角度理解有三种含义,即_____、_____ 和_____;它们之间的关系是_____。

2. 下列资料中"统计"一词的含义分别是：
(1)小张是学统计的,指_____。
(2)他已搞了几十年统计了,指_____。
(3)据统计,今年第一季度物价指数出现负增长,指_____。
(4)请找统计人员登记一下,指_____。
(5)请统计一下今天的销售量,指_____。
3. 统计是认识社会经济现象的一种_____与_____。
4. 统计学研究现象的数量方面,不同于数学研究的纯数量,统计数据不是抽象的数量,它是以现象质的规定性为基础的,是带有一定_____的数量。
5. 统计学是对_____的经验总结和理论概括。

二、单项选择题

1. 统计工作与统计学的关系是(　　)。
  A. 内容与本质　　　　　　B. 统计活动过程与活动结果
  C. 实践与理论　　　　　　D. 内容与形式
2. 统计学与数学的区别在于(　　)。
  A. 数量性　　　B. 具体性　　　C. 总体性　　　D. 社会性
3. 对人类性别比例的研究是统计学的起源之一,一般人认为,新生婴儿的男女性别比例为1:1,实际上,在自然条件下,新生儿性别的大致比例为"男：女＝107：1"。这个结论是通过(　　)得出的。
  A. 大量观察法　　　B. 统计分组法　　　C. 统计推断法　　　D. 统计模型分析法
4. 一般来说,统计工作过程不包括(　　)。
  A. 数据搜集　　　B. 数据整理　　　C. 统计分析　　　D. 统计预测与决策
5. 统计学的基本方法包括有(　　)。
  A. 调查方法、整理方法、分析方法、预测方法
  B. 调查方法、汇总方法、预测方法、实验设计
  C. 对数法、平均数法、指数法、汇总法
  D. 统计模型分析法、大量观察法、统计分组法、综合指标法、统计推断法

三、多项选择题

1. 统计认识过程是(　　)。
  A. 从个体到总体　　　　B. 从总体到个体　　　　C. 从量到质
  D. 从质到量　　　　　　E. 从质到量再到质和量的结合
2. 统计的基本任务是对经济社会发展情况(　　)。
  A. 进行统计调查和分析　　　　B. 提供统计资料
  C. 提供统计咨询意见　　　　　D. 进行科学决策
  E. 实行统计监督
3. 关于统计学描述正确的有(　　)。
  A. 统计学是一门收集、整理和分析统计数据的方法论科学
  B. 统计学是一门收集、整理和分析统计数据的实质性科学
  C. 统计学的研究目的是探索数据内在数量规律
  D. 统计学提供了探索数据内在规律的一套方法

任务二 统计学中的基本概念

一、单项选择题

1. 调查某市职工家庭的生活状况时,统计总体是( )。
   A. 该市全部职工家庭　　　　　　B. 该市每个职工家庭
   C. 该市全部职工　　　　　　　　D. 该市职工家庭户数
2. 调查某班 50 名学生的学习情况,则总体单位是( )。
   A. 该班 50 名学生　　　　　　　B. 该班每一名学生
   C. 该班 50 名学生的学习情况　　 D. 该班每一名学生的学习情况
3. 构成统计总体的基础和前提是( )。
   A. 综合性　　　B. 同质性　　　C. 大量性　　　D. 差异性
4. 一个统计总体( )。
   A. 只能有一个标志　B. 只能有一个指标　C. 可以有多个标志　D. 可以有多个指标
5. 像"性别""年龄"这样的概念,可能用来( )。
   A. 表示总体特征　B. 表示个体特征　C. 作为标志　　D. 作为指标使用
6. 调查某校学生的学习、生活情况,学生"一天中用于学习的时间"是( )。
   A. 标志　　　　B. 指标　　　　C. 变异　　　　D. 变量
7. 变量是可变的( )。
   A. 品质标志　　B. 数量标志　　C. 数量标志和指标　D. 质量指标
8. 年龄是( )。
   A. 变量值　　　　　　　　　　　B. 离散变量
   C. 连续变量　　　　　　　　　　D. 连续变量,但在应用中常作为离散变量处理

二、多项选择题

1. 下列属于品质标志的有( )。
   A. 职工人数　　　　B. 职工的民族　　　C. 职工的文化程度
   D. 职工工资　　　　E. 职工工龄
2. 下面属于数量标志的有( )。
   A. 职工年龄　　　　B. 职工工种　　　　C. 职工工资
   D. 职工技术职称　　E. 职工人数
3. 下列属于离散变量的有( )。
   A. 工商企业数　　　B. 播种面积　　　　C. 粮食总产量
   D. 牲畜数　　　　　E. 学校班级数
4. 对某企业全部男职工进行调查研究,可变标志是( )。
   A. 工龄　　　　　　B. 技术职称　　　　C. 性别
   D. 工资　　　　　　E. 单位
5. 连续变量的数值( )。
   A. 是连续不断的　　　　　　　　B. 是以整数断开的
   C. 用测量或计算的方法取得　　　D. 相邻两值之间可取无限数值

E. 相邻两值之间不可有小数

6. 在工业普查中,下面选项表述正确的有(　　)。

A. 全部工业企业是统计总体　　B. 每一个工业企业是总体单位

C. 固定资产总额是统计指标　　D. 机器台数是连续变量

E. 职工人数是离散变量

三、判断题

1. 一般而言,指标总是依附在总体上,而总体的单位则是标志的直接承担者。(　　)
2. 指标都是用数值表示的,而标志则不能用数值表示。(　　)
3. 数量指标是由数量标志汇总来的,质量指标是由品质标志汇总来的。(　　)
4. 以绝对数形式表示的指标是数量指标,以相对数或平均数表示的指标是质量指标。(　　)

四、综合应用题

1. 2010年开展的第六次全国人口普查,主要调查人口和住户的基本情况,人口普查的对象是在中华人民共和国境内居住的自然人,普查内容包括性别、年龄、民族、婚否、职业、文化程度、受教育年限等。人口普查的标准时点是2010年11月1日零时。经过汇总,可以计算出总人口、男性人口与女性人口、城镇人口与农村人口、各年龄人口等;经过分析计算,可以计算出出生率、死亡率、自然增长率、平均寿命、平均受教育年限。

根据资料请分别说明统计总体和总体单位、不变标志和可变标志、品质标志和数量标志、数量指标和质量指标。

2. 2018年某市有10家轻工企业,它们的有关统计资料如表1-2所示。

表1-2　2018年某市10家轻工企业统计资料

企业简称	东旭	华美	华飞	快捷	长电	益丰	百丽	华龙	新材	华发
经济类型	国有	集体	股份	外资	台资	私营	外资	国有	股份	集体
行业代码	8	19	19	12	15	3	11	10	22	7
职工人数/人	785	186	865	288	385	105	486	863	564	195
总资产/万元	2 354	1 323	3 391	988	1 122	550	1 854	2 696	1 865	658
增加值/万元	9 734	2 697	12 975	4 176	5 621	1 764	7 776	12 945	7 614	2 418
销售额/万元	9 886	4 586	12 886	4 186	5 608	1 786	7 788	12 921	7 823	2 305
利润率/(%)	12.4	14.5	15	14.5	14.6	16.8	16	15	13.5	12.4
增长率/(%)	6.5	7.6	8.5	6.4	7.5	8.8	6.8	7.3	7.8	5.3

要求回答:

(1) 总体是_____,总体单位数为_____。

(2) 品质标志包括_____。

(3) 数量标志包括_____。

(4) 数量指标包括_____。

(5) 质量指标包括_____。

(6) 离散变量包括_____。

(7) 连续变量包括_____。

项目二
统计数据的搜集

TONGJIXUE YUANLI

任务一 统计数据的来源

统计数据的来源主要有两种,即直接来源和间接来源。

直接来源主要是指通过统计调查方式来获得统计数据。

一、统计调查

统计调查也称统计观察,是指根据统计研究的目的和要求,采用科学的方法,有组织地搜集所需统计资料的过程。

通过统计调查、观察和进行实验活动获得的数据称为第一手资料(或原始数据、直接的统计数据),这是统计数据的直接来源。为获得原始数据进行的调查有统计部门进行的统计调查,也有其他部门或机构为特定目的而进行的调查;实验是取得自然科学数据的主要手段。统计调查是整个统计活动的基础,决定着统计认识过程是否顺畅、结果是否有效。因此,必须按照预定的目的,准确、及时、全面、系统地搜集原始资料,这是统计调查的基本要求。

(一)统计调查的种类

(1)按调查对象包括的范围不同,统计调查可分为全面调查和非全面调查。

全面调查是对被调查对象中所有的单位进行调查,其主要目的是取得全面、系统、完整的资料。全面调查要耗费大量的人力、物力、财力和时间。

非全面调查是对被调查对象中一部分单位进行调查,如重点调查、典型调查、抽样调查等。

(2)按登记时间是否连续,统计调查可分为经常性调查与一次性调查。

经常性调查是随着调查对象在时间上的发展变化,而随时变化的情况进行连续不断的登记。其主要目的是获得事物全部发展过程及其结果的统计资料。

一次性调查是对事物每隔一段时间或在一定时点上的状态进行登记,是不连续登记的调查。其主要目的是获得事物在某一时点上的水平、状况的资料。

一次性调查又分为定期和不定期两种。定期调查是每隔一段固定时间进行一次调查;不定期调查是指调查时间间隔不全相等。

(3)按调查的组织形式不同,统计调查可分为统计报表制度和专门调查。

统计报表制度是按照国家统一规定的调查要求与文件(指标、表格形式、计算方法等)自上而下地安排、自下而上地提供统计资料的一种报表制度。

专门调查是为了某一特定目的而专门组织的统计调查,包括普查、抽样调查、重点调查、典型调查等。

(二)统计调查的方法

收集初级资料数据的具体方法主要有直接观察法、报告法、访问调查、邮寄调查、电话调查、座谈会、个别深度访问和网上调查。

(1)直接观察法是调查人员亲临现场对调查单位的调查项目进行清点、测定、计量,并加以登记,以取得第一手资料的一种方法。例如,为了及时了解农作物的产量,调查人员亲自到田间进行实割实测、脱粒、晾晒、过秤等工作;又如,为了了解企业年末的产品结存量,调查人员深入仓库进行观察、计数、测量等工作。直接观察法能够保证调查资料的准确性,但需要大量的人力、物力、财力和时间,且有些社会经济现象无法用直接观察法进行测量,如对历史资料的调查和对职工家庭收支情况资料的调查等。

(2)报告法也称报表法,是调查单位或报告单位利用各种原始记录、基层统计台账和有关核算资料作为报告依据,按照隶属关系,逐级向有关部门提供统计资料的一种方法。

(3)访问调查又称派员调查,它是调查者通过与被调查者进行面对面的交谈从而得到所需资料的调查方法。

(4)邮寄调查是通过邮寄或其他方式将调查问卷送至被调查者处,由被调查者填写,然后将问卷寄回或投放到指定收集点的一种调查方法。

(5)电话调查是调查人员利用电话、微信、QQ等现代通信手段同被调查者进行语言交流,从而获得信息的一种调查方式。其优点是时效好、费用低;不足是问题的数量不能过多且所得信息难以核实。

(6)座谈会也称为集体访谈法,它是将一组被调查者集中在调查现场,让他们对调查的主题发表意见,从而获取调查资料的一种方法。这种方法适用于收集与研究课题有密切关系的少数人员的倾向和意见资料。

(7)个别深度访问是一次只有一名被调查者参加的特殊的定性研究,常用于动机研究,以发掘被调查者非表面化的深层次意见。这种方法最适宜于研究较隐秘的问题,如个人隐私、较敏感的问题等。

(8)网上调查主要有电子邮件或计算机辅助电话访问等形式。

二、次级数据

对大多数数据使用者来说,亲自去做调查往往是不可能的,这些使用者所使用的数据大多数是别人调查或科学实验得来的数据,这是数据的间接来源,这种数据称为次级数据(次级资料、第二手数据)。

次级数据主要是指来源于公开出版的或公开报道的数据,其来源主要包括国家和地方的统计部门以及各种报刊媒介,如《中国统计年鉴》《中国市场统计年鉴》、各种报纸、杂志、广播、电视中的各种数据资料。

次级数据有获取速度快、成本低、容易获得等优点,但也有计量标准和分组标准与研究所要求的标准不一致、过时、不充分等缺点,引用时必须进行认真甄别、清理、补充、完善,才可变为对需求者有用的数据。

任务二　统计调查方法的组织形式

社会经济现象的复杂性和研究任务的多样性,要求有与之相适应的统计调查方式和方法。统计调查按组织形式可分为统计报表制度和专门调查两类。

一、统计报表制度

(一)统计报表的概念、作用和特点

统计报表是指各级企事业行政单位按规定的表格形式、内容、时间要求报送程序,定期向上级机关和国家报告自身基本情况、重要经济活动情况及其他状况的一种统计调查方法。

统计报表是国家了解国民经济发展情况,检查国民经济和社会发展状况、制定经济和产业政策的重要工具,是为我国宏观决策等提供基本依据的主要信息流;是企业单位、事业单位及各级业务主管部门进行业务领导和管理的重要依据。

统计报表的基本特点是统一性,具体表现为统计报表的内容和报送的时间是由国家强制规定的;统计报表的指标含义及计算方法、口径是全国统一的,以保证调查资料的统一性。

统计报表的优点是来源可靠,回收率高,方式灵活。统计报表制度是依靠行政手段执行的报表制度,要求严格按照规定的时间和程序上报,因此,具有100%的回收率;它既可以越级汇总,也可以层层上报、逐级汇总,以便满足各级管理部门对主管系统和区域统计资料的需要。因其填报的项目和指标具有相对的稳定性,统计报表可以完整地积累形成时间序列资料,便于进行历史对比和社会经济发展变化规律的系统分析。

统计报表的缺点是,在经济利益多元化的条件下,有的单位为了本单位的利益可能会虚报、漏报或瞒报,影响统计数据的质量。

(二)统计报表分类

(1)按调查范围不同,统计报表可分为全面统计报表和非全面统计报表。

全面统计报表是全面调查的一种,要求调查对象中的每一个单位都要填报,是目前我国经常性调查的主要方式。

非全面统计报表,是只要求调查对象的一部分单位填报的报表。

(2)按填报单位不同,统计报表可分为基层统计报表和综合统计报表。

基层统计报表是由基层企事业单位填报的报表。

综合统计报表是由主管部门根据基层统计报表逐级汇总填报的报表。综合统计报表主要用于搜集全面的基本情况,此外,也常为重点调查等非全面调查所采用。

(3)按报送周期不同,统计报表可分为日报、周报、旬报、月报、季报、半年报和年报。

日报、周报和旬报称为进度报表,主要用来反映生产、工作的进展情况。

月报、季报和半年报主要用来掌握国民经济发展的基本情况,检查各月、季、半年的生产、工作情况。

年报每年上报一次,主要用来全面总结全年经济活动的成果,检查年度国民经济计划的执行情况等。

一般来说,周期短的,要求资料上报迅速,填报的项目比较少;周期长的,内容要求全面一些;年报具有年末总结的性质,反映当年中央政府的方针、政策和计划贯彻执行情况,内容要求更全面和详尽。

(4)按报表内容和实施范围不同,统计报表可分为国家统计报表、部门统计报表和地方统计报表。

国家统计报表是国民经济基本统计报表,由国家统计部门统一制发,用以收集全国性的经济和社会基本情况,包括农业、工业、基建、物资、商业、财政等方面最基本的统计资料。

部门统计报表是为了适应各部门业务管理需要而制订的专业技术报表。

地方统计报表是针对地区特点而补充制订的地区性统计报表,是为本地区的计划和管理服务的。

二、专门调查

专门调查是指专项负责某一个项目的调查工作。它是我国统计工作中统计调查的重要组织形式,包括普查、抽样调查、重点调查和典型调查四种。

(一)普查

普查是出于某种特定的目的而专门组织的一次性的全面调查,如人口普查、工业普查、农业普查等都是由国家或者地区组织的,适用于特定目的、特定对象,旨在搜集有关国情国力的基本统计数据,为国家制定有关政策或措施提供依据;主要用来调查不能够或不适宜用定期全面的调查报表来收集的资料。

1.普查应遵循的原则

(1)必须统一规定调查资料所属的标准时点,以避免调查数据的重复或遗漏,保证普查结果的准确性。

(2)正确确定调查期限,选择登记时间。为了提高资料的准确性,一般应选择调查对象变动较小和登记、填报较为方便的时间,并尽可能在各普查地区同时进行,力求最短时间完成。

(3)规定统一的调查项目和计量单位。同种普查,各次基本项目应力求一致,以便对历次普查资料进行汇总和对比。

(4)尽可能按一定周期进行,以便研究现象的发展趋势及其规律性。

2.普查的优缺点

普查的优点:由于是对调查对象的所有单位进行调查,所获得的资料全面,可以摸清全部调查对象的相关情况;准确度高,普查所获得的数据为抽样调查或其他调查提供基本依据。

普查的缺点:由于普查涉及面广,调查单位多,要耗费大量的人力、物力和财力,且组织工作复杂,因此,普查一般不宜经常使用,只能是一次性或周期性的,且时间间隔较长。例如,逢"0"年份人口普查,逢"3"或"8"年份经济普查,逢"6"年份农业普查等。

(二)抽样调查

抽样调查是从调查对象的总体中随机抽取一部分单位作为样本进行调查,并根据样本调查结果来推断总体数量特征的一种非全面调查方法。

抽样调查是实际应用最广泛的一种调查方法,抽样调查的内容将在后文讨论。

(三)重点调查

重点调查是一种非全面调查,它是在全部单位中选择一部分重点单位进行调查,以取得统计数据的一种非全面调查方法。其目的是了解总体的基本情况。

重点调查的关键在于确定重点单位。所谓重点单位,是指在总体中具有举足轻重地位的单位,这些单位虽然数目不多,但他们的标志值之和很大,或者他们的标志值占总体标志值总量的比重很大,在总体中有很重要的作用。对这些单位进行调查的结果,能够反映出整个研究对象的基本情况。因此,当调查任务只要求对总体的基本情况进行了解,而部分重点单位又能集中反映所研究的问题时,便可采用重点调查的方式。例如,要掌握"三废"排放情况,可选择冶金、电力、化工、石油、轻工和纺织等领域的污染"大户"进行调查。

重点调查的优点是投入少,调查速度快,又能及时提供主要情况或基本趋势,便于掌握基本情况。缺点是调查取得的数据只能反映总体的基本发展趋势,不能用以推断总体,因而只是一种补充性的调查方法。

重点调查的组织形式有两种:一种是专门组织的一次性调查;另一种是利用定期统计报表经常性地对一些重点单位进行的调查。

(四)典型调查

典型调查是根据调查目的和要求,在对调查对象进行初步分析的基础上,有意识地选取少数具有代表性的典型单位进行深入细致的调查研究,借以认识同类事物的发展变化规律及本质的一种非全面调查,如典型案例。

典型调查关键在于正确地选择典型,应根据调查的目的,在对事物和现象总体情况已有初步了解的基础上,综合分析,对比研究,从总体上和事物的相互联系中分析现象及其发展趋势,选出典型。典型可分为三种,即先进典型、中间典型和后进典型。当研究目的是探索事物发展的一般规律或了解一般情况时,应选择中间典型;当研究目的是总结推广先进经验时,就应选取先进典型;当研究目的是帮助后进单位总结经验时,就应选择后进典型。

1. 典型调查的特点

(1)调查单位是根据调查目的有意识地选择出来的少数具有典型性的单位,便于从典型入手,逐步扩大到认识事物的一般性和普遍性,但易受人的主观意志的影响。

(2)典型调查是对调查对象总体中的个别或某些单位进行的调查,调查单位少,调查方法可机动灵活,省时省力,提高调查效果。

(3)典型调查有利于深入实际,解剖调查对象。

2. 典型调查的作用

通过进行典型调查,可以研究尚未充分发展、尚处于萌芽状态的新生事物或某种倾向性的社会问题;可以弥补全面调查和其他非全面调查的不足;可以分析事物的不同类型,研究它们之间的差别和相互关系;在一定条件下,可以利用典型资料,结合基本统计数据,估计推算有关数据。

典型调查在很大程度上受人们主观认识的影响,因此,必须同其他调查方法结合起来使用,才能避免产生片面性问题。

任务三 统计调查方案与调查问卷设计

一、统计调查方案设计

(一)统计调查方案的概念

在进行统计调查前,需要制订出一个周密、完整的调查方案,以指导整个调查工作。

统计调查方案是指在实际调查之前,根据调查的目标和内容而制订的调查实施计划和调查工作程序。简单地说,统计调查方案就是对调查研究的内容和方式的详细说明,包括具体的调查组织计划和工作程序。统计调查方案是指导统计调查工作的纲领,是调查工作有计划、有组织、系统进行的保证。

(二)统计调查方案的内容

一个完整的统计调查方案应包括以下四个方面的内容。

1. 调查目的

在调查方案中首先应明确本次调查的目的,也就是说,为了什么进行调查和通过调查要达到什么目标、发挥什么作用、解决什么问题。只有调查目的明确之后,才能确定向谁调查、调查什么以及采用什么方法进行调查。

2. 调查对象、调查单位与填报单位

调查对象即调查总体。应明确"在什么范围"进行调查。调查对象是根据调查目的确定的调查研究的总体或调查范围,明确调查对象,划清范围、界限,主要是为了防止在调查工作中产生重复或遗漏。

调查单位指构成调查对象的每一个单位,即明确具体向谁调查,由谁来提供所需资料。调查单位是调查项目和指标的承担者或载体。

填报单位指负责填写和报送资料的单位。

调查单位与填报单位有时一致,有时不一致。当调查单位自己负责向上报告时,它同时也是填报单位。例如,调查工业企业经济效益情况时,调查对象为全部工业企业,调查单位为每一个工业企业,填报单位为每一个工业企业。

当调查单位的资料由它的上级组织收集整理并向上报告时,调查单位与填报单位不一致。例如,调查工业企业机械设备情况,调查对象为全部工业企业,调查单位为每一台机械设备,填报单位为每一个工业企业。

3. 调查项目和调查表

(1)调查项目是指调查中所要了解的具体内容,它要回答的是调查什么问题。调查项目可以是调查单位的数量特征,也可以是调查单位的某种属性或品质特征,即标志、指标和指标体系。

确定调查项目时要注意以下几个方面:

首先,调查项目的含义一定明确、具体,不能含糊不清。

其次,设计调查项目时既要考虑调查任务的需要,也要注意获取资料的可行性。

最后,调查项目之间尽可能相互关联,使得调查资料可以相互对照。

(2)调查项目常以表格的形式来表现,称为调查表。调查表分单一表和一览表。

单一表是一张(份)表格里只登记一个调查单位的信息。单一表能容纳较多的项目,适用于调查单位的调查项目较多的情况。如个人成绩单,每一张(份)表格里只记录某一个人的成绩信息。

一览表是把多个调查单位的相应的项目登记在一张(份)表格里,在调查项目不多时采用。如某班成绩表,在一张(份)表里,记录着该班所有人的成绩信息。

4. 调查时间与调查期限

调查时间是指调查数据所属时间,即登记的是某一时间点上的数据(时点现象)或某个期间的数据(时期现象)。对于时点现象,由于时点转瞬即逝,要明确规定资料的统一时点,即标准时点。若为时期现象,要明确规定现象的起止时间。

调查期限是指进行调查工作的时限,即调查工作从开始到结束的时间长度,包括搜集和报送资料需要的时间。例如,生产经营月报,规定基层单位填报时间为次月 3 日,则调查时间为 1 个月,调查期限是 3 天。又如,我国第四次全国人口普查规定以 1990 年 7 月 1 日零时为标准时点,要求普查登记工作在 7 月 10 日完成,则调查时间为 7 月 1 日零时,调查期限为 10 天。

另外,统计调查方案中还应明确调查所采用的方式和方法,调查的组织与实施工作等,主要包括组织机构的成立,调查人员的选择、组织与培训,调查表格、问卷、调查员手册的印刷,经费来源、开支预算,等等。

(三)统计调查方案设计时应注意的问题

首先要科学合理,具有可行性。为了提高数据的质量,统计调查方案设计时必须采用科学合理的方法。各种调查方法的选择须根据调查要求、调查对象的性质而定。只有操作性强的统计调查方案才能真正成为调查工作的行动指导。例如,对于敏感性信息,受访者的拒访率通常是比较高的,如果这些信息不是特别必要,就可不涉及。

其次要讲求经济效率,即在一定客观条件的约束下,调查结果的精度可以满足调查目的的需要。也就是说,统计调查方案设计是在费用与结果精度之间寻求某种平衡。

设计统计调查方案时,既要科学、可行、有效地侧重于不同方面,又要使这些方面之间相互联系、相互影响。能够很好地兼顾这些方面的统计调查方案就是较好的统计调查方案。

二、调查问卷设计

调查问卷是最常用的调查工具,调查问卷的设计要根据调查目标和项目,再结合调查对象、调查方法、调查时间和地点才能进行。调查问卷通过问题和备选答案来收集规定的信息,其设计应方便被调查者回答。其设计的要点是把要了解的信息转化为问题,并精心设计备选答案,灵活运用恰当的提问方法,语言通俗易懂,含义明确,尽量避免使用生僻和专业词语,合理安排问题的顺序等。

(一)调查问卷的设计原则

(1)有明确的主题。根据调查主题,从实际出发拟题,目的明确,问题指向确切,重点突出,没有可有可无的问题。

(2)结构合理,逻辑性强。问题的排列应有一定的逻辑顺序,符合被调查者的思维程序。一般是先易后难、先简后繁、先具体后抽象。

(3)通俗易懂。调查问卷应一目了然,使被调查者愿意如实回答。问卷中语气要亲切,符合被调查者的理解能力和认知能力,避免使用专业术语。对敏感性问题采取一定的技巧调查,使问卷具有合理性和可答性,避免主观性和暗示性,以免调查结果失真。

(4)控制问卷的长度。被调查者回答问卷的时间要合理控制,问卷中既不浪费一个问句,也不遗漏一个问题。

(5)便于资料的校验、整理和统计。

(二)调查问卷的类型

1. 按问题答案划分

按问题答案不同,问卷可分为结构式、开放式、半结构式三种基本类型。

(1)结构式,通常也称为封闭式或闭口式。这种问卷的答案是调查者在问卷上早已确定的,由被调查者(回卷者)认真选择一个画上圈或打上钩就可以了。

优点主要有:答案是标准化的,对答案进行编码和分析都比较容易;回卷者易于作答,有利于提高问卷的回收率;问题的含义比较清楚。所提供的答案有助于理解题意,这样就可以避免回卷者由于不理解题意而拒绝回答。

例如以下问卷题目:

你购买某品牌手机的主要原因是(　　)。

　A. 对品牌的喜爱　　　　B. 售价较低　　　　C. 质量较好
　D. 外观设计新颖、美观　E. 随机购买　　　　F. 朋友介绍

(2)开放式,也称为开口式。这种问卷不设置固定的答案,让回卷者自由发挥。

主要优点是回卷者可以充分地表达自己的看法和理由,比较深入,有时还可能获得调查者始料未及的答案。

例如以下问卷题目:

你喜爱某位体育明星的理由是什么?

(3)半结构式,这种问卷介于结构式和开放式之间,问题的答案既有固定的、标准的,也有让回卷者自由发挥的,吸取了两者的长处。这类问卷在实际调查中运用还是比较广泛的。

例如以下问卷题目:

你购买某品牌手机的主要原因是(　　)。

　A. 对品牌的喜爱　　　　B. 售价较低　　　　C. 质量较好
　D. 外观设计新颖、美观　E. 随机购买　　　　F. 朋友介绍
　G. 其他:_____

2. 按调查方式划分

按调查方式不同,问卷可分为自填问卷和访问问卷。

(1)自填问卷是由回卷者自己填答的问卷。自填问卷由于发送的方式不同又可分为发送问卷和邮寄问卷两类。

发送问卷是由调查者直接将问卷送到回卷者手中,并由调查者直接回收的调查形式。邮寄问卷是由调查单位直接邮寄给回卷者,回卷者自己填答后,再邮寄回调查单位的调查形式。

(2)访问问卷是调查者通过对回卷者进行采访并录音,由调查者填答的问卷。

(三)调查问卷的结构

调查问卷的一般结构有标题、说明、主体、编码号、致谢语和实验记录六项。

(1)标题。

每份问卷都有一个研究主题。调查者应定个题目以开宗明义,反映研究主题,使问卷一目

了然,增强回卷者的兴趣和责任感。例如,"优秀学生推荐表"这个问卷标题,把调查内容和范围反映出来了。又如,"最受学生喜爱的手机品牌"这个问卷标题,把调查对象和调查中心内容和盘托出,十分鲜明。

(2)说明。

问卷前面应有一个说明。这个说明可以是一封写给被调查者的信,也可以是指导语,说明这个调查的目的、意义,填答问卷的要求和注意事项,同时附上调查单位名称和调查日期。

问卷说明开头主要包括引言和注释,是对问卷的情况说明。

引言应包括调查的目的、意义、主要内容、调查的组织单位、调查结果的使用者、保密措施等,目的在于引起回卷者对填答问卷的重视和兴趣,使其对调查给予积极支持和合作。

引言一般放在问卷的开头,篇幅宜小不宜大。

(3)主体。

这是研究主题的具体化,是问卷的核心部分。问题和答案是问卷的主体。

(4)编码号。

规模较大又需要运用电子计算机进行统计分析的调查,要求所有的资料数量化,与此相适应,问卷就要增加一项编码号内容。

(5)致谢语。

为了表示对调查对象真诚合作的谢意,调查者应当在问卷的末端写上感谢的话,如果前面的说明已经有表示感谢的话语,那末端可不用再加。

(6)实验记录。

实验记录的作用是记录调查完成的情况和需要复查的内容,调查者和被调查者均在上面签写姓名和日期。

以上问卷的基本项目,是比较完整的问卷所应有的结构内容,但通常使用的如征询意见的问卷及其他一般调查问卷也可以简单些,有标题、主体和调查研究单位信息就能达到基本的使用要求了。

三、统计调查方案案例

统计调查主题:大学生智能手机使用情况。

1.调查目的

调查目的:了解大学生对智能手机的使用情况及依赖程度,及时发现大学生使用智能手机的利弊,对不良现象进行及时制止,同时有效提升在校大学生的实践能力。

2.调查对象与调查单位

调查对象:×××学院全体学生。

调查单位:×××学院每位在校生。

3.调查项目及调查表

调查项目:将围绕大学生使用智能手机的情况展开调查,如大学生拥有手机的比例,使用手机的时间、频率、用途及使用手机对他们的影响,等等。

调查表如表 2-1 所示。

表 2-1　×××学院在校生使用智能手机情况调查表

填报单位：×××学院统计小组

序号	姓名	性别	年龄	是否有手机	手机费用占生活费的比重	每天使用手机时长/分钟	其中:用手机玩游戏时长/分钟

4．调查实施计划

(1)调查组织：×××学院××班。

(2)调查方式：全面调查。

(3)调查方法：访问调查。

(4)调查的时间安排：共 4 个星期。第 1 个星期，分析调查项目，制作调查表；第 2～3 个星期，去调查组织对调查单位派发调查表进行调查，在规定时间内回收调查表；第 4 个星期，对所得的资料进行归纳、整理、分析并得出结论，写调查报告，调查结束。

(5)人员安排：负责人为甲；调查人员为乙、丙等 10 人；甲、乙、丙共同负责数据整理；甲负责报告撰写。

项目习题与实训

任务一　统计数据的来源

一、单项选择题

1．统计调查按组织形式分为(　　)。

A．全面调查与非全面调查　　　　B．经常性调查与一次性调查

C．统计报表制度与专门调查　　　D．直接观察法与报告法

2．下列适宜连续登记的是(　　)。

A．职工人数　　　B．厂房面积　　　C．生产设备数　　　D．产品产量

3．下列数据来源中，属于统计数据的间接来源的有(　　)。

A．普查　　　　B．统计报表　　　C．统计年鉴　　　D．重点调查

4．统计调查按调查对象包括的范围不同，可分为(　　)。

A．定期调查和不定期调查　　　　B．全面调查和非全面调查

C．统计报表制度和专门调查　　　D．经常性调查和一次性调查

5．某公司新推出了一种饮料产品，欲了解该产品在市场上的受欢迎程度，公司派人到各商场、超市，随机调查了 200 名顾客。该公司采用的调查方法是(　　)。

A．直接观察法　　　B．报告法　　　C．访问调查　　　D．很难判断

二、多选选择题

1.下列符合原始数据定义的是（　　）。
A.统计部门掌握的数据　　　　　B.说明总体单位特征的数据
C.说明总体特征的数据　　　　　D.还没有经过分组汇总的数据
E.直接向调查单位登记得到的数据

2.下列数据搜集方法中，属于搜集第二手数据的有（　　）。
A.在控制条件下进行试验并在试验过程中搜集数据
B.通过电话询问被调查者
C.通过网络调查得到的网民对某项政策的支持率数据
D.购买公开出版的统计年鉴
E.与原调查单位合作获得未公开的内部调查资料

3.下面调查中属于经常性调查的是（　　）。
A.近5年我国利用外资情况调查
B.按月统计的销售量调查
C.2016年全国大学毕业生分配去向调查
D.10年一次的人口普查

4.统计调查的基本要求是（　　）。
A.重要　　　　　　B.及时　　　　　　C.全面
D.准确　　　　　　E.系统

5.统计调查按收集资料方法的不同，主要分为（　　）。
A.全面调查　　　　B.非全面调查　　　C.直接观察法
D.报告法　　　　　E.访问调查

6.下列调查中，属于一次性调查的有（　　）。
A.土地面积调查　　B.库存商品调查　　C.森林资源调查
D.商品购进调查　　E.流动资金调查

三、判断题

1.全面调查和非全面调查是根据调查结果所得的资料是否全面来划分的。（　　）
2.经常性调查是调查时期现象，而一次性调查是调查时点现象。（　　）
3.统计调查过程中采用的直接观察法，是指必须对研究对象的所有单位进行调查。（　　）
4.一次性调查是指只调查一次，以后不再进行的调查。（　　）
5.全面调查是指对调查单位的所有问题都进行调查。（　　）
6.对于工业企业的产品产量适宜采用连续登记方法。（　　）
7.为了解某工业企业的产品质量，调查人员深入现场进行观察、检验，这种收集资料的方法是直接观察法。（　　）
8.我国的人口普查每十年进行一次，因此它是一种连续性调查方法。（　　）
9.有关部门对全国各大型钢铁生产基地的生产情况进行调查，以掌握全国钢铁生产的基本情况。这种调查属于非全面调查。（　　）

任务二 统计调查方法的组织形式

一、填空题
1. 统计报表的优点是_____,_____,_____。
2. 统计报表按报送周期分类时,报送周期最长的是_____。
3. 专门调查主要包括_____。
4. 所谓重点单位,是指在调查对象中,其_____占_____很大比重的单位。
5. 所谓典型调查,是指在被研究总体中_____地选择一部分有_____的典型单位进行调查。

二、单项选择题
1. 规定普查的标准时点旨在保证调查资料的( )。
   A. 准确性　　　　B. 时效性　　　　C. 周期性　　　　D. 全面性
2. 重点调查的样本( )。
   A. 是按照方便的原则抽取的
   B. 是按照随机的原则抽取的
   C. 是有意识地选择的具有典型意义的或有代表性的单位
   D. 具有所研究现象的总量在总体总量中占据绝大部分的特点
3. 中国工商银行要了解2018年第一季度某市全市储蓄金额的基本情况,调查了储蓄金额最高的几个储蓄所,这种调查属于( )。
   A. 重点调查　　　B. 典型调查　　　C. 抽样调查　　　D. 普查
4. 抽样调查与重点调查的主要区别是( )。
   A. 作用不同　　　　　　　　　　B. 组织方式不同
   C. 灵活程度不同　　　　　　　　D. 选取调查单位的方法不同
5. 要了解某地区居民家庭的收支情况,最适合的调查方式是( )。
   A. 普查　　　　B. 重点调查　　　C. 典型调查　　　D. 抽样调查

三、多项选择题
1. 统计报表( )。
   A. 按报送周期不同可分为月报、季报、年报
   B. 是一种自下而上提供统计资料的调查方式
   C. 是一种自上而下提供统计资料的调查方式
   D. 必须是全面调查
   E. 既可以是全面调查,也可以是非全面调查
2. 下列调查方式中,属于统计专门调查的有( )。
   A. 统计报表　　　　　　B. 普查　　　　　　C. 重点调查
   D. 典型调查　　　　　　E. 抽样调查
3. 下列调查方式中,属于非全面调查的有( )。
   A. 普查　　　　　　　　B. 重点调查　　　　C. 典型调查

D. 抽样调查　　　　　　　　E. 统计报表

4. 普查的特点有(　　)。

A. 它是一次性的专门调查　　　　B. 它是一种非全面调查

C. 不适宜经常举行　　　　　　　D. 工作量大、耗时长、成本高

E. 调查资料包括的范围全面、详尽、系统

5. 在工业设备普查中(　　)。

A. 工业企业是调查对象　　　　　B. 工业企业的全部设备是调查对象

C. 每台设备是填报单位　　　　　D. 每台设备是调查单位

E. 每个工业企业是填报单位

四、思考题

请讨论分析以下观点：

(1) 有人认为，统计研究采用的方法是大量观察法，典型调查时对个别单位进行调查，不符合大量观察法的做法要求，属于"小量观察法"，因而不是统计研究的内容，你对此有什么看法？

(2) 还有人认为，统计是研究社会经济数量关系的，典型调查主要在于了解事实和情况，因而不属于统计调查，你对此又有什么看法？

任务三　统计调查方案与调查问卷设计

一、单项选择题

1. 全面调查与非全面调查是以(　　)。

A. 时间是否连续来划分的

B. 最后取得的资料是否完全来划分的

C. 调查对象所包括的单位是否完全来划分的

D. 调查组织规模的大小来划分的

2. 下列调查中，调查单位与填报单位一致的是(　　)。

A. 企业设备调查　　B. 人口普查　　C. 农村耕地调查　　D. 工业企业现状调查

3. 统计调查方案中的调查期限是指(　　)。

A. 调查工作的起止时间　　　　　B. 搜集资料的时间

C. 时期现象资料所属的时间　　　D. 时点现象资料所属的时间

二、判断题

1. 调查对象是需要进行研究的总体范围，它是由许多性质相同的调查单位所组成的。(　　)

2. 我国人口普查的总体单位和调查单位都是每一个人，而填报单位是户。(　　)

3. 在统计调查中，调查单位是承担调查工作的单位。(　　)

4. 制订调查方案的首要问题是确定调查对象。(　　)

5. 调查单位是所要研究的总体单位，也即所要登记的标志的原始的、直接的承担者。(　　)

三、综合应用题

某地区为了解该地区高校应届毕业生的就业情况,拟开展专项调查。在调查前需要对调查方案进行设计,请结合下列选项,选出正确答案。

(1)设计此调查方案的关键环节是(　　)。
A.明确调查目的　　　　　　　　　B.确定调查对象和调查单位
C.制订调查项目和调查表　　　　　D.选择调查方式和方法

(2)制订调查方案时应该考虑的主要内容包括(　　)。
A.确定调查目的和任务
B.明确调查对象和调查单位
C.制订调查项目和调查表
D.选择调查方式和方法,规定调查地点、时间及组织计划等

(3)本次调查的调查对象应是(　　)。
A.该地区高校所有的应届大学毕业生
B.该地区高校的所有应届大学毕业生的就业情况
C.该地区每一所高校的每一名应届大学毕业生的就业情况
D.该地区每一所高校的每一名应届大学毕业生

(4)本次调查适宜采用的调查方式是(　　)。
A.普查　　　　B.重点调查　　　　C.典型调查　　　　D.抽样调查

(5)在以下调查项目中,属于品质标志的是(　　)。
A.年龄　　　　B.性别　　　　C.所学专业　　　　D.学科类别

四、统计调查问卷实训

实训主题:大学生就业形势。

(一)调查背景与意义

为了了解大学生毕业后想从事什么工作,对就业的意向如何,摸清情况、开展研究,特做此次调查。目的是帮助大学生看清未来的职业发展道路,更早地做好就业准备。

(二)调查内容

(1)了解大学生目前就业意向状况。
(2)了解大学生对各职业的喜好偏向。
(3)掌握大学生对各种工作的态度。
(4)分析大学生的就业意向。

(三)调查方式

在全校范围内,随机抽选50名大学生填写问卷调查。

(四)题型设置

多数封闭式问题结合少数开放式问题。

(五)调查对象和范围

×××学院在校生。

(六)调查实施

(1)先在较小范围内试行问卷调查,若发现问卷内容有设计不当之处,及时修改。

(2)试行调查之后,根据回卷者建议适当修改,进行正式调查。
(3)到调查单位宿舍发放问卷,回收问卷。
(4)对回收的问卷进行编号,统计有效问卷数量。
(七)调查结果分析
(1)抽取有效问卷。
(2)整理问卷编号。
(3)问题答案统计。
(4)图表数据分析。
(八)成员分工
问卷总计50份,×个人负责派发和回收问卷,×人负责数据处理,先由×人独立分析,最后进行小组商讨及意见汇总,确定最终分析方案,整理数据处理结果。
(九)调查项目预算
共50份调查问卷,印刷每份2元,共100元。

×××学院学生就业意向调查

亲爱的同学们:
　　我们正在开展×××学院学生就业意向的调查,目的是能够更好地了解大学生对自己未来工作的打算。我们的调查以不记名的方式进行,调查结果仅用于项目研究。请您配合我们的调查,谢谢!
　　1.您的性别是?
　　○男　　○女
　　2.您目前对于毕业后是如何打算的?
　　○考研　　○出国　　○自主创业　　○进国企
　　○进外企　　○考公务员　　○很茫然,还没有什么打算
　　3.您对今后要从事的工作方向有什么计划?
　　○就所学专业找工作　　○就爱好、特长找工作　　○有什么工作先试试
　　4.您会选择在哪些城市工作?
　　○北京、上海等一线城市　　○中小型城市　　○农村
　　○回老家工作　　○西部等偏远地区　　○其他:_____
　　5.您选择上述城市或地区的原因是?
　　○生活条件好　　○发展机会多　　○今后的环境好　　○其他:_____
　　6.您对行业的选择主要基于什么原因(可多选)?
　　○有发展前途　　○从事的工作有面子　　○收入较高
　　○与专业对口,学有所用　　○有利于今后的创业　　○工作稳定,福利好
　　7.您的专业是自己填报的志愿还是调剂的?如果让您重选,您还会选择目前所读的学校或专业吗?
　　○调剂　　○志愿　　○会
　　○不会,我会选择_____学校,_____专业(请注明)

8. 初始月薪多少您会投放简历？
○2 000~3 000元 ○3 000~4 000元 ○4 000~5 000元 ○5 000元以上

9. 您是从什么时候开始考虑就业问题的？
○上大学以前 ○大一 ○大二 ○大三 ○大四

10. 您对当前社会的就业形势有什么看法？
○乐观 ○一般 ○不乐观 ○没了解过，不知道

11. 毕业后您想从事的理想行业是？
○计算机、软件开发类 ○服务业 ○经济管理类 ○其他：_____

12. 您有无个人职业规划或定位？
○有 ○无 ○正在考虑

13. 您认为在就业过程中，对您决策影响最大的是？
○家长意见 ○老师意见 ○同学、朋友意见 ○自己意愿 ○随大流

14. 您想通过哪些方式获得职位？
○校园招聘会 ○寄发自荐材料 ○在就业网站发布就业信息
○通过实习创造就业机会 ○主动到用人单位推荐自己 ○通过社会关系

项目三
统计整理

TONGJIXUE YUANLI

任务一　认知统计整理

一、统计整理的概念

在数据搜集阶段我们取得了大量的原始数据,但由于这些数据是个体的、分散的、不系统的,仅表明总体各单位的具体情况,不能反映总体的综合数量特征,必须运用科学的方法对这些数据资料进行加工整理。

统计整理,是指根据研究的目的、任务,按照数据整理方案的要求,对调查所得到的大量的原始数据进行科学的加工、汇总,或对已经加工过的次级数据资料进行再加工,使之系统化、条理化,成为能够反映总体特征的综合资料的工作过程。

统计整理是人们对社会经济现象的认识从感性上升到理性的过渡阶段,是统计工作中一个十分重要的中间环节,既是统计调查阶段的继续和深入,又是统计分析阶段的基础和前提,起着承前启后的作用。

二、统计整理的内容

统计整理的中心任务就是分组和编制频数分布表,在对数据进行分类或分组之前,需要对数据进行预处理,包括数据的审核、筛选、排序等。

(一)数据的预处理

1. 数据的审核

对数据进行审核,主要是为了保证数据的质量,对于通过直接调查取得的原始数据,主要从完整性和准确性两个方面去审核。

(1)完整性审核,主要检查调查单位有无遗漏,所有的调查项目或指标是否填写齐全,如有遗漏,应及时补全,即查漏补缺。

(2)准确性审核,如果资料已经齐全,应审查有无差错。准确性审核主要包括两个方面:一是检查数据资料是否真实地反映了客观实际情况,内容是否符合实际;二是检查数据是否有错误,计算是否正确等。

准确性审查的办法主要有:

①计算检查,即审核资料的统计口径、范围、计算方法、计量单位等是否符合要求,计算结果是否准确。

②逻辑性审查,即从理论上或根据常识来判断资料内容是否合情合理,各项目之间是否有矛盾。如人口调查表中登记某人年龄为5岁,学历为研究生,显然,年龄与学历是相互冲突的。通过审查逻辑性,可以发现问题并及时改正。

对于第二手资料,除审核数据的完整性和准确性外,还应审核数据的适应性和时效性。

2. 数据的筛选

数据的筛选包括两方面的内容:一是将某些不符合要求的数据或有明显错误的数据予以剔除;二是将符合某种特定条件的数据筛选出来,对不符合条件的数据予以剔除。

3. 数据的排序

排序是按一定顺序将数据进行排列,以便研究者通过浏览数据发现一些明显的特征或趋势。对于定类数据,如果是字母型数据,排序有升序与降序之分,习惯上使用升序;如果是汉字型数据,既可按汉字的首位拼音字母排序,也可按笔画排序。

(二)资料的分组和汇总

根据汇总的组织形式和汇总的具体方法,将经过审核的原始资料进行分组,并计算各组的指标数值和总体的指标数值,这是数据整理的核心问题与中心环节。

汇总的组织形式分为两种:

(1)逐级汇总,即按照一定的管理体制,对原始资料自下而上逐级进行汇总。我国现行的统计报表制度多采用这种汇总形式。

(2)集中汇总,即将全部调查资料集中到组织调查的最高一级机关(如国家统计局或省、地区统计部门)进行汇总。

(三)数据的显示

将汇总计算的结果以统计表或统计图的形式表现出来,为资料的使用和分析做好准备。

任务二 统计分组

一、统计分组的概念

统计数据经过预处理后,可进一步做分类或分组整理。统计分组是根据研究的目的和研究对象的性质与特点,按照一定的标志将被研究的现象划分为性质不同的组成部分的工作过程。

统计分组具有两个方面的含义:对总体而言,是"分",即将总体根据各部分的差异分为不同组成部分;对个体单位而言,是"合",即将性质相同或相近的单位组合在一起,构成一个组。

统计分组的目的就是揭示各组之间性质上的差异,实现异质分解、同质组合,使组与组之间产生性质上的差异,使各组内性质相同。

分配数列包括两个要素,即总体按某个标志所分的组和各组所分配的单位数。

二、统计分组的作用

统计分组是对统计数据进一步细化的过程,其作用主要体现在以下三点。

1. 划分社会经济现象的类型

社会经济现象存在着复杂多样的类型,各种不同的类型有着不同的特点及不同的发展规律。在整理大量数据资料时,有必要运用统计分组法将所研究的现象总体划分为不同类型的组来进行分类研究。例如,我国经济成分可分为公有制经济和非公有制经济两大类;工业可分为轻工业和重工业两大类;社会产品可分为生产资料和生活资料两大类;农业可分为农、林、牧、渔四大类等。

2. 揭示社会经济现象的内部结构

社会经济现象所包括的大量单位,不但在性质上不尽相同,而且在总体中所占比重也不一样。各组所占比重大小不同,说明它们在总体中所处的地位不同,对总体分布特征的影响也不同,其中,所占比重相对大的部分决定着总体的性质或结构类型。表 3-1 所示为我国 2011—2018 年国内生产总值中各产业比例构成。

表 3-1 我国 2011—2018 年国内生产总值中各产业比例构成　　　　　　（单位:亿元）

年度	国内生产总值（绝对值）	第一产业		第二产业		第三产业	
		绝对值	比重/(%)	绝对值	比重/(%)	绝对值	比重/(%)
2018 年	900 309	64 734	7.19	366 001	40.65	469 575	52.16
2017 年	827 122	65 468	7.92	334 623	40.46	427 032	51.63
2016 年	743 586	63 673	8.56	296 548	39.88	383 365	51.56
2015 年	689 052	60 862	8.83	282 040	40.93	346 150	50.24
2014 年	643 974	58 344	9.06	277 572	43.10	308 059	47.84
2013 年	595 244	55 329	9.30	261 956	44.01	277 959	46.70
2012 年	540 367	50 902	9.42	244 643	45.27	244 822	45.31
2011 年	489 301	46 163	9.43	227 039	46.40	216 099	44.16

注:根据公开资料整理。

从表 3-1 中大致可以看出,国民经济内部产业结构随着时间的推移不断地在发生变化,尤其明显的是,第三产业的比重在逐渐上升,说明产业结构趋于合理。

3.分析研究社会经济现象间的依存关系

社会经济现象不是孤立存在的,而是相互依存、相互制约的。研究现象要分析现象与影响因素以及各因素之间的依存关系。分析依存关系的方法很多,如相关与回归分析法、指数因素分析法、分组分析法等,其中统计分组分析法是最基本的方法,是其他分析法的基础。

三、统计分组的原则及方法

(一)统计分组的原则

统计分组必须遵循以下原则:

(1)包容性原则,指在一个分组方案中拟定的所有组,能够包容总体的全部单位,不能排斥和遗漏任何一个单位。

(2)互斥性原则,指各组之间界限明确,每个单位均能且只能归到某个组中。

(3)科学性原则,组与组之间差异大,要体现差异性;组内差异小,要体现同质性。

(二)分组标志的选择

分组标志是进行统计分组时划分资料的标准或依据的标志。每一种社会经济现象都有许多标志和特征,统计分组应以什么标志为依据,这就是分组的关键。不同的分组标准,会形成不同的分组结果,正确地选择分组标志,是数据研究获得正确结论的前提。一般来说,分组标志的选择应遵循以下原则。

1. 根据研究目的，选择能够反映现象本质特征的标志作为分组标志

一般以经济理论及其对客观事物的分析为依据，找出最能反映事物本质特征的标志作为分组标志。例如，研究企业规模时，反映企业规模的标志有职工人数、固定资产、产值、生产能力等，具体选择什么标志为依据要根据不同部门、不同生产特点、不同生产条件来决定；对于生产技术较先进、技术装备较优良的机械冶金企业，用固定资产、生产能力等标志表示企业规模较合适；对于劳动密集型企业，则按职工人数分组。

2. 选择能够满足数据研究目的的标志作为分组标志

根据数据研究目的进行分组，对于同一对象，由于数据研究目的不同，就必须选择不同的分组标志。例如，要研究工业企业生产计划的完成情况，应以工业企业计划完成程度作为分组标志；要了解工业企业生产内部结构，应以生产部门作为分组标志；要了解工业企业盈亏情况，应以利润额作为分组标志。

3. 选择具有现实意义的标志

社会经济现象是随着时间、地点、条件的变化而不断发展变化的。时过境迁，过去的分组标志在今天不一定具有现实意义。例如，研究某地生活水平问题时，要根据现在的实际情况确定，而不能以 20 世纪 90 年代甚至 60 年代的生活水平作为分组标志。因此，随着国民经济的发展，统计部门的许多经济分类及按数量标志进行的分组，因情况变化而相应做了修改。

(三) 统计分组的方法

分组标志确定之后，还必须在分组标志变异范围内，划定各相邻组间的性质界限和数量界限。由于分组标志具有不同特征，统计总体可以按品质标志分组，也可以按数量标志分组。

1. 按品质标志分组

按品质标志分组就是用反映事物属性的标志作为分组标志，采用这种分组方法可以将总体单位划分为若干性质不同的组成部分，这是人们认识事物的基础。例如，职工按性别、文化程度、技术等级、籍贯等标志分组；企业按经济类型、轻重工业、企业规模等标志分组等。

对于较为复杂的经济现象，如人口按年龄、职业分组，企业按行业、规模分组，由于性质重叠交叉，组与组之间界限比较模糊，不易划分，按品质标志分组有一定的困难。例如，人口按城乡分组，居住形态一般分为城市和乡村两种，但因目前还存在某些既具备城市形态又具备乡村形态的城中村，分组时就需慎重考虑。可以参照国家颁布的分类目录，如《国民经济行业分类》、统计用产品分类目录、工业部门分类目录和商品分类目录等进行。

2. 按数量标志分组

统计的研究对象是社会经济现象的数量方面，所以，按数量标志分组是我们研究的重点。

按数量标志分组就是用反映事物数量差异的标志作为分组标志，将总体各单位划分为若干个数量不同的组。例如，居民家庭按家庭人口数分组，企业按人数、产值、产量等标志进行分组。

按数量标志分组的目的，并不是单纯确定各组在数量上的差别，而是要通过数量上的变化来区分各组的不同类型和性质。因此，按数量标志分组，应根据现象内在特点和统计研究的要求，先确定总体在某数量标志的特征下有几种性质不同的组成部分，再研究确定各组成部分之间的数量界限。例如，人口按年龄分组，男性分为 0～6 岁、7～17 岁、18～59 岁、60 岁以上；女

性分为 0～6 岁、7～17 岁、18～54 岁、55 岁以上。这是由于国家对男女职工规定的退休年龄不同而有所差别。因此,正确选择决定事物性质差别的数量界限是按数量标志分组的一个关键问题。

四、统计分组的形式

按分组标志的多少及其排列形式的不同,统计分组可分为简单分组和分组体系。

(一)简单分组

简单分组是指仅按一个标志进行分组,只反映总体某一方面的数量状态和结构特征。比如,职工按性别分组,企业按经济类型分组等。这种分组比较简单,它只能说明社会经济现象某一方面的状况。

(二)分组体系

为了全面认识被研究现象总体,常常需要运用多个分组标志对总体进行分组,从而形成一种相互联系、相互补充、从多方面反映总体内部关系的分组体系。如国民经济分组体系,就是按经济类型、部门、产业、地区、管理系统等多种分组标志分组而形成的。分组体系包括平行分组体系和复合分组体系。

1. 平行分组体系

对总体采用两个或两个以上标志分别进行简单分组,然后并列在一起,就形成了平行分组体系。

平行分组体系的特点是,每一分组只能固定一个因素对差异的影响,不能固定其他因素对差异的影响。应用平行分组体系,多种分组相互独立而不重叠,既可以从不同角度、不同方面对某一社会经济现象做出比较全面的说明,反映事物的多种结构,又不至于使分组过于烦琐,故这种分组形式被广泛采用。

例如,要了解大学生毕业就业情况,可以采用平行分组体系来进行,如图 3-1 所示,从多方面反映大学生毕业就业状况,给人以全面的认识,便于比较和分析。

项目	按学历分组		按性别分组		按学科性质分组	
	本科	专科	男学生	女学生	文科	理科
就业人数						
合计						

平行分组体系

图 3-1 采用平行分组体系进行大学生毕业就业情况统计

2. 复合分组体系

复合分组体系是指对总体同时选择两个或两个以上的分组标志层叠起来进行分组,即先按一个主要标志分组,然后按另一个从属标志在已分好的各组中再分组。

例如,前文中对大学生毕业就业情况的研究,可先按学历分组,再按学科性质分组,最后按性别分组,形成复合分组体系来了解大学生毕业就业情况,如图 3-2 所示。

复合分组体系的特点是,第一次分组只固定一个因素对差异的影响,第二次分组同时固

大学生分组			就业人数	
本科	文科	男生		复合分组体系
		女生		
	理科	男生		
		女生		
专科	文科	男生		
		女生		
	理科	男生		
		女生		

图 3-2　采用复合分组体系进行大学生毕业就业情况统计

定两个因素对差异的影响，依次类推，最后一次分组时，所有的分组标志对差异的影响已全部被固定。复合分组体系可以更深入细致地研究总体的内部结构，反映问题全面深入，但其组数会随着分组标志的增加而成倍地增加，同时各组的单位数减少，次数分布不集中，不易揭示总体的本质特征。因此，复合分组体系不宜采用过多的分组标志，也不宜对较小总体进行复合分组。

在实际统计工作中，在设计阶段已经进行了分类、分组，很多项目是根据类别、组别来填报的，在统计数据分组时可以直接引用。

任务三　分配数列

一、分配数列的概念

在统计分组的基础上，将总体中所有的单位按组归类，并按一定顺序排列，形成的总体中各个单位在各组间的分布，称为次数分布或分配数列，是表明总体单位标志变异性质和数列界限以及总体单位在这些界限之中分布状况的数据序列。

在分配数列中，分配在各组的单位数称为次数，又称频数。如果将分组标志序列与各组相对应的频率按照一定的顺序排列，就形成了频率分布数列。

分配数列包括两个要素，即总体按某个标志所分的组和各组所分布的单位数。

二、分配数列的编制

根据分组标志性质的不同，分配数列可分为品质数列和变量数列。

(一) 品质数列

品质数列是按品质标志分组的数列，用来观察总体单位中不同属性的单位分布情况，即将总体的所有单位按属性归类整理形成的分配数列。

品质数列由各组名称和次数组成。各组次数可以用绝对数表示，即频数，也可以用相对数表示。

【例 3-1】 为研究某生产基地职工的文化程度情况,调查者随机调查了 50 名职工,情况如表 3-2 所示。

表 3-2 某生产基地职工情况

编号	性别	文化程度	编号	性别	文化程度	编号	性别	文化程度	编号	性别	文化程度
1	女	专科	14	男	研究生	27	女	本科	40	女	研究生
2	男	高中	15	女	专科	28	男	专科	41	男	高中
3	女	高中	16	男	专科	29	女	专科	42	女	专科
4	女	高中	17	男	高中	30	男	高中	43	男	本科
5	女	初中	18	女	专科	31	男	专科	44	男	高中
6	男	本科	19	女	专科	32	男	高中	45	男	专科
7	女	高中	20	男	本科	33	男	本科	46	男	高中
8	女	研究生	21	女	初中	34	男	高中	47	女	本科
9	男	高中	22	男	专科	35	女	专科	48	女	专科
10	女	高中	23	女	高中	36	男	高中	49	男	专科
11	男	高中	24	男	高中	37	男	本科	50	男	高中
12	男	专科	25	男	专科	38	女	高中			
13	男	专科	26	女	专科	39	男	初中			

解 表 3-2 中给出了性别、文化程度信息,按文化程度分组、归类,如图 3-3 所示。

按文化程度分组	合计	频率	其中: 男	频率	女	频率
初中	3	6.00%	1	3.85%	2	8.33%
高中	20	40.00%	11	42.31%	9	37.50%
专科	18	36.00%	11	42.31%	7	29.17%
本科	6	12.00%	2	7.69%	4	16.67%
研究生	3	6.00%	1	3.85%	2	8.33%
合计	50	100.00%	26	100.00%	24	100.00%
↓	↓	↓				
各组的名称	各组次数	各组频率				

图 3-3 按文化程度分组统计

品质数列一般比较稳定,通常能准确地反映总体的分布特征,但要注意分组时,应包括分组标志的所有表现,不能有遗漏,且各种表现相互独立,不得相融。

(二)变量数列

变量数列是将总体按数量标志分组,将分组后形成的各组变量值与该组中所分配的单位次数或频数,按照一定的顺序相应排列所形成的分配数列。这种情况下,数量标志的变异性体现在它自身不断变动的数量上,故称为变量数列。

按数量标志分组，根据数量标志的性质与数据的变异大小，可将变量数列分为单项式变量数列和组距式变量数列两种。

1. 单项式变量数列

单项式变量数列是将变量值相同的单位归为一组，即一个变量值作为一组，并按照一定顺序排列形成的变量数列。

单项式变量数列由各组名称（由变量值表示）和次数（或频率）组成。频率大小表明各组标志值对总体的相对作用程度，也表明各组标志值出现的概率大小。

对于离散变量且变量不同的取值个数较少时，宜采用单项式变量数列。

【例 3-2】 已知某单位 50 名员工家庭人口资料如下：

2 3 4 4 3 1 2 5 3 2 1 2 2 2 3 2 3 3 4 5 2 3 2 4 3

2 3 4 1 3 2 1 3 2 3 3 5 3 2 1 2 4 3 1 2 5 3 2 1 3

要求：根据以上资料编制变量数列。

解 从资料中看出，家庭人口数量变动范围较小，最少的为 1 人，最大的为 5 人，宜编制出单项式变量数列，按数值归类，将数值相同的归为一组，排序列表。

变量一般用符号 x 表示，变量的具体数值（即变量值）一般用符号 x_i 表示；单位数（即次数）一般用 f 表示，意思是在所有数据中某个数据出现的次数，各组次数或频数通常用符号 f_i 表示。编制的变量数列如图 3-4 所示。

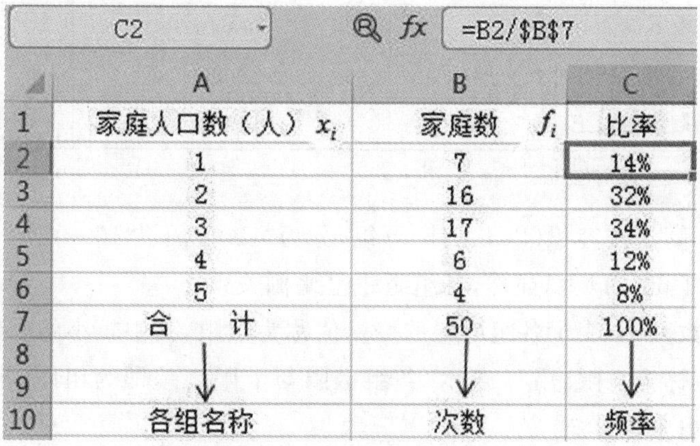
C2 fx =B2/$B$7

	A	B	C
1	家庭人口数（人）x_i	家庭数 f_i	比率
2	1	7	14%
3	2	16	32%
4	3	17	34%
5	4	6	12%
6	5	4	8%
7	合　计	50	100%
8	↓	↓	↓
9			
10	各组名称	次数	频率

图 3-4 员工家庭人口变量数列

单项式变量数列的编制比较明确、容易。但是，用连续变量分组来编制分配数列，或者虽是离散变量，但数值很多、变化范围很大时，变量值不能一一列举，单项式变量数列就不适用了，需要将变量进行合并，可采用组距式变量数列的形式。

2. 组距式变量数列

组距式变量数列指数列中的各个组是由表示一定变动范围的两个数值所组成的，适用于连续变量或者变量值个数较多、变动范围较大的离散变量，由于不受变量数值的多少和变异范围大小的限制，应用较为广泛。

组距式变量数列又分以下类型：

（1）根据组距是否相等，分为等距式变量数列和异距式变量数列。

①等距式变量数列中各组组距是相等的,适用于现象性质差异的变动比较均衡或标志变异比较均匀的情况。由于其各组组距相等,消除了组距影响,各组次数的分布不受组距大小的影响,一般呈正态分布。

②异距式变量数列中的组距是不全相等的,又称不等距分组,用于那些分布存在明显的偏斜倾向以及标志变异范围较大或呈比例关系变化的现象。采用异距式变量数列能比较准确地反映总体内部各组成部分的性质差异。

例如,进行 2019 年末人口统计时,为了说明劳动年龄人口与非劳动年龄人口之比,将人口按年龄分组,显然劳动年龄人口范围要比非劳动年龄人口范围大,采用不等距分组更为合理,如表 3-3 所示。

表 3-3　2019 年末人口统计

指　标	年末人口/万人	比重/(%)
全国总人口	140 005	100.0
其中:城镇	84 843	60.6
乡村	55 162	39.4
其中:男性	71 527	51.1
女性	68 478	48.9
其中:0～15 岁(含不满 16 周岁)	24 977	17.8
16～59 岁(含不满 60 周岁)	89 640	64.0
60 周岁及以上	25 388	18.1
其中:65 周岁及以上	17 603	12.6

注:资料来源于 2019 年统计公报。

又如,某钢铁厂高炉按容积(以 m^3 计)分组,分为"100 以下""100～200""200～400""400～800""800～1 600""1 600"以上,显然,各组组距呈比例关系。

在组距式变量数列中,表示各组界限的变量值称为组限,其中较小的变量值称为下限,用 L 表示,较大的变量值称为上限,用 U 表示,各组上限与下限之差即为组距,用 d 表示;各组上限与下限的中点称为组中值。

组限、组距与组中值的关系为:

$$组距(d) = 上限(U) - 下限(L)$$

$$组中值 = \frac{上限 + 下限}{2} = \frac{U + L}{2}$$

组中值具有一定的假定性,即假定次数在各组内的分布是均匀的,组中值是一个近似值,代表了各组内的一般水平。

(2)根据组限是否齐全,分为闭口组与开口组。

如果各组的组限都齐全,这样的组距式变量数列称为闭口组。闭口组的第一组的下限应小于或等于最小的数据,最后一组的上限应大于最大的数据,以便将所有数据包括在内。

如果组限不齐全,这样的组距式变量数列称为开口组,即最小的组缺下限或最大的组缺上限,表现形式为"××以上""××以下",主要用于出现极端值的现象。为了避免空白组出现,常用开口组。

例如,在人的身高分布中,2米以下可按等距分组,2米以上范围大,人数少,可采用开口组。对于缺少上限数值或下限数值的开口组,计算组中值时可假定该组的次数与相邻组的次数一致或最接近。

对于缺少下限数值的组,组中值的计算公式为:

$$组中值 = 上限 - \frac{相邻组组距}{2}$$

对于缺少上限数值的组,组中值的计算公式为:

$$组中值 = 下限 + \frac{相邻组组距}{2}$$

(3)按变量性质分,分为离散型变量数列与连续型变量数列。

①对于离散型变量数列,由于离散变量可以一一列举,故其组限设置可以是重叠的,也可以是不重叠的。如某地区将企业按职工人数分组:100人以下;101~500人;501~5 000人;5 000人以上。

由于离散变量各变量值之间以整数断开,变量值之间有明显的界限,上下限都可以用准确的数值表示,组限非常清楚。

②由于连续型变量数列各变量值之间可做无限分割,有小数存在,上下限不能用两个确定的值表示,只能将前一组的上限与本组的下限用同一数值表示。

对于连续型变量数列,在确定组限与单位数时,有一原则可循,即"上组限不在内"原则:各组只包括本组下限变量值的单位,不包括本组上限变量值的单位。

实际统计工作中,虽然变量区分连续变量与离散变量,但为了计算、绘图等的方便,保证整体单位不出现重复、遗漏,可采用连续型变量数列的形式代替离散型变量数列。

三、组距式变量数列的编制

组距式变量数列一般在变量值变动幅度较大的条件下采用,在编制过程中涉及组限、组距、组数等分组要素,下面结合过程与步骤进行说明。

组距式变量数列的一般编制步骤如图3-5所示。

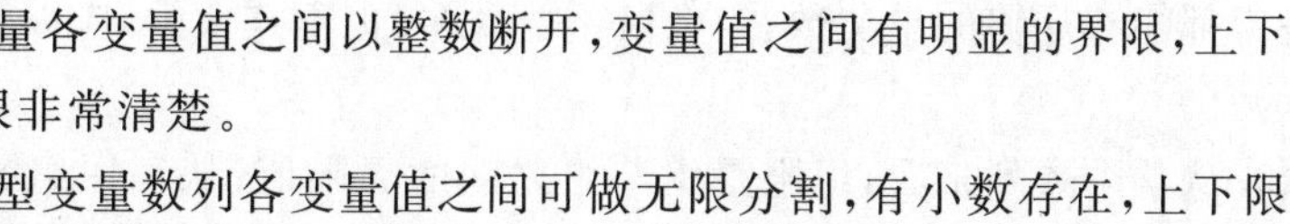

原始数据→排序→计算变异全距→确定组数与组距→确定组限→汇总各组单位数→计算累计频数(频率)→制作统计表

图3-5 组距式变量数列的一般编制步骤

主要步骤如下:

(1)排序。按一定的顺序排列数据,使数据呈递增或递减趋势,确定最大值与最小值。

(2)计算变异全距。数列中最大值与最小值之差,称为全距,反映现象的变异范围,用 R 表示:

$$R = X_{\max} - X_{\min}$$

式中:$X_{\max}$ 为最大值;$X_{\min}$ 为最小值。

(3)确定组数与组距。

确定组数指确定将全部数据分多少组。组距为各组变量值的变动范围或距离。在等距分组时,全距、组距、组数之间的关系为:

$$全距=组距\times 组数$$

确定组距是编制组距式变量数列的关键问题,需要遵守以下原则:

①要考虑数据资料的集中趋势,将总体分布的特点充分显示出来。首先,对所研究的现象在大量观察的基础上有一个总体的定性认识,了解分布是何种形态;然后,结合资料的实际情况,分析不同区域的数据密集状况,把集中趋势、分布特点表现出来。

②要保证组内同质性,组距是一个区间,同一区间内的单位应是同质的,尽管在数量表现上有差异,但差异很小,不影响对质的判断。

③合理处理组距与组数的关系。在所研究总体一定的情况下,组数的多少和组距的大小是紧密联系的。一般来说,组数和组距成反比关系,即组数少,则组距大;组数多,则组距小。如果组数太多,组距过小,会使分组资料烦琐、庞杂,难以显现总体现象的特征和分布规律;如果组数太少,组距过大,可能会失去分组的意义,达不到正确反映客观事实的目的。在确定组距和组数时,应注意保证各组都能有足够的单位数,组数既不能太多,也不宜太少,应以能充分、准确体现现象的分布特征为宜。

(4)确定组限。从整个数列来看,组限是组与组之间的界限值;从每一组来看,组限是每组区间两端的极值。确定组限,应注意如下几点:

①要能区分各组的性质差异,体现组内资料的同质性和组与组之间资料的差异性。对于一些区分现象不同质的关键值,如计划完成程度的100%是完成与没有完成的分界线,学习成绩60分是及格与不及格的分界线等,均应作为关键组限。在进行分组时,一般首先选择这些关键组限,再考虑其他因素,根据具体情况进一步细分、观察、调整,做到科学、合理。

②最小组的下限必须包含数列中最小的变量值,即可以是资料中的最小值或小于资料中的最小值;最大组的上限必须包含数列中最大的变量值,即应高于最大的变量值,以便能将所有数据包含进去。

③为了符合习惯和使计算方便,绝对数组距尽可能为5或10的整数倍;相对数组距可近似地取10%。

(5)汇总各组单位数。在汇总各组单位数时,为了避免计算上的混乱,一般原则是把到达上限值的标志值计入下一组内,即"上组限不在内"原则。各组单位数,可以用绝对数表示,也可以用相对数表示,即频率(比率、比重)。

$$频率=\frac{第 i 组单位数}{总单位数}\times 100\%=\frac{f_i}{\sum f}\times 100\%$$

频率的性质为:①任何频率都是界于0和1之间的;②各组频率之和等于1。

(6)计算累计频数(频率)。

为了更详细地认识变量的分布特征,还可以计算累计频数和累计频率,编制累计频数和累计频率数列。将变量数列各组的次数和比率逐组累计相加可得累计次数分布,它表明总体在某一标志值的某一水平所包含的总体次数和比率。

累计频数(频率)有向上累计频数(频率)和向下累计频数(频率)两种。

①向上累计频数(频率)。

向上累计频数(频率)是将各组次数和比率,由变量值低的组向变量值高的组逐组累计,表明各组上限以下所包含的总体次数和比率的情况。向上累计会产生相应的向上累计次数和向上累计频率。例如,学生按成绩分组,需要确定某分数以下的学生人数,依次向上累计60分以下、70分以下、80分以下、90分以下及100分以下次数和比率,如图3-6所示。

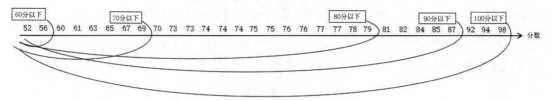

图3-6 向上累计示意图

②向下累计频数(频率)。

向下累计频数(频率)是将各组次数和比率,由变量值高的组向变量值低的组逐组累计,表明各组下限以上所包含的总体次数和比率的情况。向下累计会产生相应的向下累计次数和向下累计频率。例如,学生成绩统计时,需要确定某一分数以上的学生人数,依次向下累计90分以上、80分以上、70分以上、60分以上及52分以上次数和比率,如图3-7所示。

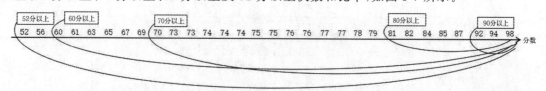

图3-7 向下累计示意图

(7)制作统计表。用一个统计表将分组结果表现出来。

【例3-3】 某班30位学生某次考试成绩如下:

76　65　74　82　56　79　74　67　77　70　52　85　76　60　73
87　63　69　98　77　81　84　75　61　74　92　78　73　94　75

要求:编制变量数列。

解 成绩变量值个数较多,但数据分布比较均匀,适宜编制成等距数列。

第一步,数据序列化。

由于这些数据杂乱无章,可按大小顺序,从小到大排列起来,使数据呈现出规律性。结果如图3-8所示。

52 56 60 61 63 65 67 69 70 73 73 74 74 74 75 75 76 76 77 77 78 79 81 82 84 85 87 92 94 98　　分数

图3-8 数据序列化结果

第二步,计算变异幅度,即全距:

$$R = X_{max} - X_{min} = 98 - 52 = 46$$

第三步,确定组数。

通过观察,成绩呈现中间部分单位数多,分布密度大,两端依次递减的正态分布,因此,可首先将成绩分为低、中、高三部分,以成绩比较集中的区域为中,左右两边分别确定为低和高,再将低的部分分为低与较低,高的部分分为较高与高。这样就将全距 $R=46$ 分成了 5 组。

第四步,确定组限、组距。

以 60 分作为关键组限,组距取 10,第一组的下限为 $60-10=50<52$,其他各组组限(下限)依次为 $60+10=70$,$70+10=80$,$80+10=90$,最后一组的上限为 $90+10=100>98$,包含了所有数据。分组结果如图 3-9 所示。

52 56 | 60 61 63 65 67 69 | 70 73 73 74 74 74 75 75 76 76 77 77 78 79 | 81 82 84 85 87 | 92 94 98 →分数

图 3-9　分组结果

这样,总共有 4 个界限值,所有数据被分成了 5 个部分,分别为:50～60 分;60～70 分;70～80 分;80～90 分;90～100 分。

第五步,计算各组次数,累计次数与比率。

第六步,以表格的形式将分组结果显示出来,由于成绩属于连续变量,相邻组组限必须重叠。

编制的变量数列如图 3-10 所示。

C3　fx =B3/$B$8

	A	B	C	D	E	F	G
1	按成绩分组	次数		向上累计		向下累计	
2		人数(人) f_i	比率(%) $\frac{f_i}{\sum f}$	人数(人)	比率(%)	人数(人)	比率(%)
3	50～60分	2	6.67%	2	6.67%	30	100.00%
4	60～70分	6	20.00%	8	26.67%	28	93.33%
5	70～80分	14	46.67%	22	73.33%	22	73.33%
6	80～90分	5	16.67%	27	90.00%	8	26.67%
7	90～100分	3	10.00%	30	100.00%	3	10.00%
8	合计	30	100.00%	-	-	-	-
9							
10				=B4+D3	=D3/$D$7	=F7+B6	=F5/$B$8
11							

图 3-10　考试成绩变量数列编制结果

任务四　分布数列表示方法

分布数列表示方法,即采用一定方式,将分配数列的次数状况显示出来,主要有表示法和图示法。

一、表示法

利用表格形式,把一系列统计数据按照一定的次序和逻辑关系表达出来的一种方法就是表示法。表示法是数据资料表达和运用数据资料的特有形式,也是进行定量分析研究的基本方法,其优点在于,能使数据资料系统化、条理化、规范化、生动化,清晰地显示社会经济现象的活动过程和现象之间的复杂关系。

(一)统计表的构成

1. 从统计表的结构看

从统计表的结构看,统计表由总标题、横行标题、纵栏标题、指标数值、表外资料五部分构成。例如,我国2017—2018年人口基本情况统计表构成如图3-11所示。

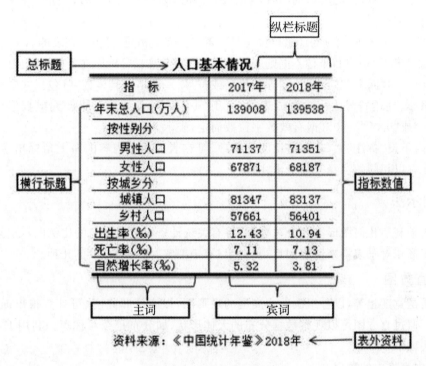

图3-11 统计表构成示例

(1)总标题是表的名称,用来概括数据表中全部数据资料的内容。

(2)横行标题是横行的名称,在数据表中通常用来表示各组的名称,代表数据表所要说明的对象。

(3)纵栏标题是纵栏的名称,在数据表中通常用来表示数据指标的名称。

(4)指标数值,也称数字资料,它是数据表的具体内容。指标数值排在各横行标题与纵栏标题交叉对应的位置。

(5)表外资料,一般说明资料来源、编制情况等。

2. 从统计表的内容看

从统计表的内容看,统计表由主词和宾词两部分构成,如图3-11所示。

(1)主词指数据表所要说明的对象总体、各组或各组的名称,通常列在表的左方。

(2)宾词是为了说明主词特征而采用的数据指标,通常列在表的右方。

(二)编制统计表的原则

要使统计表能正确地反映现象的数量特征,便于分析研究,在编制设计统计表时要注意:

(1)明确编制目的,根据统计资料的性质和特点,突出重点,选择合适的统计图形,且图形的设计和绘制要保持严格的科学性与艺术性,通俗易懂,布局合理。

(2)总标题居中排在表的上方,要简明扼要。

(3)横行标题与纵栏标题之间应有逻辑上的主谓关系,逻辑主语一般置于表的左侧,逻辑谓语置于表的右侧。若栏数较多,则需要加以编号,说明各栏之间的相互关系。主词栏及计量单位用文字编号,如(甲)、(乙),宾词指标栏用数字编号,如(1)、(2)、(3),一定要带括号(文本形式),以区别数字栏。

(4)表内各栏应标明相应的计量单位符号。若单位完全相同,可标注在表的右上方,即标于表题之后,并置于括号内;参数单位不同则应将计量单位符号加括号标注在各栏标题词后或下方。

(5)表内不用"同上""同左""〃"等替代词或符号,一律填入具体数字(包括"0")或文字。表内不应空格,若使用符号表示未测或未做,可用"…"表示;如要表示未测到或数值小于有效数字,可用"—"或"0.0""0.00"(据有效数字位数而定)表示。

(6)表内不设"备注"栏,若有需说明的事项,可在表内相关内容的右上角标出注释符号,在表格底线下方以相同的注释符号引出注释。

二、图示法

图示法是利用几何图形描述分布数列,将有关统计资料按照一定的比例图示出来的一种方法。几何图形相对于表格来说更加直观、鲜明,易于理解,常用的有以下几种。

(一)直方图

直方图是宽度相等,以各组次数为高度的柱形图,以宽度和高度(可计算得出面积)来表示频数分布。通过直方图可以观察数据分布的大体形状,如分布是否对称等。利用Excel制作直方图的方法如下:

(1)选中表格中的数据;

(2)选择工具菜单栏的"插入";

(3)选择"图表";

(4)选择"柱形图",根据图表样式选项提示进行完善。

例如,根据图3-10中数据绘制的直方图如图3-12所示。

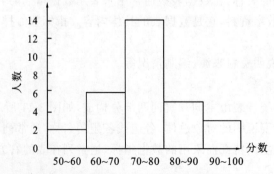

图3-12 根据图3-10中数据绘制的直方图

(二)折线图和曲线图

在直方图的基础上将各直方顶线中点用直线相连,可形成折线图;用曲线相连,可形成曲线图。根据图 3-12 绘制的折线图和曲线图如图 3-13 和图 3-14 所示。

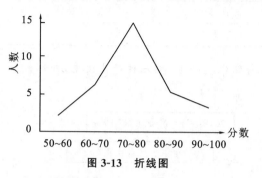

图 3-13　折线图

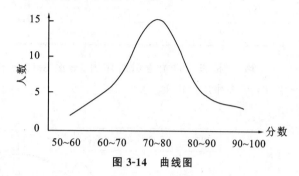

图 3-14　曲线图

(三)饼图

饼图是以各部分比率为基础,以面积的大小显示各组次数大小的。总比率与总面积的比例关系为 100%∶3 600,即 1% 的比率所占面积为 3.60。利用 Excel 制作饼图的方法如下:

(1)选中数据区域—点击"插入"—查看推荐的图表—点选"饼图"。

(2)选中图例,单击右键—"设置图例格式",可调整图例显示方式及位置,使之合适。

(3)选中饼图区域,单击右键—"设置数据标签格式",可调整饼图数据标签显示等。

根据图 3-10 中数据绘制的饼图如图 3-15 所示。

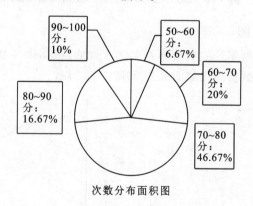

次数分布面积图

图 3-15　根据图 3-10 中数据绘制的饼图

(四)圆环图

圆环图以圆环的形式显示数据,其中每个圆环代表一个数据系列,显示部分与整体的关系,且圆环图可以包含多个数据系列,便于比较各部分的大小以及比较前后变化。如果在数据标签中显示百分比,则每个圆环中的区段总计 100%。利用 Excel 制作圆环图的方法如下:

(1)选中表格的数据区域—点击"插入"—选择推荐的图表—"圆环图",选择合适样式插入。

(2)右键单击圆环图—"设置数据系列格式"—"圆环图内径大小",根据实际情况调整。

(3)右键单击圆环图—"添加数据标签"。

【例 3-4】 2017—2018 年三种产业结构统计表如表 3-4 所示。

表 3-4　2017—2018 年三种产业结构统计表

年　度	第一产业比重	第二产业比重	第三产业比重
2017	7.92%	40.46%	51.63%
2018	7.19%	40.65%	52.16%

解　根据表 3-4 绘制圆环图,如图 3-16 所示,内环代表 2017 年三种产业比重,外环代表 2018 年三种产业比重。

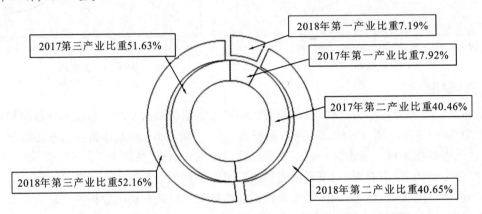

图 3-16　2017—2018 年三种产业结构圆环图

(五) 累计次数折线图

累计次数折线图是根据累计次数分布绘制的。例如,根据图 3-10 中数据绘制的向上累计次数折线图和向下累计次数折线图如图 3-17 和图 3-18 所示。

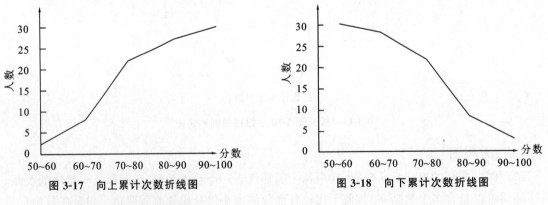

图 3-17　向上累计次数折线图　　　　图 3-18　向下累计次数折线图

三、次数分布的主要类型

不同性质的社会经济现象有其各自特殊的次数分布。常见的次数分布有三种类型。

(一) 钟形分布

钟形分布的特征是"两端小,中间大",因其分布曲线图宛如一口钟而得名。钟形分布可分为对称分布和偏态分布两种。

(1)对称分布。正态分布是最常见的对称分布,以中心值所在竖线为对称轴,两边次数分布相等,如图3-14所示。

(2)偏态分布又分为右偏分布和左偏分布。

当标志值存在极大值时,次数分布曲线就会向右延伸,这种分布称为右偏分布。

【例3-5】 某企业50名工人每日加工零件数统计次数分布如图3-19所示。

要求:分析分布类型。

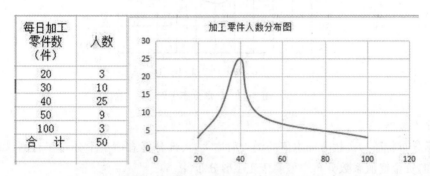

图3-19 某企业50名工人每日加工零件数统计次数分布

解 从图3-19中可以看出,有3名工人每日加工的零件数比其他工人每日加工的要大得多,使次数分布图向右延伸,故此次数分布为右偏分布。

当标志值存在极小值时,次数分布曲线就会向左延伸,这种分布称为左偏分布。

【例3-6】 某次竞赛有100人参加,有3人犯规,成绩为0,成绩统计的次数分布如图3-20所示。

要求:分析分布类型。

解 次数分布图向左延伸,为左偏分布。

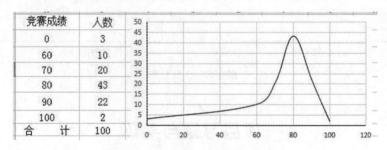

图3-20 某次竞赛成绩统计次数分布

(二)U形分布

U形分布的特征是"两头大,中间小",因其分布图形如英文字母"U"而得名。例如,一个企业,在固定成本一定的情况下,单位生产成本随着产量的增加,会逐渐降低,当降低到一定量时,会达到最低值,之后超过这个量,则需要增加新的固定成本,单位生产成本又会上升,如图3-21所示。

(三)J形分布

J形分布的特征是"一边小,一边大",即大部分标志值集中分布在左侧或在右侧。J形分布有两种类型。

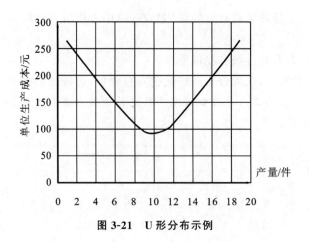

图 3-21 U 形分布示例

1. 正 J 形分布

正 J 形分布特征为次数随标志值的增大而增大,大部分标志值集中分布在右侧,如图 3-22(a)所示。例如,资金终值系数分布一般属于正 J 形分布。

2. 反 J 形分布

反 J 形分布特征为次数随标志值的增大而减小,大部分标志值集中分布在左侧,如图 3-22(b)所示。例如,商品销量与销售价格之间的增减变动关系一般属于反 J 形分布。

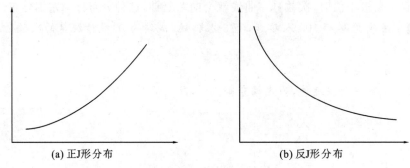

(a) 正J形分布　　　　　　　　　　(b) 反J形分布

图 3-22　J 形分布

项目习题与实训

任务一　认知统计整理

一、单项选择题

1. 统计整理是(　　)。

A. 统计分析的前提,统计调查的继续　　B. 统计研究的初始阶段

C. 统计研究的最终阶段　　D. 统计调查的前提,统计分析的继续

2. 统计整理主要是对(　　)进行整理。

A.历史资料　　　　B.原始资料　　　　C.分析资料　　　　D.综合资料

3.统计整理的核心问题是(　　)。

A.审核　　　　　　B.汇总　　　　　　C.编码　　　　　　D.分组

二、多项选择题

1.统计整理的内容一般包括(　　)。

A.资料审核　　　　　　　B.统计分组　　　　　　　C.统计汇总

D.数据分析　　　　　　　E.编制统计表

2.对统计资料进行审核,主要是审核原始资料的(　　)。

A.准确性　　　　　B.时效性　　　　　C.完整性　　　　　D.广泛性

任务二　统计分组

一、单项选择题

1.统计分组对总体而言是(　　)。

A.将总体区分为性质相同的若干部分

B.将总体区分为性质不同的若干部分

C.将总体单位区分为性质相同的若干部分

D.将总体单位区分为性质不相同的若干部分

2.统计分组的关键在于(　　)。

A.正确选择分组标志　　　　　　　B.正确划分各组界限

C.正确确定组数和组限　　　　　　D.正确选择分布数列种类

3.按某一标志分组的结果表现为(　　)。

A.组内差异性,组间同质性　　　　B.组内同质性,组间差异性

C.组内同质性,组间同质性　　　　D.组内差异性,组间差异性

4.简单分组与分组体系的区别在于(　　)。

A.总体的复杂程度不同　　　　　　B.组数多少不同

C.选择分组标志的性质不同　　　　D.选择的分组标志的数量不同

5.按照分组标志性质的不同,统计分组可分为按品质标志分组和(　　)。

A.按数量标志分组　　B.平行分组　　C.交叉分组　　D.复杂分组

二、多项选择题

1.统计分组的作用为(　　)。

A.说明总体单位的特征　　　　　　B.划分现象的类型

C.反映总体的内部结构　　　　　　D.研究现象之间的相互依存关系

E.以上都对

2.按照分组标志多少的不同,统计分组可以分为(　　)。

A.简单分组　　　　　　B.单项式分组　　　　　　C.分组体系

D.组距式分组　　　　　E.等距式分组

三、判断题

1.在编制变量数列时,连续型变量只能采用组距式方式。　　　　　　　(　　)

2. 选择分组标志的原则之一是应选择能够反映事物本质或主要特征的标志。（　）
3. 统计分组时,经常面临的问题是,标志好选择,组限难确定,因此,关键问题是确定组限。
（　）
4. 统计分组对总体是"分",对个体是"合"。（　）

四、思考题

1. 如何理解"平行分组体系"中的"平行"二字？举例具体说明"平行"的真正含义。
2. 如何理解复合分组体系定义中的"层叠"二字？举例具体说明"层叠"的真正含义。

任务三　分配数列

一、单项选择题

1. 次数分布中的次数是指（　　）。
   A. 划分各组的数量标志　　　　　B. 分组的组数
   C. 分布在各组的总体单位数　　　D. 标志变异个数
2. 在次数分布中,频率是指（　　）。
   A. 各组的次数之比　　　　　　　B. 各组的次数之差
   C. 各组的次数之和　　　　　　　D. 各组次数与总次数之比
3. 某连续型变量数列,其第一组为开口组,上限为500,已知第二组的组中值为540,则第一组的组中值为（　　）。
   A. 480　　　　B. 420　　　　C. 450　　　　D. 460
4. 对职工的生活水平状况进行分组研究,正确的分组标志应当为（　　）。
   A. 职工月工资总额　　　　　　　B. 职工人均月收入额
   C. 职工家庭成员平均月收入额　　D. 职工人均月岗位津贴及奖金数额
5. 当一组数据变动比较均匀时,对其分组宜采用（　　）。
   A. 极大值分组　　B. 极小值分组　　C. 等距分组　　D. 不等距分组
6. 某连续变量分为五组：第一组为40～50,第二组为50～60,第三组为60～70,第四组为70～80,第五组为80以上。习惯上规定（　　）。
   A. 50在第一组,70在第四组　　　B. 60在第二组,80在第五组
   C. 50在第二组,80在第四组　　　D. 70在第四组,80在第五组
7. 将全部变量值依次划分为若干个区间,并将这一区间的变量值作为一组,这样的分组方法称为（　　）。
   A. 单变量值分组　　B. 组距分组　　C. 等距分组　　D. 连续分组
8. 某外商投资企业按工资水平分为四组：1 000元以下；1 000～1 500元；1 500～2 000元；2 000元以上。第一组和第四组的组中值分别为（　　）。
   A. 750元和2 500元　　　　　　B. 800元和2 250元
   C. 800元和2 500元　　　　　　D. 750元和2 250元
9. 在累计次数分布中,某组的向下累计次数表明（　　）。
   A. 大于该组上限的次数是多少　　B. 大于该组下限的次数是多少
   C. 小于该组上限的次数是多少　　D. 小于该组下限的次数是多少

二、多项选择题

1. 在组距式变量数列中,全距一定的情况下,组距大小与(　　)。
   A. 单位数的多少成正比　　　　　B. 单位数的多少成反比
   C. 单位数的多少无关系　　　　　D. 组数多少成正比
   E. 组数多少成反比

2. 在组距式变量数列中,组中值(　　)。
   A. 是上限与下限的中点　　　　　B. 在开口组中可参照相邻组来确定
   C. 在开口组中无法计算　　　　　D. 用来代表各组标志值的一般水平

3. 组距式分组仅适合于(　　)。
   A. 连续变量　　　　　　　　　　B. 离散变量
   C. 离散变量且变动幅度较大　　　D. 离散变量且变动幅度较小
   E. 连续变量且变动幅度较大

4. 下列有关数据分组的一些说法,其中正确的有(　　)。
   A. 应根据研究目的选择数据分组的标志
   B. 正确选择分组标志是实现数据分组目的的关键
   C. 划分组间界限,应既有科学性,又要具备完整性和组间的不相容性
   D. 组与组之间应具备兼容性
   E. 组与组之间有互斥性

5. 表 3-5 所示的分布数列的类型为(　　)。

表 3-5　某车间按劳动生产率分组的职工人数统计情况

按劳动生产率分组/(件/人)	50～60	60～70	70～80	80～100	合计
职工人数	5	10	20	15	50

   A. 品质数列　　　　　　　　　　B. 变量数列　　　　　　　　　　C. 组距式变量数列
   D. 不等距分组　　　　　　　　　E. 等距式变量数列

三、判断题

1. 划分连续变量的组限时,相邻两组的组限既可以是间断的,也可以是重叠的。(　　)
2. 各组频数的计量不能重复,恰好重叠在组的下限上的变量值一般归入本组,即遵循"上限不在内"原则。(　　)

任务四　分布数列表示方法

一、单项选择题

1. 统计表中的主词是指(　　)。
   A. 所要说明的对象　　　　　　　B. 说明总体的统计指标
   C. 横行标题　　　　　　　　　　D. 纵栏标题

2. 对于不等距数列,在制作直方图时,应计算出(　　)。
   A. 次数分布　　　　　　　　　　B. 次数密度
   C. 各组次数　　　　　　　　　　D. 各组组距

3.欲比较两个企业员工队伍的学历结构,以下图形表示方式中比较适宜的是(　　)。
A.饼图　　　　　B.折线图　　　　C.圆环图　　　　D.散点图
4.U形分布的特征是(　　)。
A.两头小,中间大　B.中间小,两头大　C.左边大,右边小　D.左边小,右边大

二、多项选择题

1.统计数据的表现形式主要有(　　)。
A.统计表　　　　B.统计图　　　　C.统计史　　　　D.统计方法
2.从形式上看,统计表主要组成部分有(　　)。
A.总标题　　　　　　　B.表格设计者　　　　　　C.横行标题
D.指标数值　　　　　　E.纵栏标题
3.偏态分布中的右偏分布是(　　)造成的。
A.变量数列的数值较均匀　B.中间数值大、两头数值小　C.形态向右延伸
D.存在极大值　　　　　　E.存在极小值

三、判断题

1.统计表是由总标题、横行标题、纵栏标题和指标数值四部分组成的。(　　)
2.主词是用来说明总体的统计指标。(　　)
3.横行标题一般写在表的右方。(　　)

四、综合应用题

为了解某市2019年会计初级职称考试情况,该市财政局从所有参加考试的人员中随机抽取了200人进行调查,这200人的考试成绩统计资料如表3-6所示。

表3-6　某市2019年会计初级职称考试成绩统计

分数	60分以下	60～70分	70～80分	80～90分	90分以上	合计
人数	156	24	10	6	4	200

利用以上资料,回答下列问题。
(1)题目中某市财政局的行为属于(　　)。
A.统计资料　　　B.统计学　　　　C.统计工作　　　D.以上都不是
(2)题目中的数列属于(　　)。
A.单项式变量数列　B.品质数列　　　C.不等距分组　　D.等距式变量数列
(3)题目中的人数是(　　)。
A.变量　　　　　B.频数　　　　　C.变量值　　　　D.频率
(4)题目中的变量是(　　)。
A.分数　　　　　B.人数　　　　　C.分数的具体数值　D.人数的具体数值
(5)抽中的200人中有人考试成绩为80分,则应归入(　　)。
A.第三组　　　　　　　　　　　　B.第四组
C.第三组和第四组均可以　　　　　D.第三组或第四组均不可以
(6)题目中所进行的调查,调查对象是(　　)。
A.某市2019年会计初级职称考试试卷
B.某市2019年所有参加会计初级职称考试的人员

C. 某市 2019 年所有会计初级职称考试试卷
D. 某市 2019 年所有参加会计初级职称考试的人员的成绩

(7)题目中所抽取的 200 人构成一个(   )。
A. 总体   B. 样本   C. 总体单位   D. 样本单位

(8)题目中各组的频数分别为(   )。
A. 156,24,10,6,4
B. 0.18,0.52,0.73,0.44,0.13
C. 0.78,0.12,0.05,0.03,0.02
D. 4,6,10,24,156

(9)题目中次数分布呈(   )。
A. U 形分布   B. 右偏分布   C. 左偏分布
D. 反 J 形分布   E. 正 J 形分布

五、计算题

某工业局所属各企业工人数如下：

555 506 220 735 338 420 332 369 416 548 422 547 567 288 447
484 417 731 483 560 343 312 623 798 631 621 587 294 489 445

要求：

(1)试根据上述资料,分别编制等距及不等距的分配数列。

(2)根据等距数列编制向上和向下累计的频数和频率数列。

(3)根据等距数列绘制次数分布直方图、折线图、曲线图、面积图、向上累计次数折线图和向下累计次数折线图。

项目四 总量分析与相对分析

TONGJIXUE YUANLI

任务一 总量指标分析

总量指标既是统计资料整理的结果,又是统计分析的前提条件,是人们了解、认识和掌握社会经济现象最基本的统计指标。

一、总量指标的含义

总量指标是现象总体的数量表现,是通过汇总得来的,反映一定总体在一定时间条件下的总体规模或总体水平的统计指标。总量指标用绝对数来表示,也就是用一个绝对的数字来反映一定总体在一定时间内的数量状况。例如,据《2018年国民经济和社会发展统计公报》中相关资料(见图4-1),2018年我国全年国内生产总值为 900 309 亿元,第一产业增加值为 64 734 亿元,全年粮食种植面积为 11 704 万公顷,这些数据就是总量指标。

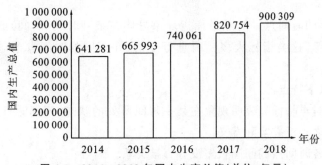

图 4-1 2014—2018 年国内生产总值(单位:亿元)

总量指标同其他指标相比,具有两个显著特点:其一是只有对有限总体才可以计算总量指标;其二是总量指标的数值一般与总体范围相关。

二、总量指标的种类

总量指标按照不同标准可以划分为不同种类。

(一)按反映的总体内容不同,分为总体单位总量和总体标志总量

1. 总体单位总量

总体单位总量指所研究总体中包含单位的个数,说明总体本身规模的大小。

2. 总体标志总量

总体标志总量指总体中的各个单位某一数量标志值的总和,说明总体中某一标志值规模的大小。

例如,某乡镇有10个农民专业合作社,实现利润总额500万元,辐射农户1 000户,其中,"10个农民专业合作社"是总体单位总量,"利润总额500万元""辐射农户1 000户"均为总体标志总量。

由此可以看出,总体单位总量与总体标志总量是主体与客体的关系,客体依附于主体,一个总体只有一个总体单位总量,但可以有多个总体标志总量。

(二)按反映的时间状态不同,分为时期指标和时点指标

1. 时期指标

时期指从什么时间开始、到什么时间为止的一段时间。时期指标指现象在一段时间内发展过程的指标数值总和,是累计的结果。例如,某地区在某一时期内的出生人数、死亡人数,某企业一年的销售收入、利润总额等。

时期指标具有以下特点:

(1)可加性。时期指标反映一个时期的总量,如某月完成的工作量,是该月完成的所有工作数量累计的结果。

(2)数值大小与时期的时间长短有直接关系,时间越长,指标数值越大;反之,指标数值越小。

(3)从资料的取得方式来讲,时期指标数据是在一定时间段内对事物进行连续登记并汇总的结果。

2. 时点指标

时点指某个具体的时间点。时点指标指现象总体在某一时刻(瞬间)的数量状况,如总人口、月末商品库存数等,这类指标大多是瞬息万变的,在不同的时间点上,呈现出不同的数量状态。

时点指标具有以下特点:

(1)不可加性。时点指标只表明现象在某一瞬间所处的状态,不同时点上的指标数值是不能相加的,指标数值之和没有实际意义。

(2)数值大小与各时间点的间隔长短没有直接关系。

(3)从资料的取得方式来讲,时点指标是由一次性登记调查得到的。

例如,月末库存是时点指标,库存有出有进,该指标数值处于不停变动之中;年末库存不一定比月末库存大;要取得该时点指标数据,一般在月末盘点一次即可。从更大范围讲,库存只是转变为其他资产,资产总量并未减少。

三、总量指标的计量单位

计量是确定和计算总量指标的基础,计量的准确与否关系到总量指标所反映的客观现象的准确程度高低。总量指标的计量单位可分为实物单位、货币单位与劳动单位。

(一)实物单位

实物单位是根据现象的自然属性和物理属性来度量的单位,一般有自然单位、度量衡单位、双重单位与复合单位、标准实物单位等。

1. 自然单位

自然单位是人们根据现象的自然属性、特点或习惯而采用的计量单位。例如,人口以"人"为单位,牲畜以"头"为单位,山以"座"为单位。

2. 度量衡单位

度量衡单位是按照统一度量衡制度的规定来计量的单位。例如,长度用"尺""米""千米"等单位;重量用"克""千克""吨"等单位;面积用"平方米""平方千米"等单位。

3. 双重单位与复合单位

双重单位与复合单位是多个单位的结合运用。双重单位是指将两种或两种以上的单位以相除的形式来度量现象的总量。例如，价格用"元/千克"表示，人口密度用"人/平方千米"表示等。复合单位是指将两种或两种以上的单位以相乘的形式来度量现象的总量。例如，运价用"吨·千米"表示等。

4. 标准实物单位

标准实物单位是指按照统一的折算标准来计量事物数量的一种实物单位。它主要用于计量存在差异的工业产品和农产品，为了准确地反映其总量，须把各产品按照一定的标准折合成标准品再相加。

【例 4-1】 某地区主产中稻、冬小麦、玉米、甘薯、油菜，产量分别为 500 万吨、800 万吨、1 300 万吨、600 万吨、400 万吨，采用能值法，以中稻为基准，标准产量的折算系数分别为 1、0.99、1.04、0.23、1.66。要求：将冬小麦、玉米、甘薯、油菜产量折合成标准产量。

解 折算过程如图 4-2 所示。

种类	产量（万吨）	折算系数	标准产量（万吨）
中稻	500	1	500
冬小麦	800	0.99	792
玉米	1300	1.04	1352
甘薯	600	0.23	138
油菜	400	1.66	664
合计	—	—	3446

图 4-2 标准实物单位折算过程

采用实物单位度量的指标为实物指标。实物指标最大的优点在于能够反映总量指标的使用价值和具体内容，满足使用的需要，如粮食够不够吃、房子够不够住等，但其综合性差，不同实物指标不能相加，也不能进行对比。

(二) 货币单位

货币单位是指用货币作为价值尺度来度量社会财富和劳动成果的一种计量单位，用货币单位度量的总量指标也称价值指标，如国内生产总值、工资总额等。

价值指标具有广泛的综合性和概括性，能将不同使用价值的产品实物量通过"数量×价格＝价值"的数学形式，折合成价值量，在价值状态下，不同实物是可以相加、对比的，因此可以衡量不同使用价值产品的总规模和总水平。但是，价值指标不具有实物指标的优点，具有一定的抽象性。在实际统计过程中，价值指标一般与实物指标相结合使用。

(三) 劳动单位

劳动单位是指用劳动时间作为计量单位，比如"工时""工日"。采用劳动单位度量的总量指标为劳动指标。这类指标虽然不多，是适用范围较广。不同单位的劳动指标没有可比性，不能相加，此时的劳动指标只能作为内部使用的指标。

四、总量指标的作用

1. 总量指标是认识社会经济现象的起点

要想了解一个国家或地区国民经济和社会发展状况,首先要准确地掌握社会经济现象在一定时间、地点条件下的总规模和总水平,这是深入了解现象的基础。

2. 总量指标是进行社会经济管理的重要依据

想要更有效地指导经济建设,相关领导人就必须了解和分析各部门之间的经济关系,归根结底需要掌握各部门在不同时间的总量指标与社会总需求,为制定进一步发展社会经济的措施提供总体的依据。

3. 总量指标是计算相对指标和平均指标的基础

总量指标是最能说明具体社会经济总量的综合性数字,是最基本的统计指标。相对指标和平均指标是由两个相关的总量指标对比计算而来的,是总量指标的派生指标。总量指标计算是否科学、合理、准确,将直接影响到相对指标和平均指标的准确性。

五、计算总量指标时需注意的问题

1. 对每项指标含义和范围进行严格界定

计算总量指标时,首要问题就是明确规定每项总量指标的含义和范围。例如,要计算国内生产总值、工业增加值等总量指标,应先清楚这些指标的含义、性质,才能据以确定统计范围、统计方法,确保统计口径的一致,保证数据真实可靠。

2. 只有同类现象才可以计算总量指标

计算总量指标时要注意同质性,实物指标总量的同质性是由事物的性质或用途决定的。例如,我们可以把小麦、稻谷、玉米等看作一类产品来计算它们的总产量,即谷物总产量,但不能把谷物与棉花混合起来计算总产量。

3. 保证每项指标计量单位的准确性

核算总量指标时,选用的计量单位应根据研究对象的性质、特点以及统计研究的目的而定。计量单位不统一,容易造成统计上的差错和混乱。同时,要注意与国家统一规定的计量单位一致,以便于汇总并保证统计资料的准确性。

任务二 相对指标分析

一、相对指标的含义

总量指标的特点是数值与总体范围的大小有关,一般总体范围大,总量指标就大;总体范围小,总量指标也就小。总量指标是一个绝对数,无法用数值大小说明其水平的高与低。为了判断所研究现象水平的高与低,必须有一个参照指标,通过与这个参照指标进行对比,才能判断出现象水平比参照指标高,还是比参照指标低。这个参照指标称为基数;所研究现象的某一指标,称为比数。参照指标的表现形式为相对数,因此,相对指标又称为统计相对数,它是有联系的两个现象数值的比率。基本公式为：

$$相对指标 = \frac{比数}{基数} \times 100\%$$

二、相对指标的作用

(1)相对指标通过数量之间的对比,可以表明事物相关程度、发展程度,它可以弥补总量指标的不足,使人们清楚了解现象的相对水平和普遍程度。例如,2018年全国国内生产总值为900 309亿元,从这个总量指标中无法看出2018年我国经济发展的速度,通过"比上年增长6.6%"这个相对指标,就能发现我国2018年全年经济发展速度平稳,符合预期。

(2)把现象的绝对差异抽象化,使原来无法直接对比的指标变为可比的指标。不同的企业由于生产规模条件不同,不能直接用总产值、利润进行比较评价,但如果采用一些相对指标,如资金利润率、资金产值率等进行比较,便可对企业生产经营成果做出合理评价。

(3)说明总体内在的结构特征,为深入分析事物的性质提供依据。例如,计算一个地区不同经济类型的结构占比,可以说明该地区经济的性质。又如,计算一个地区的各产业的比例,可以说明该地区社会经济现代化程度等。

三、相对指标的表现形式

相对指标的表现形式有两种,即无名数和有名数。

(一)无名数

当比数与基数的计量单位相同时,在对比过程中,分子单位与分母单位同时被约掉,表现为无名数。它是一种抽象值,根据比数数值与基数数值相差的大小,常以系数、倍数、百分数、千分数、成数、百分点等表示。

(1)系数和倍数是将对比的基数抽象为1而计算出的相对数。比数较基数相差不大时常用"系数";比数较基数大得多时常用"倍数"。

(2)百分数是将对比的基数抽象为100而计算出的相对数;千分数是将对比的基数抽象为1 000而计算出的相对数。当比数较基数小得多的时候,宜用千分数表示,如人口出生率计算;如果比数较基数更小,则应将基数抽象为更大的数,如彩票中奖率计算,其目的是取整数,易于理解。

(3)成数是将对比的基数抽象为10而计算出的相对数,如某地区的粮食产量比上年增长二成,即增产十分之二。

(二)有名数

当比数与基数的计量单位不相同时,在对比过程中,分子单位与分母单位不能约掉、表现为同时使用,这种表现形式即为有名数,主要用于部分强度相对指标。例如,人口密度用"人/平方千米"表示,商业网点密度用"人口数/商业网点数"表示。

四、相对指标的种类及计算方法

由于研究的目的和任务不同,选择对比的基数不同,一般将相对指标分为结构相对指标、比例相对指标、比较相对指标、强度相对指标、计划完成程度相对指标及动态相对指标。

(一)结构相对指标

结构相对指标是在统计分组的基础上,为了判断各部分数值的大小,以总体的全部数值作为参考标准,相比较而得出的相对数,用以反映各部分在总体中所占的比重或比率,进而说明现象内部的构成情况。计算公式为:

$$结构相对指标 = \frac{总体中某部分指标数值}{总体全部指标数值} \times 100\%$$

【例 4-2】 某企业产品生产总成本为 100 元,其中直接材料费为 10 元,直接人工费为 85 元,制造费用为 5 元。要求:计算产品成本构成。

解 产品成本构成计算如下:

$$直接材料费占总成本的比重 = \frac{10 \ 元}{100 \ 元} \times 100\% = 10\%$$

$$直接人工费占总成本的比重 = \frac{85 \ 元}{100 \ 元} \times 100\% = 85\%$$

$$制造费用占总成本的比重 = \frac{5 \ 元}{100 \ 元} = 5\%$$

从以上计算可以看出,直接人工费在产品总成本中占 85%,占绝大比重,对总成本影响最大,直接材料费次之,制造费用最小。如果该企业想降低总成本,重点在于降低直接人工成本;如果把重点放在降低制造费用上,则下降空间不大,即使把制造费用降为零,总成本也降不了多少。

实际工作中,很多现象存在合理结构或最佳结构,这个结构相对数是一个常数,判断某一部分大小是否合理,是以这个常数为标准的。

【例 4-3】 某企业资产总额为 500 万元,其中负债 300 万元,所有者权益 200 万元。如该行业的企业资产负债率一般都会略超过 40%,判断该企业资产负债率是否合理。

解 计算结构相对指标:

$$负债比重 = \frac{300 \ 万元}{500 \ 万元} \times 100\% = 60\%$$

$$所有者权益比重 = \frac{200 \ 万元}{500 \ 万元} \times 100\% = 40\%$$

从以上计算可以看出,负债所占比率(资产负债率)明显大于 40%,偏高,需要调整。

结构相对指标用来判断某总体中某一部分的大小,不是以数值的大小为依据,而是以总体的全部数值作为判断标准。

结构相对指标表示的是部分占总体的比重,因此,结构相对指标具有以下特点:

(1)总体中各部分的结构相对指标数值小于 1(或 100%)。
(2)总体中各部分的结构相对指标之和等于 1(或 100%)。

(二)比例相对指标

比例相对指标是为了判断某一部分的数值的大小,以总体中另一部分作为参考标准,相比较而得出的相对数,用以反映总体内部各个部分之间的比例关系和均衡状况。比例相对指标的计算公式为:

$$比例相对指标 = \frac{总体的某一部分指标数值}{总体另一部分指标数值} \times 100\%$$

【例 4-4】 某地区 2018 年末总人口为 1.74 亿人,其中男性为 1.04 亿人,女性为 0.7 亿人。要求:计算男女性别比例相对指标。

解 以女性人口为基数,则男女性别比例相对指标为:

$$男女性别比例相对指标 = \frac{1.04\ 亿人}{0.7\ 亿人} \times 100\% = 148.57\%$$

即该地区男性人口与女性人口之比为 148.57%,或 149∶100。

比例相对指标常用 1∶m∶n 或 m∶n∶1 的形式来表示,是将基数抽象为 1,比数以简单的整数表示,有时不一定能够整除,常用近似值表示。

【例 4-5】 某企业有全部职工 440 人,其中研发人员 120 人,一线生产工人 248 人,后勤服务人员 72 人。计算各类员工的比例关系。

解 如果观察研发人员,则研发人员与一线生产工人、后勤服务人员人数的比例关系为:

$$\frac{120\ 人}{120\ 人} : \frac{248\ 人}{120\ 人} : \frac{72\ 人}{120\ 人} = 1 : 2.07 : 0.6$$

如果观察一线生产工人,则一线生产工人与研发人员、后勤服务人员人数的比例关系为:

$$\frac{248\ 人}{248\ 人} : \frac{120\ 人}{248\ 人} : \frac{72\ 人}{248\ 人} = 1 : 0.48 : 0.29$$

如果观察后勤服务人员,则后勤服务人员与研发人员、一线生产工人人数的比例关系为:

$$\frac{72\ 人}{72\ 人} : \frac{120\ 人}{72\ 人} : \frac{248\ 人}{72\ 人} = 1 : 1.67 : 3.44$$

实际工作中,很多现象内部各部分之间存在较为稳定的比例关系。如人口统计中的性别,企业总资产中的长期资产与流动资产,流动资产中各部分之间,都有一个合理的比例,并且会持续很长时间。这种较为稳定的比例关系一旦发生变动,各部分数据均会相应地发生变动,但变动后各部分内容保持不变。如统计性别比例时,从古至今,基本只有"男""女"两种。

(三)比较相对指标

比较相对指标是指同类指标在同一时间不同条件下的对比结果,表示同类现象在不同条件下发展的不均衡性与差异性。比较相对指标的计算公式为:

$$比较相对指标 = \frac{某一地区(或单位)某一指标数值}{另一地区(或单位)同类指标数值} \times 100\%$$

比较相对指标为无名数,一般用倍数、系数表示。

【例 4-6】 某种农产品同时在 A 地和 B 地试种,在其他条件相同的情况下,A 地平均亩产 600 kg(1 亩约合 666.67 m^2),B 地平均亩产 400 kg。计算比较相对指标。

解 计算过程如下:

$$A\ 地平均亩产相对\ B\ 地平均亩产的倍数 = \frac{600\ kg}{400\ kg} = 1.5$$

$$B\ 地平均亩产相对\ A\ 地平均亩产的百分比 = \frac{400\ kg}{600\ kg} = 66.67\%$$

比较相对指标用来说明现象发展的不均衡程度,因此,在计算比较相对指标时,参照物必须是同一性质的指标,其类型、统计时间、计算方法、计量单位等要相同,才有可比性。

(四)强度相对指标

强度相对指标是指由两个性质不同但又有密切联系的总量指标进行比较而形成的相对指

标,用来反映现象的强度、密度以及普遍程度,常用来比较不同国家、地区、行业、单位的经济实力和社会服务水平。强度相对指标的计算公式为:

$$强度相对指标 = \frac{某一总量指标数值}{另一有联系但性质不同的总量指标数值}$$

强度相对指标有两种形式,即无名数的强度相对指标和有名数的强度相对指标。

无名数的强度相对指标,一般用百分比、千分比表示。其特点是分子来源于分母,但分母并不是分子的总体,二者所反映现象数量的时间状况不同。

【例 4-7】 某年某地区年平均人口为 100 万人,在该年出生的人口为 8 600 人。计算该地区人口出生率。

解 计算过程如下:

$$人口出生率 = \frac{8\,600\,人}{1\,000\,000\,人} \times 1\,000‰ = 8.6‰$$

有名数的强度相对指标为用双重计量单位表示的复名数,反映的是一种依存性的比例关系或协调关系,可用来反映经济效益、经济实力、现象的密集程度等。

【例 4-8】 某城市现有各种车辆 30 万辆,公共停车位为 750 个。计算该城市每个停车位所负担的车辆数及每千辆车拥有的停车位数。

解 计算强度相关指标:

$$每个停车位负担的车辆数 = \frac{300\,000\,辆}{750} = 400\,辆$$

$$每千辆车拥有的停车位数 = \frac{750\,个}{300\,000} \times 1\,000 = 2.5\,个$$

强度相对指标的分子和分母可以互换,从而形成正向指标与逆向指标。正向指标越大越好,逆向指标越小越好;正向指标越大、逆向指标越小,说明现象的强度、密度、普遍程度越大。

在应用强度相对指标时,分子与分母要有一定的内在联系才可以进行对比,否则指标设定没有实际意义。

【例 4-9】 2018 年,我国全年国内生产总值(GDP)为 900 309 亿元(初步核算数),年末总人口为 139 538 万人,以土地面积为 960 万平方千米计算人口密度和人均 GDP。

解 人与土地的关系是:土地是人赖以生存的条件。人与 GDP 的关系是:GDP 是人的劳动成果。

$$人口密度 = \frac{139\,538\,万人}{960\,万平方千米} = 145.35\,人/平方千米$$

$$人均 GDP = \frac{900\,309\,亿元}{139\,538\,万人} = 6.452\,07\,亿元/万人 = 64\,520.7\,元/人$$

强度相对指标应用范围较广,在宏观经济条件下,不同国家的国力对比、不同地区的经济实力对比,往往用的就是强度相对指标。

(五)计划完成程度相对指标

计划完成程度相对指标简称计划完成程度指标、计划完成百分比,是社会经济现象在某时期内实际完成数值与计划任务数值对比的相对指标,用来观察、检查、监督计划执行情况,一般用百分数表示。计算公式为:

$$计划完成程度相对指标 = \frac{实际完成数}{计划任务数} \times 100\%$$

由于计划任务的制订与下达、执行、检查各环节存在差异,计划完成程度相对指标有着不同的形式与内容,可进行如图 4-3 所示的分类。

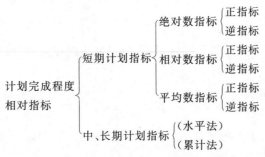

图 4-3 计划完成程度相对指标的分类

在做出结论时,要根据指标性质来判断。指标性质属于成果、效益类指标时,属于正指标,常以最低限额规定,如产值、利润、产量等,计划完成程度相对指标等于或大于 100% 为完成计划或超额完成计划。指标性质属于成本、费用类指标时,属于逆指标,常以最高限额规定,如产品成本、销售费用、材料消耗等。这时,计划完成程度相对指标小于或等于 100% 为超额完成计划或完成计划。此外,还要结合完成的绝对数做出说明。

1. 短期计划完成情况检查

计划时间短于一年,称为短期计划。

(1) 当计划数为绝对数或平均数时,可直接利用公式计算计划完成程度相对指标,同时考虑正指标、逆指标之分。

【例 4-10】 某企业 2018 年产品计划产量为 1 000 件,实际完成 1 200 件,计算该年产量计划完成程度相对指标。

解 产量属于正指标,要求越大越好。计算如下:

$$计划完成程度相对指标 = \frac{实际完成数}{计划任务数} \times 100\% = \frac{1\ 200\ 件}{1\ 000\ 件} \times 100\% = 120\%$$

$$实际完成数 - 计划完成数 = 1\ 200\ 件 - 1\ 000\ 件 = 200\ 件$$

计算结果表明,该企业超额 20% 完成产量计划,实际产量比计划产量增加了 200 件,属于超额完成计划。

【例 4-11】 某企业 2018 年某产品的生产成本计划为 100 元/件,实际生产成本为 98 元/件,计算该年生产成本的计划完成程度相对指标。

解 成本费用属于逆指标,要求越小越好。计算如下:

$$计划完成程度相对指标 = \frac{实际完成数}{计划任务数} \times 100\% = \frac{98\ 元/件}{100\ 元/件} \times 100\% = 98\%$$

$$实际完成数 - 计划完成数 = 98\ 元/件 - 100\ 元/件 = -2\ 元/件$$

计算结果表明,该企业超额 2% 完成生产成本计划,实际成本比计划成本节约了 2 元/件,属于超额完成计划。

(2) 当计划数为相对数时,意味着计划是根据上期实际来指定的,将上期实际数作为 100%,同时考虑正指标、逆指标之分。有如下公式:

$$计划完成程度相对指标 = \frac{实际为上年的百分数}{计划为上年的百分数} \times 100\%$$

$$= \frac{1 \pm 实际\genfrac{}{}{0pt}{}{提高}{降低}百分数}{1 \pm 计划\genfrac{}{}{0pt}{}{提高}{降低}百分数} \times 100\%$$

实际工作中,常用百分点计算该指标,但百分点并不是相对数,而是绝对数。一个百分点指 1%。计划完成情况为:

$$实际比计划\genfrac{}{}{0pt}{}{提高}{降低}的百分点 = \left(实际\genfrac{}{}{0pt}{}{提高}{降低}百分比 - 计划\genfrac{}{}{0pt}{}{提高}{降低}百分比\right) \times 100$$

【例 4-12】 某企业 2018 年计划规定产品产量要比上年提高 10%,实际提高了 12%,计算该年产量计划完成程度相对指标。

解 计算过程如下:

$$\genfrac{}{}{0pt}{}{计划完成程度}{相对指标} = \frac{1 + 实际提高百分数}{1 + 计划提高百分数} \times 100\% = \frac{1 + 12\%}{1 + 10\%} \times 100\% = 101.82\%$$

实际为上年的百分数 - 计划为上年的百分数 = 112% - 110% = 2%

计算结果表明,该企业超额 2% 完成产量计划,实际比计划增加了 2%,属于超额完成计划。

【例 4-13】 某企业单位产品成本计划降低 10%,实际降低了 8%,计算说明该企业单位产品成本降低是否完成计划。

解 成本降低计划完成程度相对指标,属于逆指标,小于 100% 表示完成计划。计算过程如下:

$$\genfrac{}{}{0pt}{}{计划完成程度}{相对指标} = \frac{1 - 实际降低百分数}{1 - 计划降低百分数} \times 100\% = \frac{1 - 8\%}{1 - 10\%} \times 100\% = 102.22\%$$

实际为上年的百分数 - 计划为上年的百分数 = 92% - 90% = 2%

计算结果表明,企业的计划完成程度相对指标为 102.22% > 100%,没有完成计划,距离完成计划还差 2%。

(3) 计划执行进度检查。

计划执行进度检查指计划尚在执行中,还未完成时的检查。为了保证计划的顺利完成,在计划的执行过程中应随时了解和掌握计划的完成进度,通过计算计划执行进度百分数来实现。计算公式为:

$$计划执行进度 = \frac{计划期内截至检查日止累计实际完成数值}{计划期内计划规定任务数值} \times 100\%$$

对于计划进度的判断标准是将分子所用时间与分母规定时间进行对比,观察两者进度是否一致,如时间过半,任务完成量是否过半。

【例 4-14】 某企业 2018 年计划实现销售额 1 000 万元,1—9 月累计完成 800 万元,判断计划进度完成情况。

解 计算如下:

$$1—9 月计划应完成量 = 1\ 000\ 万元 \times \frac{9}{12} = 750\ 万元$$

$$1-9\text{月计划进度}=\frac{750\text{ 万元}}{1\,000\text{ 万元}}\times100\%=75\%$$

$$1-9\text{月计划执行进度}=\frac{800\text{ 万元}}{1\,000\text{ 万元}}\times100\%=80\%$$

计算结果表明,该企业 2018 年截至 9 月已完成全年计划的 80%,比计划快 5%(80%−75%),执行进度良好。

2. 中、长期计划的完成情况检查

中、长期计划指计划期超过一年,如五年计划、十年规划等,由于中、长期计划中所规定的计划任务指标性质不同,计划检查内容也有所不同,计算分为水平法与累计法。

(1)水平法。

在中、长期计划中,规定计划期末应达到的水平,如年生产能力、产品等级、学生体育达标的标准等,就属于中、长期计划指标,重点在于检查能力、水平。

用水平法检查计划完成程度就是将计划末期(最后一年)实际达到的水平与计划规定的同期应达到的水平相比较,来确定全期是否完成计划。其计算公式为:

$$\text{中、长期计划完成程度}=\frac{\text{计划期末实际达到的水平}}{\text{计划期末规定应达到的水平}}\times100\%$$

【例 4-15】 某地区从 2013 年开始,计划五年内原煤年生产能力达到 1 000 万吨,2013—2017 年各季度产能资料如图 4-4 所示。

年份\季度	一	二	三	四	合计	累计完成量
2013	100	110	120	130	460	460
2014	140	150	160	170	620	1080
2015	180	190	200	210	780	1860
2016	220	230	240	250	940	2800
2017	260	270	280	290	1100	3900

图 4-4 2013—2017 年各季度产能资料

要求:计算该计划完成程度。

解 该计划完成程度计算如下:

$$\text{中、长期计划完成程度}=\frac{1\,100\text{ 万吨}}{1\,000\text{ 万吨}}\times100\%=110\%$$

计算结果表明,该地区第五年实际原煤产量超出计划 10%,超额完成计划。

(2)累计法。

累计法就是用整个计划期间实际完成的累计数与同期计划数相比较,来确定计划完成程度。计算公式如下:

$$\text{中、长期计划完成程度}=\frac{\text{中、长期计划期间实际累计完成数}}{\text{中、长期计划规定应完成的累计数}}\times100\%$$

用累计法计算,只要从中、长期计划开始至某一时期止,累计完成数达到计划应完成数,就是完成了计划。

【例 4-16】 在与例 4-15 相同的条件下,假定该地区计划从 2013 年开始,用五年时间完成 3 000 万吨原煤产量,计算该计划完成程度及提前完成时间。

解 ①该计划完成程度计算如下:

$$中、长期计划完成程度 = \frac{(460+620+780+940+1\,100)\,万吨}{3\,000\,万吨} \times 100\% = 130\%$$

计算结果表明,该地区五年间的原煤产量超额 30% 完成计划任务。

②提前完成计划时间计算。

截至第四年末,累计完成 2 800 万吨原煤产量,还有 200 万吨(3 000 万吨－2 800 万吨)未完成,假设第五年第一季度均衡生产,则五年内完成计划后的时间为:

$$3\,季度 + \frac{(260-200)\,万吨}{260\,万吨/季度} = 3.23\,季度$$

该地区提前 3.23 季度完成了计划任务。

(六)动态相对指标

动态相对指标是某类指标数值在不同时间上的对比,用来反映现象的数量在时间上的变动程度。计算公式为:

$$动态相对指标 = \frac{某指标报告期数值}{该指标基期数值} \times 100\%$$

【例 4-17】 2017—2018 年,某地区国内生产总值从 2.7 万亿元增加到 3.03 万亿元,计算动态相对指标。

解 计算过程如下:

$$动态相对指标 = \frac{3.03\,万亿元}{2.7\,万亿元} \times 100\% = 112.22\%$$

该地区国内生产总值 2018 年比 2017 年增长 12.22%(112.22%－100%)。

动态相对指标应用范围较广,后面章节将对其进行详细讨论。

五、相对指标应用的原则

相对指标运用对比方法,对两个同类指标数值进行静态的或动态的比较,对总体各部分之间的关系进行数量分析,对两个不同总体之间的联系程度和比例进行比较,是统计中常用的基本数量分析方法之一。要使相对指标在统计分析中起到应有的作用,在计算和应用相对指标时应该遵循以下的原则。

1. 可比性原则

相对指标的可比性,是指对比的指标在含义、内容、范围、时间、空间和计算方法等口径方面应协调一致,相互适应。相对指标是有关的两个指标数值之比,对比结果的正确性直接取决于两个指标数值的可比性。如果违反可比性这一基本原则而去计算相对指标,就会失去其实际意义,导致不正确的结论。

如果各个时期的统计数字因行政区划、组织机构、隶属关系的变更,或因统计制度方法的改变而不能直接对比,就应以报告期的口径为准,调整基期的数字。许多用金额表示的价值指标,由于价格会变动,各期数字进行对比不能反映实际的发展变化程度,一般要按不变价格换算,以消除价格变动的影响。

2. 定性分析与定量分析相结合原则

计算相对指标数值的方法是简便易行的,但要正确地计算和运用相对指标,还要注重定性分析与定量分析相结合的原则。事物之间的对比分析,必须采用同类型的指标,只有通过统计分组,才能确定被研究现象的同质总体,便于同类现象之间进行对比分析。这说明要在确定事物性质的基础上进行数量的比较或分析,而统计分组在一定意义上也是一种统计的定性分类或分析。即使是同一种相对指标,在不同地区或不同时间进行比较时,也必须先对现象的性质进行分析,判断是否具有可比性。同时,通过定性分析,可以确定两个指标数值的对比是否合理。

例如,将不识字人口与全部人口对比来计算文盲率,显然是不合理的,因为不识字人口中包括未达学龄的人数等在内,不能如实反映文盲人数在相应的人口中所占的比重。通常计算文盲率的公式为:

$$文盲率 = \frac{15\text{ 岁以上不识字人口}}{15\text{ 岁以上全部人口}} \times 100\%$$

3. 相对指标和总量指标结合运用原则

绝大多数的相对指标都是两个有关的总量指标数值之比,用抽象化的比值来表明事物之间对比关系的程度,而不能反映事物在绝对量方面的差别。因此,在一般情况下,相对指标离开了据以形成对比关系的总量指标,就不能深入地说明问题。

例如,1998年,美国的GDP相对于1997年增长速度为3.9%,同期中国GDP增长速度为7.8%,恰好为美国的2倍;但根据同期汇率(1美元约兑换8.3元人民币),1998年中国GDP总量约合9 671亿美元,约相当于同期美国GDP总量84 272亿美元的1/9。

关于这一点,马克思曾明确指出,如果一个工人每星期的工资是2先令(1先令=12便士),后来他的工资提高到4先令,那么工资水平就提高了100%,此时不应当为工资水平提高的动听的百分比所迷惑,而要注意原来的工资数是多少。

4. 各种相对指标综合应用原则

各种相对指标的具体作用不同,都是从不同的侧面来说明所研究的问题的。为了全面而深入地说明现象及其发展过程的规律性,应该根据统计研究的目的,综合应用各种相对指标。例如,为了研究工业生产情况,既要利用生产计划完成情况指标,又要计算生产发展的动态相对指标和强度相对指标。又如,分析生产计划的执行情况,有必要全面分析总产值计划、品种计划、劳动生产率计划和成本计划等的完成情况。

此外,把几种相对指标结合起来运用,可以比较、分析现象变动中的相互关系,更好地阐明现象之间的发展变化情况。由此可见,综合运用结构相对指标、比较相对指标、动态相对指标等多种相对指标,有助于我们剖析事物变动中的相互关系及其后果。

项目习题与实训

任务一　总量指标分析

一、单项选择题

1. 按反映的时间状态不同,总量指标可分为(　　)。
   A. 时间指标和时点指标　　　　　　B. 时点指标和时期指标
   C. 时期指标和时间指标　　　　　　D. 实物指标和价值指标
2. 统计指标数值随着总体范围的扩大而增加的是(　　)。
   A. 相对指标　　B. 速度指标　　C. 平均指标　　D. 总量指标
3. 某商场1999年空调销售量为6 500台,年末库存比年初库存减少100台,这两个指标是(　　)。
   A. 时期指标　　　　　　　　　　　B. 前者为时期指标,后者为时点指标
   C. 时点指标　　　　　　　　　　　D. 前者为时点指标,后者为时期指标
4. 时点指标的数值(　　)。
   A. 与其时间间隔长短无关　　　　　B. 通常连续登记
   C. 时间间隔越长,指标数值越大　　D. 具有可加性
5. 某能源加工转换企业9月份能源加工转换投入300吨标准煤,产出240吨标准煤,则该企业9月份的能源加工转换效率是(　　)。
   A. 44%　　　　B. 55.6%　　　C. 80%　　　　D. 125%

二、多项选择题

1. 总量指标的重要意义在于它是(　　)。
   A. 统计描述的基础数据　　　　　　B. 从数量上认识客观事物的起点数据
   C. 计算相对数的基础数据　　　　　D. 计算平均指标的基础
2. 某地区2018年新出生人口数为50万人,这一数据为(　　)。
   A. 时期指标数　　　B. 时点指标数　　　C. 绝对数
   D. 相对数　　　　　E. 平均数
3. 时期指标数值(　　)。
   A. 可以连续计量　　　　　　　　　B. 只能间断计数
   C. 直接相加但没有独立的意义　　　D. 其大小与时间长短成正比
   E. 反映现象在某一时刻上状况的总量
4. 下列指标属于时点指标的有(　　)。
   A. 人口数　　　　　B. 粮食产量　　　　C. 牲畜存栏数
   D. 土地面积　　　　E. 物资库存量
5. 下列指标中属于时期指标的有(　　)。
   A. 全年出生人数　　B. 年度国民生产总值　　C. 人均粮食产量

D. 月度商品销售额　　　　　E. 产品合格率
6. 总量指标的计量单位有（　　）。
A. 货币单位　　　　　B. 劳动单位　　　　　C. 自然单位
D. 度量衡单位　　　　E. 标准实物单位

三、思考题

"千鸟在林，不如一鸟在手"为什么能成为一句名言？

任务二　相对指标分析

一、填空题

一个国家或地区的男性人口与女性人口之比是_____相对指标；男性人口与总人口之比是_____相对指标；总人口与土地面积之比是_____相对指标；这个国家与另外一个国家人口之比是_____相对指标。

二、单项选择题

1. 比较相对指标是（　　）。
A. 现象在不同时间上数值的对比　　B. 现象在不同空间上数值的对比
C. 现象的部分数值与总体数值的对比　D. 现象内部的部分之间的对比
2. 下列指标中属于结构相对指标的是（　　）。
A. 产值计划完成程度　　　　B. 产值资金占用率
C. 净产值占总产值的比重　　D. 流动资金利税率
3. 将不同地区、部门、单位之间同类指标进行对比所得的综合指标称为（　　）。
A. 动态相对指标　　　　　　B. 结构相对指标
C. 比例相对指标　　　　　　D. 比较相对指标
4. 2016年，我国人均粮食量为445.7 kg，人均棉花产量为4.08 kg，都是（　　）。
A. 结构相对指标　B. 比较相对指标　C. 比例相对指标　D. 强度相对指标
5. 某企业今年计划劳动生产率比去年提高10%，而实际却提高了15%，则超计划完成程度为（　　）。
A. 4.55%　　　　B. 10%　　　　C. 103.7%　　　　D. 3.7%

三、多项选择题

1. 总量指标与相对指标的关系表现为（　　）。
A. 总量指标是计算相对指标的基础　　B. 相对指标能弥补总量指标的不足
C. 相对指标可表明总量指标之间的关系　D. 相对指标要与总量指标结合应用
2. 无名数的具体表现形式有（　　）
A. 系数　　　　　B. 倍数　　　　　C. 成数
D. 百分数　　　　E. 千分数
3. 强度相对指标表现出的形式是指（　　）。
A. 复名数　　　　B. 单名数　　　　C. 有名数
D. 无名数　　　　E. 重名数

四、计算题

某企业 2016 年产品单位成本为 450 元,计划规定 2017 年单位成本比 2016 年降低 6%,实际降低 8%,要求计算:

(1) 2017 年单位成本计划数。
(2) 2017 年单位成本实际数。
(3) 2017 年单位成本计划完成程度相对指标。

五、综合应用题

某公司所属分公司某年下半年产值资料如表 4-1 所示,请计算相关数据填入表中。

表 4-1 某公司所属分公司某年下半年产值资料

企业	第三季度实际产值/万元	第四季度 计划 产值/万元	第四季度 计划 比重/(%)	第四季度 实际 产值/万元	第四季度 实际 比重/(%)	计划完成程度/(%)	第四季度相对第三季度产值的百分数
甲	100	120		140			
乙	150	180				100	
丙	250			290		96.67	
合计	500						

项目五 平均指标与变异指标

TONGJIXUE YUANLI

任务一　认知平均指标

一、平均指标的概念

平均指标，又称平均数，是反映社会经济现象总体各单位某一数量标志在一定时间、地点和条件下所达到的一般水平的综合指标，是现象的代表值或中心值，反映总体的水平状况。

平均指标具有以下特点：

(1)一般代表性。平均指标反映总体综合的数量特征，是各单位标志值的一般代表。

(2)数量抽象性。平均指标通过平均将各个单位标志值进行平均，将标志值之间的差异性进行抽象，掩盖了各单位之间的差异。

二、平均指标的作用

平均指标具有以下作用：

(1)反映总体各单位变量分布的集中趋势和一般水平。所谓集中趋势，指总体中各单位的次数分布从两边向中间集中的趋势。大部分现象是以平均数为中心而上下波动的，标志值很小或很大的单位比较少，而靠近平均数的单位数比较多，因而平均指标显示了总体各单位向平均数集中的趋势，也表明了总体的一般水平。

(2)用于比较同类现象在不同空间条件下的一般水平的差异。在说明不同企业的生产水平、经济效益或工作质量以及对不同投资项目的评估等许多场合都广泛应用平均指标。

(3)比较同类现象在不同时间条件下的发展变化趋势或规律。社会经济现象的变化易受偶然因素和现象规模的影响，用平均指标既可以消除偶然因素作用的影响，又可以避免受现象规模的影响，能够比较确切地反映总体现象变化的基本趋势。

(4)用于分析现象之间的依存关系，进行数量上的相互推断。

三、平均指标的种类

依据计算平均指标采用的数据的不同，平均数（平均指标）可分为两大类，即数值平均数和位置平均数。

(1)数值平均数利用了全部数据信息，是概括一组数据最常用的一个值，即数值平均数是以统计数列的所有各项数据来计算的平均数，用以反映统计数列的所有各项数值的平均水平。

(2)位置平均数，是利用数据的位置确定的平均数。

任务二　数值平均数

数值平均数包括算术平均数、调和平均数、几何平均数等。

一、算术平均数

算术平均数,又称均值,是统计学中最基本、最常用的一种平均指标,通常用 $\bar{x}$ 表示。其基本计算公式为:

$$算术平均数 = \frac{总体标志总量}{总体单位总量}$$

上式中,分子、分母在内容上属于从属性质,分子是分母的特征值,分母是分子的直接承担者,算术平均数应区别于强度相对指标(强度相对数)。

根据所掌握的数据形式的不同,算术平均数有简单算术平均数和加权算术平均数之分。

(一)简单算术平均数

在总体资料未经分组整理、尚为原始资料的情况下,直接代入算术平均数的基本公式,形成简单算术平均数。

设数据集 $X = \{x_1, x_2, \cdots, x_n\}$,简单算术平均数计算公式为:

$$\bar{x} = \frac{x_1 + x_2 + \cdots + x_n}{n} = \frac{\sum x_i}{n}, i = 1, 2, \cdots, n$$

式中:n 为总体单位总数;x_i 为第 i 个单位的标志值。

【例 5-1】 某售货小组 5 人某日销售额分别为 1 100 元、1 200 元、1 300 元、1 400 元、1 500 元,计算平均每人日销售额。

解 计算过程如下:

$$\bar{x} = \frac{x_1 + x_2 + \cdots + x_n}{n} = \frac{(1\ 100 + 1\ 200 + 1\ 300 + 1\ 400 + 1\ 500)\ 元}{5} = \frac{6\ 500\ 元}{5}$$
$$= 1\ 300\ 元$$

(二)加权算术平均数

在总体资料经过分组、整理形成变量数列的情况下,各组数据次数不再为 1,且各不相等,必须首先计算各组标志总量,然后将各组标志总量汇总,才能计算出总体标志总量;再代入算术平均数的基本公式,形成加权算术平均数。

设各组变量值为 $x_i(x_1, x_2, \cdots, x_n)$,各组次数为 $f_i(f_1, f_2, \cdots, f_n)$,加权算术平均数计算公式为:

$$\bar{x} = \frac{x_1 f_1 + x_2 f_2 + \cdots + x_n f_n}{f_1 + f_2 + \cdots + f_n} = \frac{\sum x_i f_i}{\sum f}, i = 1, 2, \cdots, n$$

式中:f_i 为第 i 组的次数;n 为组数;x_i 为第 i 组的标志值,如果是分组数列,x_i 为第 i 组的组中值。

【例 5-2】 某企业工人月产量统计资料如图 5-1 所示。计算平均每个工人加工零件数。

解 平均每个工人加工零件数为:

$$\bar{x} = \frac{x_1 f_1 + x_2 f_2 + \cdots + x_n f_n}{f_1 + f_2 + \cdots + f_n} = \frac{\sum x_i f_i}{\sum f}$$

$$= \frac{1\ 308\ 件}{100} = 13.08\ 件$$

图 5-1　某企业工人月产量统计资料

组别	日产量 x_i	工人人数 f_i	产量（件）$x_i f_i$
第一组	11	4	44
第二组	12	18	216
第三组	13	50	650
第四组	14	22	308
第五组	15	6	90
合计		100	1308

使用 Excel 计算平均数步骤：首先，在 Excel 表格中输入相关数据；然后，选中数据区域—"公式"—"自动求和"—"平均值"。

1. 权数与加权的定义

从例 5-2 的计算过程可以看出，加权算术平均数的大小受两个因素的影响：一个是变量 x_i；另一个是次数 f_i。在标志值或组中值不变的情况下，各组次数 f_i 对总体平均数的影响很大，具有权衡轻重的作用，故称权数。

权数（f_i）指变量数列中各组标志值出现的次数，是变量值的承担者，反映了各组标志值对平均数的影响程度。

2. 权数的表现形式

根据数值的表现形式，权数分为绝对权数和相对权数。

(1) 绝对权数，表现为绝对数，如次数、频数、单位数等。在例 5-2 中，绝对权数即图 5-1 中的工人人数。

(2) 相对权数，表现为相对数，如频率、比重，是由绝对数公式进行变形而来。

$$\bar{x} = \frac{x_1 f_1 + x_2 f_2 + \cdots + x_n f_n}{f_1 + f_2 + \cdots + f_n} = \frac{\sum x_i f_i}{\sum f}$$

$$= \frac{x_1 f_1 + x_2 f_2 + \cdots + x_n f_n}{\sum f}$$

$$= \frac{x_1 f_1}{\sum f} + \frac{x_2 f_2}{\sum f} + \cdots + \frac{x_n f_n}{\sum f}$$

$$= x_1 \cdot \frac{f_1}{\sum f} + x_2 \cdot \frac{f_2}{\sum f} + \cdots + x_n \cdot \frac{f_n}{\sum f}$$

$$= \sum x \cdot \left(\frac{f}{\sum f} \right)$$

【例 5-3】某企业某日工人的月产量资料统计如图 5-2 所示。要求：按比重计算平均每个工人加工零件数。

解　平均每个工人加工零件数为：

	A	B	C	D	E	F	G
		日产量	工人人数	产量（件）	工人人数比重	$x_i \cdot \dfrac{f_i}{\sum f}$	产量比重
1	组别	x_i	f_i	$x_i f_i$	$\dfrac{f_i}{\sum f}$		$\dfrac{x_i f_i}{\sum f}$
2	第一组	11	4	44	4.00%	0.44	3.36%
3	第二组	12	18	216	18.00%	2.16	16.51%
4	第三组	13	50	650	50.00%	6.5	49.69%
5	第四组	14	22	308	22.00%	3.08	23.55%
6	第五组	15	6	90	6.00%	0.9	6.88%
7	合计		100	1308	100%	13.08	100.00%

图 5-2　某企业某日工人的月产量资料

$$\bar{x} = x_1 \cdot \dfrac{f_1}{\sum f} + x_2 \cdot \dfrac{f_2}{\sum f} + \cdots + x_n \cdot \dfrac{f_n}{\sum f} = \sum x \cdot \left(\dfrac{f}{\sum f}\right)$$

$= 11\text{件} \times 4\% + 12\text{件} \times 18\% + 13\text{件} \times 50\% + 14\text{件} \times 22\% + 15\text{件} \times 6\%$

$= 13.08\text{件}$

例 5-3 计算结果与用绝对数计算的结果（例 5-2）相同。这时，平均数演变为各组变量与结构相对数的乘积和，平均数的大小取决于总体结构。

3. 权数的作用

权数对平均数具有权衡轻重的作用，通过以下几种情况予以说明。

第一种，如果各组权数相等，则加权算术平均数等于简单算术平均数，因此，简单算术平均数是加权算术平均数的特例。

设 $f_1 = f_2 = \cdots = f_n = f$，则

$$\bar{x} = \dfrac{x_1 f_1 + x_2 f_2 + \cdots + x_n f_n}{f_1 + f_2 + \cdots + f_n} = \dfrac{f(x_1 + x_2 + \cdots + x_n)}{f(1 + 1 + \cdots + 1)} = \dfrac{\sum x_i}{n}$$

第二种，如果各组权数不相等，在各变量值不变的条件下，哪一组权数大，平均数就趋向哪一组的标志值。

从图 5-1 中可以看出，第三组在各组中人数是最多的，因而比重也是最大的，即权数最大，平均数接近第三组，即 $\bar{x} = 13.08\text{件} \to x_3 = 13\text{件}$。

如果将原第三组工人人数与第一组互换，其他不变，这时，第一组权数最大，总人数不变，再观察平均数的变化。所得统计资料如图 5-3 所示。

由图 5-3 可知，平均每个工人加工零件数为：

$$\bar{x} = \sum x \dfrac{f_i}{\sum f}$$

$= 11\text{件} \times 50\% + 12\text{件} \times 18\% + 13\text{件} \times 4\% + 14\text{件} \times 22\% + 15\text{件} \times 6\%$

$= 12.16\text{件}$

计算结果显示，第一组产量比重变大，平均数即向第一组移动，现在的平均数"12.16 件"比原"13.08 件"小。

	A	B	C	D	E	F	G
		日产量	工人人数	产量（件）	工人人数比重	$x_i \cdot \dfrac{f_i}{\sum f}$	产量比重
1	组别	x_i	f_i	$x_i f_i$	$\dfrac{f_i}{\sum f}$		$\dfrac{x_i f_i}{\sum f}$
2	第一组	11	50	550	50.00%	5.5	45.23%
3	第二组	12	18	216	18.00%	2.16	17.76%
4	第三组	13	4	52	4.00%	0.52	4.28%
5	第四组	14	22	308	22.00%	3.08	25.33%
6	第五组	15	6	90	6.00%	0.9	7.40%
7	合计		100	1216	100%	12.16	100.00%

图 5-3　第三组工人人数与第一组互换后的月产量统计资料

基于图 5-2，如果将第三组工人人数与第五组互换，则第五组权数最大，而总人数不变，再观察平均数的变化。所得统计资料如图 5-4 所示。

	A	B	C	D	E	F	G
		日产量	工人人数	产量（件）	工人人数比重	$x_i \cdot \dfrac{f_i}{\sum f}$	产量比重
1	组别	x_i	f_i	$x_i f_i$	$\dfrac{f_i}{\sum f}$		$\dfrac{x_i f_i}{\sum f}$
2	第一组	11	4	44	4.00%	0.44	3.15%
3	第二组	12	18	216	18.00%	2.16	15.47%
4	第三组	13	6	78	6.00%	0.78	5.59%
5	第四组	14	22	308	22.00%	3.08	22.06%
6	第五组	15	50	750	50.00%	7.5	53.72%
7	合计		100	1396	100%	13.96	100.00%

图 5-4　第三组工人人数与第五组互换后的月产量统计资料

由图 5-4 可知，平均每个工人加工零件数为：

$$\bar{x} = \sum x \frac{f_i}{\sum f}$$

$\quad =11\text{件}\times 4\% + 12\text{件}\times 18\% + 13\text{件}\times 6\% + 14\text{件}\times 22\% + 15\text{件}\times 50\%$

$\quad =13.96\text{件}$

可以看出，第五组产量比重变大，平均数 $\bar{x}$ 向第五组标志值移动。

从公式和以上计算过程可以看出，加权算术平均数的大小受变量值（x_i）和权数（f_i）的共同作用：变量值 x_i 决定平均数的范围；权数 f_i 则决定平均数的位置或大小，也就是趋中趋势。

4. 权数的演变

相对权数在实际中应用更为广泛，当权数为相对数时，很多现象的总体结构相对数在一定期间内变化很小，甚至不变，表现为常数，这时，算术平均数的计算一般采用以下形式。

设变量为 k_i，总体结构为 w_j（w_j 为常数），加权算术平均数用 $\bar{k}$ 表示，则

$$\bar{k} = \sum k_i w_j$$

这样,平均数的计算变得更为简单。

在实际工作中计算加权算术平均数时,根据需要和实际情况,可以判定哪一部分重要,并给予一个较大的权重再进行计算,反之可给予较小的权重。这种操作称为加权。

(三)算术平均数的主要数学性质

(1)总体单位数与其算术平均数的乘积等于总体标志总量。

$$n \cdot \bar{x} = n \cdot \frac{\sum x}{n} = \sum x$$

$$(\sum f) \cdot \bar{x} = (\sum f) \cdot \frac{\sum xf}{\sum f} = \sum xf$$

(2)各标志值(x_i)与其算术平均数($\bar{x}$)的离差之和等于零。

①对于简单算术平均数:

$$\sum (x_i - \bar{x}) = 0$$

式中,$\sum(x_i - \bar{x})$称为离差,指某一变量值与平均数的距离。

证明过程如下:

$$\sum(x_i - \bar{x}) = \sum x_i - n\bar{x} = \sum x_i - n \cdot \frac{\sum x_i}{n} = \sum x_i - \sum x_i = 0$$

②对于加权算术平均数:

$$\sum(x_i - \bar{x})f = 0$$

证明过程如下:

$$\sum(x_i - \bar{x})f = \sum(x_i f - \bar{x}f) = \sum x_i f - \bar{x}\sum f$$

将 $\bar{x} = \frac{\sum x_i f}{\sum f}$ 代入,得

$$\sum x_i f - \bar{x}\sum f = \sum x_i f - \frac{\sum x_i f}{\sum f} \cdot \sum f = \sum x_i f - \sum x_i f = 0$$

(3)各标志值与其算术平均数的离差平方和具有最小值。

①对于简单算术平均数:

$$\sum(x - \bar{x})^2 = 最小值$$

证明:采用反证法,设 A 为任意数,假设 $\sum(x-A)^2 =$ 最小值,则

$$\sum(x_i - A)^2 = \sum(x_i + \bar{x} - \bar{x} - A)^2$$
$$= \sum[(x_i - \bar{x}) + (\bar{x} - A)]^2$$
$$= \sum[(x_i - \bar{x})^2 + 2(x_i - \bar{x}) \cdot (\bar{x} - A) + (\bar{x} - A)^2]$$
$$= \sum(x_i - \bar{x})^2 + 2(x_i - \bar{x}) \cdot \sum(x_i - \bar{x}) + n(\bar{x} - A)^2$$

∵ $\sum(x_i - \bar{x}) = 0, n(\bar{x} - A) > 0$

∴ $\sum(x_i - \bar{x})^2 + n(\bar{x} - A)^2 > \sum(x_i - \bar{x})^2$

即

$$\sum(x_i - A)^2 > \sum(x_i - \bar{x})^2$$

$$\sum(x_i - A)^2 \neq 最小值$$

$$\sum(x_i - \bar{x})^2 = 最小值$$

当 $A = \bar{x}$ 时,$\sum(x_i - A)^2 = \sum(x_i - \bar{x})^2$。

②对于加权算术平均数:

$$\sum(x - \bar{x})^2 f = 最小值$$

求证方法一样,只需将 f 代入展开即可。

(四)算术平均数的应用

(1)算术平均数是根据所有变量值综合计算出来的,属于数值平均数,当数值存在极端数值时,计算出的平均数的代表性就会大打折扣。有时为了提高算术平均数的代表性,通常先在数据中删除极大值和极小值,利用剩余的数据计算算术平均数,这样得到的平均数叫切尾平均数,又称为截尾平均数。

(2)在用组中值作为变量时,由于组中值的计算是假定这一组的变量值均匀分布,带有一定的假定性,计算出的平均数是一个近似值。

二、调和平均数

调和平均数是算术平均数的另一种形式,是一组数据中各个变量值倒数的算术平均数的倒数,因而又称为倒数平均数,习惯上用 $\bar{x}_H$ 表示。

在实际工作中,经常会遇到资料中只有各组变量值和各组标志总量,缺少单位数的情况,这时就无法直接计算算术平均数,需要根据已知资料推算出单位数,再计算平均数,采用这种计算方法计算出的平均数称为调和平均数。

已知 x_i 和 $x_i f_i$,f_i 未知,则 $f_i = \dfrac{x_i f_i}{x_i}$,$\bar{x} = \dfrac{\sum x_i f_i}{\dfrac{x_i f_i}{x_i}}$。

调和平均数分为简单调和平均数和加权调和平均数。

(一) 简单调和平均数

当各组标志总量相等且为1时,即 $x_1 f_1 = x_2 f_2 = x_3 f_3 = \cdots = x_n f_n = 1$,用简单调和平均数,即 $x_1 f_1 = 1$ 则 $f_1 = \dfrac{1}{x_1}$,$x_2 f_2 = 1$ 则 $f_2 = \dfrac{1}{x_2}$,依次类推并代入加权平均数公式 $\bar{x} = \dfrac{x_1 f_1 + x_2 f_2 + \cdots + x_n f_n}{f_1 + f_2 + \cdots + f_n}$,得调和平均数公式:

$$\bar{x}_H = \dfrac{1 + 1 + \cdots + 1}{\dfrac{1}{x_1} + \dfrac{1}{x_2} + \cdots + \dfrac{1}{x_n}} = \dfrac{n}{\sum \dfrac{1}{x}}$$

式中:$\bar{x}_H$ 为调和平均数,n 为变量值的个数;x_i 为第 i 个变量值。

【例 5-4】 已知某种时令水果早上每斤10元(1斤=500 g),中午每斤8元,晚上每斤4元,如果早中晚各买1元该水果,平均价格为多少?

解 早上1元可买$\frac{1}{10}$斤,中午1元可买$\frac{1}{8}$斤,晚上1元可买$\frac{1}{4}$斤。

$$\bar{x}_H = \frac{(1+1+\cdots+1)元}{\left(\frac{1}{x_1}+\frac{1}{x_2}+\cdots+\frac{1}{x_n}\right)斤} = \frac{(1+1+1)元}{\left(\frac{1}{10}+\frac{1}{8}+\frac{1}{4}\right)斤} = \frac{3元}{0.475斤} = 6.32元/斤$$

即平均价格为每斤6.32元。

(二) 加权调和平均数

当各组标志总量不相等时,用加权调和平均数。

设 $x_1f_1=m_1, x_2f_2=m_2, \cdots, x_nf_n=m_n$,则 $f_1=\frac{m_1}{x_1}, f_2=\frac{m_2}{x_2}, \cdots, f_n=\frac{m_n}{x_n}$,代入加权平均数公式:

$$\bar{x} = \frac{x_1f_1+x_2f_2+\cdots+x_nf_n}{f_1+f_2+\cdots+f_n}$$

得

$$\bar{x}_H = \frac{m_1+m_2+\cdots+m_n}{\frac{m_1}{x_1}+\frac{m_2}{x_2}+\cdots+\frac{m_n}{x_n}} = \frac{\sum m_i}{\sum \frac{m_i}{x_i}}$$

式中:x_i 为第 i 组的变量值;m_i 为第 i 组的标志总量。

加权调和平均数适用于总体资料经过分组整理形成变量数列的情况,分为根据平均数计算的加权调和平均数和根据相对数计算的加权调和平均数。

1. 根据平均数计算加权调和平均数

【例5-5】 已知某商品在三个市场的平均价格与销售额统计资料如图5-5所示,要求计算平均价格。

市场	平均价格x_i(元/kg)	销售额f_i(元)
A	4	5000
B	5	4000
C	6	3000

图5-5 某商品在三个市场的平均价格与销售额统计资料

解 平均价格 = $\frac{销售额}{销售量}$,由于销售量未知,用调和平均数。计算过程如图5-6所示。

	A	B	C	D
1	市场	平均价格x_i(元/kg)	销售额m_i(元)	f_i
2	A	4	5000	1250
3	B	5	4000	800
4	C	6	3000	500
5		合计	12000	2550

图5-6 平均价格计算过程

$$\bar{x}_H = \frac{m_1+m_2+\cdots+m_n}{\dfrac{m_1}{x_1}+\dfrac{m_2}{x_2}+\cdots+\dfrac{m_n}{x_n}} = \frac{\sum m_i}{\sum \dfrac{m_i}{x_i}}$$

$$= \frac{(5\,000+4\,000+3\,000)\text{元}}{\left(\dfrac{5\,000}{4}+\dfrac{4\,000}{5}+\dfrac{3\,000}{6}\right)\text{kg}} = \frac{12\,000\text{元}}{2\,550\text{kg}} = 4.71\text{元/kg}$$

该商品平均价格为 4.71 元/kg。

2. 根据相对数计算加权调和平均数

【例 5-6】 某公司 4 个子公司销售计划完成情况如图 5-7 所示。要求：计算平均计划完成程度。

企业名称	计划完成程度（%）	实际销售额（万元）
甲	90	90
乙	120	120
丙	125	150
丁	130	169
合计		529

图 5-7 某公司子公司销售计划完成情况

解 由于计划完成程度 $=\dfrac{\text{实际完成数}}{\text{计划数}}$，计划数未知，用调和平均数计算，计算过程如图 5-8 所示。

	A	B	C	D
1	企业名称	计划完成程度（%）	实际销售额（万元）	计划销售额（万元）
2	甲	90	90	100
3	乙	120	120	100
4	丙	125	150	120
5	丁	130	169	130
6	合计		529	450

D2 =C2/B2

图 5-8 平均计划完成程度计算过程

$$\bar{x}_H = \frac{m_1+m_2+\cdots+m_n}{\dfrac{m_1}{x_1}+\dfrac{m_2}{x_2}+\cdots+\dfrac{m_n}{x_n}} = \frac{\sum m_i}{\sum \dfrac{m_i}{x_i}}$$

$$= \frac{(90+120+150+169)\text{万元}}{\left(\dfrac{90}{90\%}+\dfrac{120}{120\%}+\dfrac{150}{125\%}+\dfrac{169}{130\%}\right)\text{万元}}$$

$$= \frac{529}{450} = 117.56\%$$

三、几何平均数

几何平均数通常用来计算平均比率和平均速度。当所掌握的变量值本身是比率的形式，且各比率的乘积等于总的比率时，就应采用几何平均数计算平均比率。几何平均数分为简单几何平均数和加权几何平均数，用 G 表示。

(一) 简单几何平均数

简单几何平均数适用于根据未分组资料来计算平均比率和平均速度的情况。

设 n 个变量分别为 $x_1, x_2, x_3, \cdots, x_n$,则几何平均数的计算公式为:

$$G = \sqrt[n]{x_1 \cdot x_2 \cdot x_3 \cdot \cdots \cdot x_n}$$

式中:G 为几何平均数,n 为变量值的个数。

【例 5-7】 某产品生产加工需要经过五道工序,各工序产品合格率分别为 60%、70%、80%、85%、90%,计算平均合格率。

解 总的合格率等于各工序合格率的连乘积,符合几何平均数的适用条件,故需采用几何平均数计算方法。计算过程如图 5-9 所示。

	A	B	C	D	E	F	G
1	工序		累	计	合	格 率	平均合格率
2		0.6	0.7	0.8	0.85	0.9	
3	第一道工序	0.6					
4	第二道工序		0.42				
5	第三道工序			0.336			
6	第四道工序				0.2856		
7	第五道工序					0.25704	0.7621

图 5-9 平均合格率计算过程

列式计算平均合格率为:

$$G = \sqrt[5]{0.6 \times 0.7 \times 0.8 \times 0.85 \times 0.9} = \sqrt[5]{0.257\,04} = 0.762\,1 = 76.2\%$$

(二) 加权几何平均数

加权几何平均数适用于总体资料经过分组整理形成变量数列的情况。计算公式为:

$$G = \sqrt[\sum f_i]{x_1^{f_1} \cdot x_2^{f_2} \cdot \cdots \cdot x_n^{f_n}}$$

式中:G 为几何平均数;f_i 为第 i 组的次数;i 为组数;n 为变量值的个数;x_i 为第 i 组的标志值或组中值。

【例 5-8】 某人向金融机构贷款 15 年,随利息调整,15 年来有 2 年年利率为 3%,3 年为 5%,4 年为 8%,4 年为 10%,2 年为 15%。求平均年利率。

解 利率的本质就是增长率,在计算时,可将利率"+1"转换为发展速度,该例转换为求平均发展速度,得到平均发展速度之后,再"−1",即得平均年利率。计算过程如图 5-10 所示。

	A	B	C	D	E
1	年利率	年数 f	本利率 x (%)	x^f	累计速度
2	3%	2	103.0%	106.1%	106.09%
3	5%	3	105.0%	115.8%	122.81%
4	8%	4	108.0%	136.0%	167.08%
5	10%	4	110.0%	146.4%	244.63%
6	15%	2	115.0%	132.3%	323.52%
7	合 计		15	—	—
8	平均速度:				108.14%

图 5-10 平均年利率计算过程

列式计算平均发展速度:
$$G = \sqrt[\sum f]{x_1^{f_1} \cdot x_2^{f_2} \cdots x_n^{f_n}} = \sqrt[15]{1.03^2 \times 1.05^3 \times 1.08^4 \times 1.10^4 \times 1.15^2}$$
$$= 1.0814 = 108.14\%$$

平均年利率为:
$$G = \sqrt[\sum f]{x_1^{f_1} \cdot x_2^{f_2} \cdots x_n^{f_n}} - 1 = 108.14\% - 1 = 8.14\%$$

几何平均数的计算属于动态数列中平均增长量(率)的计算。

综上所述,算术平均数是应用最为广泛的一种平均数,因为其计算方法是与许多社会经济现象的数量关系相符合的,即许多社会经济现象总体各单位的标志值之和等于总体的标志总量,而且这种方法易于理解并具有优良的数学性质。调和平均数在实际应用中通常是作为算术平均数的变形使用的,即利用调和平均数的形式来计算算术平均数。数值平均数有一个最大的缺点——数据必须是已经发生的已知数据,对于正在发生的、数据不全的,就无法计算数值平均数,如当前某种农产品市场价格,可以采用另一种平均数即位置平均数来确定。

任务三 位置平均数

位置平均数是根据标志值的某一特定位置来确定的平均数,即根据数列中处于特殊位置的个别单位或部分单位的标志值来确定,其特点是不受极端值的影响。常用的位置平均数有众数和中位数两种。

一、众数

(一) 概念

众数是指一组数据中出现次数最多的变量值,它主要用于测度分类数据的集中趋势,其特点是不受极端值的影响,但仅能反映现象的一般水平。众数用 M_o 表示。

(二) 特征表现

在频数分布中,众数是频数最大的指标值;从数据的分布层面,它是分布数列中最常出现的标志值;在分配曲线图上,它是曲线的最高峰所对应的标志值。由于没有利用全部数据信息,而且还具有不唯一性,一组数据可能有众数,也可能没有众数;可能有一个众数,也可能有多个众数。数据分布与众数的关系如图5-11所示。

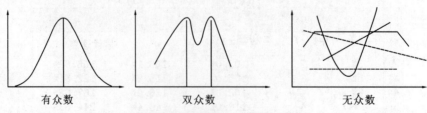

图5-11 数据分布与众数的关系

(三) 适用条件

当数据分布存在明显的集中趋势,且有显著的极端值时,适合使用众数;当数据分布的集中趋势不明显(无众数)或存在两个以上分布中心(为双众数或多众数,也等于没有众数)时,不适合使用众数。

(四) 众数的计算

根据资料是否分组,众数的计算有所不同。

1. 根据未分组数据或单变量值计算众数

未分组数据或单变量值分组数据确定众数时,只需找出次数最多的变量值即可,该变量值即为众数值。步骤如下:

第一步,将标志值由小到大进行排序;

第二步,确定众数。

【例 5-9】 某企业某部门 10 名职工月工资数据如图 5-12 所示。要求:计算平均工资。

职工	A	B	C	D	E	F	G	H	I	J
工资/元	2000	2200	2500	3000	3000	3000	3000	3200	3500	20000

图 5-12 某部门职工月工资数据

解 从图 5-12 中可以看出,职工 J 的工资比其他人高出不少,属于极端数值。如果用计算算术平均数的方法计算平均工资,会拉高平均工资,脱离实际情况,不具有代表性,故用众数计算平均工资。工资为 3 000 元的人数最多,故 3 000 元就是平均工资。

2. 根据组距式变量数列计算众数

当资料中数据可组成组距式变量数列时,首先,确定众数所在组,即次数最大的组(众数组);其次,确定众数所在的位置,众数肯定大于等于该组的下限而小于等于该组的上限,即 $L \leqslant M_0 \leqslant U$,众数的位置与其相邻组的次数分布有一定的关系,这种关系如图 5-13 所示。

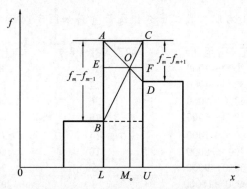

图 5-13 组距式变量数列众数的位置与其相邻组的次数分布的关系

图 5-13 中,f_m 为众数组的次数,f_{m-1} 为众数组前一组的次数,f_{m+1} 为众数组后一组的次数。众数组的次数与前一组次数之差表示为 $f_m - f_{m-1} = \Delta_1$;众数组的次数与后一组次数之差表示为 $f_m - f_{m+1} = \Delta_2$,L 表示众数组的下限;U 表示众数组的上限;d 表示众数组的组距,即 $U - L = d$。

当众数组后一组的频数大于众数组前一组的频数时,即 $f_{m-1} < f_{m+1}$,则众数会向其后一组

移动,众数大于众数组组中值。当众数组相邻两组的频数相等时,即 $f_{m-1}=f_{m+1}$,众数组的组中值即为众数;当众数组前一组的频数大于众数组后一组的频数时,即 $f_{m-1}>f_{m+1}$,则众数会向众数组前一组移动,众数小于众数组组中值。

设 M_o 为众数,$M_o=L+(M_o-L)$ 或 $M_o-L=EO$,$U-M_o=OF$。

$$\triangle ABO \backsim \triangle CDO \Rightarrow \frac{EO}{EF}=\frac{AB}{AB+CD}$$

$$AB=f_m-f_{m-1}=\Delta_1, CD=f_m-f_{m+1}=\Delta_2$$

$$\frac{\Delta_1}{\Delta_1+\Delta_2}=\frac{M_o-L}{(M_o-L)+(U-M_o)}$$

$$\frac{\Delta_1}{\Delta_1+\Delta_2}=\frac{M_o-L}{U-L}$$

$$M_o-L=\frac{\Delta_1}{\Delta_1+\Delta_2} \cdot d$$

$$M_o=L+\frac{\Delta_1}{\Delta_1+\Delta_2} \cdot d$$

因此,下限公式为:

$$M_o=L+\frac{f_m-f_{m-1}}{(f_m-f_{m-1})+(f_m-f_{m+1})} \cdot (U-L)$$

$$=L+\frac{\Delta_1}{\Delta_1+\Delta_2} \cdot d$$

同理,上限公式为:

$$M_o=U-\frac{f_m-f_{m+1}}{(f_m-f_{m-1})+(f_m-f_{m+1})} \cdot (U-L)$$

$$=U-\frac{\Delta_2}{\Delta_1+\Delta_2} \cdot d$$

【例 5-10】 某企业 100 名职工按工资分组统计资料如图 5-14 所示。要求:计算平均工资。

序号	按工资分组(元)	职工人数(人)	向上累计	向下累计
1	2000~3000	8	8	100
2	3000~4000	12	20	92
3	4000~5000	26	46	80
4	5000~6000	18	64	54
5	6000~7000	14	78	36
6	7000~8000	10	88	22
7	8000~9000	6	94	12
8	9000~10000	4	98	6
9	10000以上	2	100	2
	合计	100	——	——

图 5-14 某企业 100 名职工按工资分组统计资料

解 绘制工资分布图,如图 5-15 所示。

从图 5-15 中可以看出,工资对应人数呈偏态分布,平均工资用众数计算更具有代表性。步

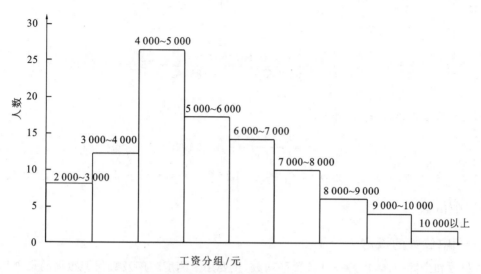

图 5-15　工资分布图

骤如下：

第一步，确定众数组，如图 5-16 所示。

第二步，计算众数。

	A	B	C
1	序号	按工资分组（元）	职工人数（人）
2	1	2000~3000	8
3	2	3000~4000	12
4	3	4000~5000	26
5	4	5000~6000	18
6	5	6000~7000	14
7	6	7000~8000	10
8	7	8000~9000	6
9	8	9000~10000	4
10	9	10000以上	2
11	合　计		100

图 5-16　确定众数组

已知$U=5\ 000$元，$L=4\ 000$元，$d=1\ 000$元，$f_m-f_{m-1}=26$人-12人$=14$人，$f_m-f_{m+1}=26$人-18人$=8$人。

根据下限公式计算：

$$M_o=L+\frac{f_m-f_{m-1}}{(f_m-f_{m-1})+(f_m-f_{m+1})}\cdot(U-L)$$

$$=4\ 000\text{元}+\frac{(26-12)\text{人}}{(26-12)\text{人}+(26-18)\text{人}}\times(5\ 000-4\ 000)\text{元}$$

$$=4\ 636.36\text{元}$$

根据上限公式计算：

$$M_0 = U - \frac{f_m - f_{m+1}}{(f_m - f_{m-1}) + (f_m - f_{m+1})} \cdot (U - L)$$

$$= 5\,000 \text{元} - \frac{(26-18)\text{人}}{(26-12)\text{人} + (26-18)\text{人}} \times (5\,000 - 4\,000)\text{元}$$

$$= 4\,636.36 \text{元}$$

如果按算术平均数计算，则为：

$$\bar{x} = \frac{554\,000 \text{元}}{100} = 5\,540 \text{元}$$

综上所述，该公司平均工资为4636.36元，比按算术平均数计算出的5 540元更具代表性。

二、中位数

(一) 中位数的概念

中位数和众数一样，也是一种位置平均数，主要用于测度顺序及数值型数据的集中趋势，所以又称为次序统计量。中位数是将总体各单位标志值按大小顺序排列后，处于中间位置的那个数值，用 M_e 表示。

从中位数的概念可见，在总体中，可大致理解为，小于中位数的数据占数据个数的一半，大于中位数的数据也占数据个数的一半，即中位数是将数据按大小顺序排列后，位于中间点的那个数据值。用中位数代表总体中所有指标值的一半水平，可以避免极端值的影响，在某些情况下更具有代表性，因为各变量值与中位数的离差绝对值之和最小。

(二) 中位数的计算

根据所掌握的数据是否分组，中位数的计算分以下两种情况。

1. 对于未分组的原始资料

(1) 当数据量 n 为奇数时，中位数计算公式为：

$$M_e = x_{\frac{n+1}{2}}$$

【例5-11】 某小组有9名学生，身高资料如图5-17所示。要求：计算身高的中位数。

学生	A	B	C	D	E	F	G	H	I
身高/cm	156	160	158	185	164	167	172	159	195

图5-17 某小组学生身高资料

解 首先，进行排序，选择排序条件，以身高顺序确定中位数位次。共9名学生，$n=9$，则

$$M_e = x_{\frac{n+1}{2}} = x_{\frac{9+1}{2}} = x_5$$

确定中位数过程如图5-18所示。

	A	B	C	D	E	F	G	H	I	J
1	A	C	H	B	E	F	G	D	I	学生
2	156	158	159	160	164	167	172	185	195	身高/cm
3	1	2	3	4	5	6	7	8	9	排序

图5-18 中位数确定过程

然后,确定中位数:
$$M_e = x_5 = 164 \text{ cm}$$

(2)当 n 为偶数时,中位数计算公式为:
$$M_e = \frac{x_{\frac{n}{2}} + x_{\frac{n}{2}+1}}{2}$$

位次应为整数,由于 $\frac{n+1}{2}$ 不是整数,取前后两个整数位次。

【例5-12】 某小组有10名学生参加某项活动,身高资料如图5-19所示。

学生	A	B	C	D	E	F	G	H	I	J
身高/cm	156	160	158	185	164	167	172	159	195	175

图 5-19 某小组 10 名学生身高资料

解 排序并确定中位数位次,$n=10$,则取 $\frac{n+1}{2}$ 前后两个整数位次,如图5-20所示。中位数计算过程如下:

$$M_e = \frac{x_{\frac{n}{2}} + x_{\frac{n}{2}+1}}{2} = \frac{x_{\frac{10}{2}} + x_{\frac{10}{2}+1}}{2} = \frac{x_5 + x_6}{2} = \frac{(164+167)\text{cm}}{2} = 165.5 \text{ cm}$$

	A	B	C	D	E	F	G	H	I	J	K
1	A	C	H	B	E	F	G	J	D	I	学生
2	156	158	159	160	164	167	172	175	185	195	身高/cm
3	1	2	3	4	5	6	7	8	9	10	排序

图 5-20 中位数位次确定过程

2.对于分组资料

分组资料可分为单项式变量数列和组距式变量数列。

(1)根据单项式变量数列资料计算中位数时,由于变量值已经序列化,中位数可以直接按下面的方式确定。

① 当 $\sum f$ 为奇数时:
$$M_e = x_{\frac{\sum f+1}{2}}$$

【例5-13】 某村有99户人家,家庭人口分布资料如图5-21所示。要求:计算中位数。

家庭人口 x_i	户数 f_i	向上累计次数	向下累计次数
1人	14	14	99
2人	21	35	85
3人	40	75	64
4人	13	88	24
5人	8	96	11
5人以上	3	99	3
合计	99	——	——

图 5-21 某村家庭人口分布资料

解 $\sum f = 99$,为奇数,则

$$M_e = x_{\frac{\sum f+1}{2}} = x_{\frac{99+1}{2}} = x_{50} = 3 人$$

按户数向上累计,第 50 户在第三组,家庭人口为 3 人;向下累计第 50 户也包含在第三组,家庭人口为 3 人。

② 当 $\sum f$ 为偶数时:

$$M_e = \frac{x_{\frac{\sum f}{2}} + x_{\frac{\sum f}{2}+1}}{2}$$

【例 5-14】 某村有 100 户人家,家庭人口分布资料如图 5-22 所示。要求:计算中位数。

家庭人口 x_i	户数 f_i	向上累计次数	向下累计次数
1 人	15	15	100
2 人	21	36	85
3 人	40	76	64
4 人	13	89	24
5 人	8	97	11
5 人以上	3	100	3
合计	100	——	——

图 5-22 某村 100 个家庭人口分布资料

解 已知 $\sum f = 100$,为偶数,则

$$M_e = \frac{x_{\frac{\sum f}{2}} + x_{\frac{\sum f}{2}+1}}{2} = \frac{x_{\frac{100}{2}} + x_{\frac{100}{2}+1}}{2} = \frac{x_{50} + x_{51}}{2} = \frac{(3+3) 人}{2} = 3 人$$

第 50 位次与第 51 位次均出现在第三组,家庭人口为 3 人。

(2) 组距式变量数列计算中位数时,根据中位数的定义(中位数是排在中间位次上的单位所对应的标志值),首先,应确定中位数的位次;其次,根据位次确定中位数所在的组,即中位数组,该组的上、下限就规定了中位数的可能取值范围;最后,假定在中位数组内的各单位是均匀分布的,采用比例插入法可求出中位数。

设中位数组的次数为 f_m,到中位数组前面一组为止的向上累计频数为 S_{m-1},到中位数组后面一组为止的向下累计频数为 S_{m+1},L 为中位数所在组的下限,U 为中位数所在组的上限,$d = U - L$,为中位数组的组距,中位数计算公式如下。

下限公式:

$$M_e = L + \frac{\frac{\sum f}{2} - S_{m-1}}{f_m} \cdot (U - L)$$

上限公式:

$$M_e = U - \frac{\frac{\sum f}{2} - S_{m+1}}{f_m} \cdot (U - L)$$

式中,M_e 是按比例插入法计算的中位数,是一个近似值。其中,下限公式是根据 $\dfrac{\frac{\sum f}{2}-S_{m-1}}{f_m}$ 比例分摊"$U-L$",上限公式是根据 $\dfrac{\frac{\sum f}{2}-S_{m+1}}{f_m}$ 比例分摊"$U-L$"。

【例 5-15】 已知某高校 100 名学生每月消费支出资料如图 5-23 所示。

月消费（元）	组中值 x_i	f_i
700 以下	650	2
700~800	750	6
800~900	850	15
900~1000	950	38
1000~1100	1050	21
1100~1200	1150	12
1200~1300	1250	4
1300 以上	1350	2
合计	—	100

图 5-23　某高校 100 名学生消费支出资料

要求:根据图 5-23 中资料,计算中位数。

解　已知 $\sum f=100$,$\dfrac{\sum f}{2}=\dfrac{100}{2}=50$,中位数所在组为月消费额 900～1 000 元的组。计算得出中位数组过程如图 5-24 所示。

根据下限公式计算:

$$M_e=L+\dfrac{\frac{\sum f}{2}-S_{m-1}}{f_m}\cdot(U-L)$$

$$=900\ \text{元}+\dfrac{50-23}{38}\times(1\ 000-900)\ \text{元}$$

$$=971.05\ \text{元}$$

根据上限公式计算:

$$M_e=U-\dfrac{\frac{\sum f}{2}-S_{m+1}}{f_m}\cdot(U-L)$$

$$=1\ 000\ \text{元}-\dfrac{50-39}{38}\times(1\ 000-900)\ \text{元}$$

$$=971.05\ \text{元}$$

如果该资料按算术平均数计算,则为:$\bar{x}=\dfrac{98\ 200\ \text{元}}{100}=982\ \text{元}$。

	A	B	C	D	E
	月消费（元）	组中值 x_i	f	向上累计	向下累计
2	700以下	650	2	2	100
3	700~800	750	6	8	98
4	800~900	850	15	23	92
5	900~1000	950	38	61	77
6	1000~1100	1050	21	82	39
7	1100~1200	1150	12	94	18
8	1200~1300	1250	4	98	6
9	1300以上	1350	2	100	2
10	合计	——	100	——	

图 5-24 中位数组计算得出过程

该高校学生平均每月消费支出为971.05元，比按算术平均数计算出的982元更具代表性。

三、众数、中位数与算术平均数的关系

众数、中位数与算术平均数彼此间存在着一定的数量关系，三者关系取决于总体内次数分布的状况，当次数分布呈正态分布时，三者相等。在非对称分布的情况下，众数、中位数与算术平均数三者的差别取决于分布偏斜的程度，分布偏斜的程度越大，它们之间的差别越大。当次数分布呈右偏分布时，众数＜中位数＜算术平均数；当次数分布呈左偏分布时，算术平均数＜中位数＜众数，如图5-25所示。

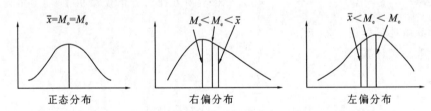

图 5-25 众数、中位数与算术平均数在次数分布状况不同时的关系

四、平均指标的计算与应用原则

1. 必须在同质总体中计算

现象的各个单位只有具有相同的性质才能结合成一个总体，也只有在同一总体中才能计算或应用平均指标。如果将不同性质的单位放在一起作为同质总体计算出了平均指标，则此平均指标是不符合事实的，不能反映现象的真实水平。

2. 用分布数列或组平均数补充说明总平均数

总平均数反映现象的总体特征，往往会掩盖现象内部的差异，如果只观察总平均数，不考虑数值的分布（未分组）或不计算组平均数（已分组），则往往会得出片面的结论。分布数列或分组基础上的组平均数可进一步揭示现象内部的差异。用分布数列或组平均数补充说明总平均数，可以提高分析问题的准确性，利于得出正确的结论。

任务四　标志变异指标

一、标志变异指标的含义

在研究现象总体标志的一般水平时,不仅要研究总体标志的集中趋势,还要研究总体标志的离中趋势,如研究价格背离价值的平均程度。研究离中趋势可以通过计算标志变异指标来进行。标志变异指标是同统计平均指标相联系的一种综合指标,用于度量随机变量在取值区间内的分布情况。

标志变异指标,是用来反映总体各单位标志值之间差异程度的综合指标,也称标志变动度。

平均指标是一个代表性数值,它反映总体各单位某一数量标志的一般水平,而把总体各单位之间的差异抽象化了。但是,总体各单位之间的差异是客观存在的,这种差异也是统计总体的重要特征之一。因此,要全面反映一个总体的特征,还必须测定总体各单位之间的差异程度。例如,甲、乙两组各有三人,身高资料如下:

甲组:160 cm,160 cm,160 cm,平均身高 $\bar{x}_{甲}=160$ cm。

乙组:130 cm,190 cm,160 cm,平均身高 $\bar{x}_{乙}=160$ cm。

由此可见,用平均指标只能说明共性,无法说明差异性。

二、标志变异指标的作用

在统计分析中,平均指标和标志变异指标互相补充,可以相互结合加以运用。

(1)标志变异指标是衡量平均指标代表性大小的尺度。标志变异指标值越大,平均指标的代表性越小;标志变异指标值越小,平均指标的代表性越大。

(2)标志变异指标可反映社会经济活动过程的均衡性、节奏性的好坏,可作为企业产品质量控制和评价经济管理工作的依据。

例如,有甲、乙两个车间,第一季度产量资料如表 5-1 所示。

表 5-1　甲、乙车间第一季度产量资料

车间	1月产量/件	2月产量/件	3月产量/件	月平均产量/件
甲	10	10	10	10
乙	5	15	10	10

由表 5-1 可见,甲、乙两车间月平均产量均为 10 件,但甲车间生产的均衡性、节奏性较好,乙车间起伏较大,稳定性较差。

三、标志变异指标的计算

标志值分布的差异程度可以从不同角度、用不同方法去考察且能反映总体单位的分布形态,故描述分布离中趋势的标志变异指标有多种。常见的标志变异指标有全距、平均差、方差、标准差和离散系数等。

(一) 全距

全距又称极差，反映分布数列中各标志值的变动范围，是最大标志值（最大变量值）与最小标志值（最小变量值）之间的距离，用 R 表示。计算公式为：

$$全距(R)=最大变量值-最小变量值=x_{max}-x_{min}$$

由于全距是用一组数据的两个极值表示的，所以全距表明了一组数据数值的变动范围。R 越大，表明数值变动的范围越大，即数列中各变量值差异越大；反之，R 越小，表明数值变动的范围越小，即数列中各变量值差异越小。

1. 对于未分组资料

【例 5-16】 某竞赛组有 5 人，成绩如图 5-26 所示。要求：计算全距。

小组成员	A	B	C	D	E
成绩/分	80	66	74	58	92
名次	2	4	3	5	1

图 5-26 竞赛组成绩

解 利用 Excel 直接求最大标志值与最小标志值。计算过程如图 5-27 所示。

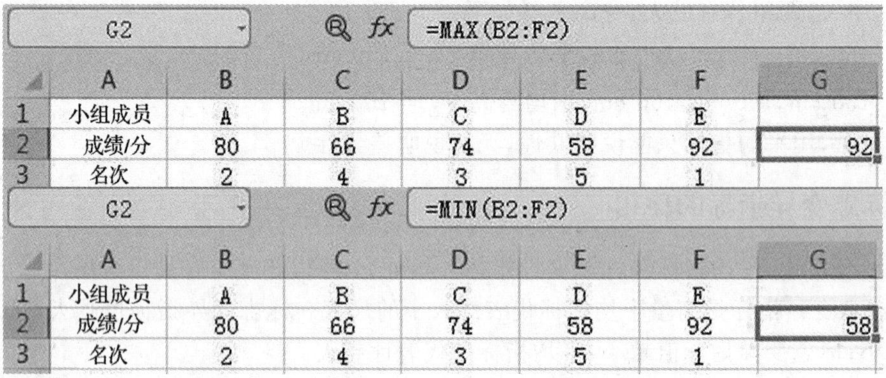
G2 fx =MAX(B2:F2)

	A	B	C	D	E	F	G
1	小组成员	A	B	C	D	E	
2	成绩/分	80	66	74	58	92	92
3	名次	2	4	3	5	1	

G2 fx =MIN(B2:F2)

	A	B	C	D	E	F	G
1	小组成员	A	B	C	D	E	
2	成绩/分	80	66	74	58	92	58
3	名次	2	4	3	5	1	

图 5-27 最大标志值与最小标志值计算过程

全距计算：

$$R=x_{max}-x_{min}=92\text{ 分}-58\text{ 分}=34\text{ 分}$$

即该竞赛组 5 人最高分与最低分相差 34 分。

2. 对于分组（且为开口组）资料

由于开口组没有下限或没有上限，计算全距时需要做出假定。

【例 5-17】 某企业有 100 名职工，某月销售额计划完成情况如图 5-28 所示。要求：计算全距。

计划完成程度（%）	组中值	人数（人）
90以下	85%	2
90~100	95%	14
100~110	105%	65
110以上	115%	19
合计	—	100

图 5-28 销售额计划完成情况

解 由于第一组没有给出下限,最后一组没有给出上限,参考相邻组组距,假定第一组下限为 $90\% - 10\% = 80\%$,最后一组上限为 $110\% + 10\% = 120\%$,则

$$R = x_{\max} - x_{\min}$$
$$= (110\% + 10\%) - (90\% - 10\%)$$
$$= 120\% - 80\% = 40\%$$

全距是一种简明易懂的标志变异指标,但有明显的缺点,它只反映极端值之间的差异程度,且易受极端值的影响。

在实际工作中,全距可以用于检查产品质量的稳定性和进行质量控制。在正常生产的条件下,产品质量稳定,全距在一定范围内波动;若全距超过给定的范围,就说明有不正常情况发生。全距易受极端值影响,全距计算结果往往不能反映数据的实际离散程度。

(二) 平均差

平均差是各个标志值与其算术平均数的离差绝对值的算术平均数,因离差和为零,必须将离差取绝对值来消除正负号的影响,用 AD 表示。

平均差反映各标志值与算术平均数之间的平均差异。平均差越大,表明各标志值与算术平均数的差异程度越大,该算术平均数的代表性就越小;平均差越小,表明各标志值与算术平均数的差异程度越小,该算术平均数的代表性就越大。

根据资料是否分组,平均差可分为简单平均式和加权平均式。

1. 简单平均式

对未分组资料,用简单平均式:

$$\mathrm{AD} = \frac{\sum |x_i - \bar{x}|}{n}$$

此时,平均差计算步骤:

第一步,求算术平均数。
第二步,求每个标志值与算术平均数的离差。
第三步,求离差的绝对值。
第四步,求平均差。

【例 5-18】 已知资料同例 5-16,计算平均差。

解 对资料进行整理排序,并利用 Excel 进行计算,如图 5-29 所示。

	A	B	C	D
10		成绩 x_i	$x_i - \bar{x}$	$|x_i - \bar{x}|$
11		58	-16	16
12		66	-8	8
13		74	0	0
14		80	6	6
15		92	18	18
16	合计	370	--	48
17	计数	5		
18	平均数	74		

图 5-29 利用 Excel 进行计算

$$AD = \frac{\sum |x_i - \bar{x}|}{n} = \frac{48 \text{ 分}}{5} = 9.6 \text{ 分}$$

2. 加权平均式

在资料分组的情况下，应采用加权平均式：

$$AD = \frac{\sum |x_i - \bar{x}| \cdot f}{\sum f}$$

【例 5-19】 已知资料同例 5-15，计算平均差。

解 计算过程如图 5-30 所示。

月消费（元）	组中值 x_i	f_i	$x_i f_i$	$x_i - \bar{x}$	$|x_i - \bar{x}|$	$|x_i - \bar{x}| \cdot f$
700 以下	650	2	1300	-332	332	664
700~800	750	6	4500	-232	232	1392
800~900	850	15	12750	-132	132	1980
900~1000	950	38	36100	-32	32	1216
1000~1100	1050	21	22050	68	68	1428
1100~1200	1150	12	13800	168	168	2016
1200~1300	1250	4	5000	268	268	1072
1300 以上	1350	2	2700	368	368	736
合计	—	100	98200			10504
平均数	982					

图 5-30 平均差计算过程

$$AD = \frac{\sum |x_i - \bar{x}| \cdot f}{\sum f} = \frac{10\,504 \text{ 元}}{100} = 105.04 \text{ 元}$$

即该校学生每月消费支出平均差为 105.04 元。

平均差计算简便，意义明确，而且平均差是根据所有变量值计算的，因此它能够准确、全面地反映一组数据的变异程度。但是，用绝对值的形式消除各标志值与算术平均数离差的正负值问题，不便于进行数学处理和参与统计分析运算。

（三）方差和标准差

方差是各变量值与其算术平均数离差平方的算术平均数，又称均方差，其意义与平均差基本相同，也是以各个标志值对其算术平均数求平均离差的方式进行计算的，为了消除离差在求和过程中正负抵消的问题，采用离差平方的方法，在数学处理上较平均差更为合理，宜于进行各种代数形式处理，是最常用的一种标志变异指标，用 σ^2 表示。标准差是方差的平方根，用 σ 表示。根据资料是否分组，方差与标准差可分为简单平均式和加权平均式。

1. 简单平均式

对于未分组整理的原始资料，方差和标准差的计算公式分别为：

$$\sigma^2 = \frac{\sum (x_i - \bar{x})^2}{n}$$

$$\sigma = \sqrt{\frac{\sum(x_i - \overline{x})^2}{n}}$$

【例 5-20】 已知资料同例 5-16,计算方差和标准差。

解 计算过程如图 5-31 所示。

	A	B	C	D	E	F
1		成绩 x_i	$x_i - \overline{x}$	$(x_i - \overline{x})^2$	$\dfrac{(x_i-\overline{x})^2}{5}$	$\sqrt{\dfrac{(x_i-\overline{x})^2}{5}}$
2		58	-16	256		
3		66	-8	64		
4		74	0	0		
5		80	6	36		
6		92	18	324		
7	合 计	370		680	136	11.66190379
8	平均数	74				
9	计数	5				

图 5-31 方差和标准差计算过程 1

计算方差:

$$\sigma^2 = \frac{\sum(x_i - \overline{x})^2}{n} = \frac{680 \, 元^2}{5} = 136 \, 元^2$$

计算标准差:

$$\sigma = \sqrt{\frac{\sum(x_i - \overline{x})^2}{n}} \, 元 = 11.66 \, 元$$

2. 加权平均式

对于分组数据,方差和标准差的计算公式分别为:

$$\sigma^2 = \frac{\sum(x_i - \overline{x})^2 f}{\sum f}$$

$$\sigma = \sqrt{\frac{\sum(x_i - \overline{x})^2 f}{\sum f}}$$

【例 5-21】 已知资料同例 5-15,计算方差和标准差。

解 计算过程如图 5-32 所示。

	A	B	C	D	E	F	G	H	I
1	月消费(元)	组中值 x_i	f_i	$x_i f_i$	$x_i - \overline{x}$	$(x_i - \overline{x})^2$	$(x_i - \overline{x})^2 f$	$\dfrac{\sum(x_i-\overline{x})^2 f}{\sum f}$	$\sqrt{\dfrac{\sum(x_i-\overline{x})^2 f}{\sum f}}$
2	700以下	650	2	1300	-332	110224	220448		
3	700~800	750	6	4500	-232	53824	322944		
4	800~900	850	15	12750	-132	17424	261360		
5	900~1000	950	38	36100	-32	1024	38912		
6	1000~1100	1050	21	22050	68	4624	97104		
7	1100~1200	1150	12	13800	168	28224	338688		
8	1200~1300	1250	4	5000	268	71824	287296		
9	1300以上	1350	2	2700	368	135424	270848		
10	合计	--	100	98200	--		1837600	18376	135.5581056
11	平均数	982							

图 5-32 方差和标准差计算过程 2

计算方差：

$$\sigma^2 = \frac{\sum (x_i - \bar{x})^2 f}{\sum f} = \frac{1\,837\,600\,\text{元}^2}{100} = 18\,376\,\text{元}^2$$

计算标准差：

$$\sigma = \sqrt{\frac{\sum (x_i - \bar{x})^2 f}{\sum f}}\,\text{元} = 135.56\,\text{元}$$

该校学生每月消费支出方差为 18 376 元^2，标准差为 135.56 元。

标准差的特点是不易受极端数值影响，能综合反映全部单位标志值的实际差异程度；用平方及开平方的方法消除各标志值与算术平均数离差的正负值问题，方便进行数学处理和统计分析运算。

全距、平均差和标准差都是绝对数，不仅可以用来度量单一数列的标志变异程度，衡量其平均数的代表性，还可以用来比较两个以上水平相同的标志的离散程度。但在比较两个平均数不相等的标志的离散程度时，要用离散系数。

（四）离散系数

离散系数反映相对差异程度，用于比较不同水平的数列的变异程度，通过将标志变异绝对指标与相应的算术平均数对比进行求得。测定标志变异程度的绝对指标有全距、平均差和标准差，相应的测定标志变异程度的相对指标有全距系数、平均差系数和标准差系数。由于分子、分母单位相同，离散系数表现为无名数，通常用 V 表示。

（1）全距系数计算公式：

$$V_R = \frac{R}{\bar{x}} \times 100\%$$

（2）平均差系数计算公式：

$$V_{AD} = \frac{AD}{\bar{x}} \times 100\%$$

（3）标准差系数计算公式：

$$V_\sigma = \frac{\sigma}{\bar{x}} \times 100\%$$

【例 5-22】 为了测试某种激素的效果，将这种激素混合在大象和兔子的食物中，三个月以后，发现大象平均体重由原来的 5 000 kg 增加到 5 500 kg，兔子平均体重由原来的 1 kg 增加到 1.5 kg。试计算分析，食用这种激素对大象与兔子中哪种动物的作用更大。

解 食用这种激素后，大象与兔子的体重均发生了变化。大象平均体重增加了 500 kg(5 500 kg－5 000 kg)，兔子平均体重增加了 0.5 kg(1.5 kg－1 kg)；显然，500 kg＞0.5 kg。但是，由于大象与兔子的体重水平不一样，并不在一个级别上，因此，无法直接将绝对数进行比较，只能用相对数的形式即离散系数进行比较。

$$V_{\sigma 大象} = \frac{\sigma}{\bar{x}} = \frac{500\,\text{kg}}{5\,000\,\text{kg}} \times 100\% = 10\%$$

$$V_{\sigma 兔子} = \frac{\sigma}{\bar{x}} = \frac{0.5\,\text{kg}}{1\,\text{kg}} \times 100\% = 50\%$$

由此可见,食用这种激素后,兔子的离散系数为 50%,大于大象的离散系数 10%,因此,食用该激素对兔子的作用更大。

【例 5-23】 将两种不同玉米品种分别在不同的五块田地上试种,测得其产量如图 5-33 所示。假定生产条件相同,试计算这两个玉米品种的收获率,确定哪一个品种更具有稳定性和推广价值。

田块	甲品种		乙品种	
	面积（亩）	产量（kg）	面积（亩）	产量（kg）
A	1.1	1160	1	1080
B	0.8	670	1.3	1564
C	0.6	750	0.7	680
D	1.5	1700	0.8	750
E	0.9	1020	1.3	1510
合计	4.9	5300	5.1	5584

图 5-33 不同玉米品种试种产量

解 面积与产量属于调和平均数,需要计算每块地的平均亩产作为变量。
甲品种计算过程如图 5-34 所示。乙品种计算过程如图 5-35 所示。

	A	B	C	D	E	F	G
1		甲品种					
2	田块	面积（亩）f_i	产量（kg）	平均亩产 x_i	$x_i - \bar{x}$	$(x_i - \bar{x})^2$	$(x_i - \bar{x})^2 f$
3	A	1.1	1160	1054.55	-27.09	733.72	807.09
4	B	0.8	670	837.50	-244.13	59600.75	47680.60
5	C	0.6	750	1250.00	168.37	28347.56	17008.54
6	D	1.5	1700	1133.33	51.70	2672.96	4009.44
7	E	0.9	1020	1133.33	51.70	2672.96	2405.66
8	合 计	4.9	5300	——	——	94027.95	71911.33
9	平均亩产（kg/亩）		1081.63				

图 5-34 甲品种计算过程

	A	B	C	D	E	F	G
1	田块	面积（亩）f_i	产量（kg）	平均亩产 x_i	$x_i - \bar{x}$	$(x_i - \bar{x})^2$	$(x_i - \bar{x})^2 f$
2	A	1	1080	1080.00	-14.90	222.07	222.07
3	B	1.3	1564	1203.08	108.17	11701.82	15212.37
4	C	0.7	680	971.43	-123.47	15245.68	10671.97
5	D	0.8	750	937.50	-157.40	24775.38	19820.30
6	E	1.3	1510	1161.54	66.64	4440.42	5772.55
7	合 计	5.1	5584	——	——	56385.37	51699.26
8	平均亩产（kg/亩）		1094.90				

图 5-35 乙品种计算过程

$$\bar{x}_{甲} = \frac{总产量}{亩数} = \frac{5\,300 \text{ kg}}{4.9 \text{ 亩}} = 1\,081.63 \text{ kg/亩}$$

$$\sigma_{甲} = \sqrt{\frac{\sum(x_i - \bar{x})^2 f}{\sum f}} = \sqrt{\frac{71\,911.33}{4.9}} \text{ kg/亩} = 121.14 \text{ kg/亩}$$

$$V_{\sigma 甲} = \frac{\sigma_甲}{\bar{x}_{H甲}} = \frac{121.14 \text{ kg/亩}}{1\,081.63 \text{ kg/亩}} \times 100\% = 11.20\%$$

$$\bar{x}_{H乙} = \frac{5\,584 \text{ kg}}{5.1 \text{ 亩}} = 1\,094.9 \text{ kg/亩}$$

$$\sigma_乙 = \sqrt{\frac{\sum (x_i - \bar{x})^2 f}{\sum f}} = \sqrt{\frac{51\,699.26}{5.1}} \text{ kg/亩} = 100.68 \text{ kg/亩}$$

$$V_{\sigma 乙} = \frac{\sigma_乙}{\bar{x}_{H乙}} = \frac{100.68 \text{ kg/亩}}{1\,094.9 \text{ kg/亩}} \times 100\% = 9.20\%$$

所以,乙品种产量较高,且更稳定,值得推广。

任务五 是非标志总体及其指标

一、是非标志的概念

在统计研究中,如果现象总体中全部单位的标志只具有"是"或"否"、"有"或"无"两种表现形式,这种标志叫作是非标志,又叫交替标志。

因为是非标志只有两种具体表现,为了研究是非标志总体的数量特征并进行量化,可用数字"1"代表"是",用"0"代表"非",在此,"1"和"0"即为是非标志的标志值。例如,性别统计时,男 = 1,女 = 0(非男);产品质量统计时,合格 = 1,不合格 = 0。

设全部总体单位数用 N 表示,标志值为 1 的单位数用 N_1 来表示,标志值为 0 的单位数用 N_0 来表示,则 $N = N_1 + N_0$,如图 5-36 所示。

分组	变量值	单位数
具有某一属性	1	N_1
不具有某一属性	0	N_0
合计	—	N

图 5-36 是非标志的标志值及单位数

二、是非标志总体的指标

是非标志总体中,具有某种表现的单位数占全部总体单位数的比重叫作成数,用 P 表示:

$$P = \frac{N_1}{N}$$

不具有某种标志表现的单位数所占的比重也叫成数,用 Q 表示:

$$Q = \frac{N_0}{N}$$

显然

$$P + Q = \frac{N_1}{N} + \frac{N_0}{N} = \frac{N_1 + N_0}{N} = \frac{N}{N} = 1$$

$$Q = 1 - P$$

是非标志总体指标有平均数、标准差、方差和标准差系数。

1. 平均数

是非标志总体的平均数可用下式计算:

$$\bar{x}_P = \frac{\sum x_i f}{\sum f} = \frac{1 \times N_1 + 0 \times N_0}{N} = \frac{N_1}{N} = P$$

2. 标准差

是非标志的标准差计算如图 5-37 所示。

标志值 x_i	成数 f_i	$x_i - \bar{x}$	$(x_i - \bar{x})^2$	$(x_i - \bar{x})^2 f$
1	P	$1-P$	$(1-P)^2$	$(1-P)^2 P$
0	Q	$0-P$	P^2	$P^2(1-P)$
合计	1	——	——	$P(1-P)$

图 5-37 是非标志的标准差计算

$$\sigma_P = \sqrt{\frac{\sum(x_i - \bar{x})^2 f}{\sum f}} = \sqrt{\frac{(1-P)^2 N_1 + (0-P)^2 N_0}{N_1 + N_0}}$$
$$= \sqrt{Q^2 P + P^2 Q} = \sqrt{PQ(Q+P)} = \sqrt{PQ}$$

3. 方差

是非指标的方差可用下式计算:

$$\sigma_P^2 = PQ = P(1-P)$$

当 $P = Q$ 时,方差有最大值,即

$$\sigma_{max}^2 = 0.25$$

4. 标准差系数

是非指标的标准差系数可用下式计算:

$$V_{\sigma P} = \frac{\sigma_P}{\bar{x}_P} = \frac{\sqrt{P(1-P)}}{P} = \sqrt{\frac{1-P}{P}} = \sqrt{\frac{Q}{P}}$$

【例 5-24】 某厂某月份生产了 500 件产品,其中合格品有 480 件,不合格品有 20 件。计算有关是非标志总体的指标。

解 已知 $N = 500, N_1 = 480, N_0 = 20$,进行以下计算。

(1) 计算成数:

$$P = \frac{N_1}{N} = \frac{480 \text{ 件}}{500 \text{ 件}} = 96\%$$

$$Q = \frac{N_0}{N} = \frac{20 \text{ 件}}{500 \text{ 件}} = 4\%$$

(2) 计算平均数：
$$\bar{x}_P = P = 96\%$$

(3) 计算标准差：
$$\sigma_P = \sqrt{PQ} = \sqrt{0.96 \times 0.04} = 19.60\%$$

(4) 计算方差：
$$\sigma_P^2 = PQ = 96\% \times 4\% = 3.84\%$$

(5) 计算标准差系数：
$$V_{\sigma P} = \frac{\sigma_P}{\bar{x}_P} = \sqrt{\frac{Q}{P}} = \sqrt{\frac{0.04}{0.96}} = 20.41\%$$

项目习题与实训

任务一　认知平均指标

一、单项选择题

1.平均数反映了(　　)。
A.总体分布的集中趋势　　　　　　B.总体中总体单位的集中趋势
C.总体分布的离散趋势　　　　　　D.总体的变动趋势

2.计算平均指标的基本要求是所要计算的总体单位是(　　)。
A.大量的　　　　B.少量的　　　　C.同质的　　　　D.有差异的

二、多项选择题

1.平均指标所平均的对象是(　　)。
A.总体单位数量标志　　B.总体变量值总量　　C.总体标志值总量
D.总体　　　　　　　　E.总体单位

2.平均指标的特点主要包括(　　)。
A.具体差异抽象化　　　　　　　　B.可以就不同类事物计算
C.只能就同类事物计算　　　　　　D.反映了变量值的分布状况
E.反映了变量值的集中趋势

3.下列指标中属于平均指标的有(　　)。
A.全员劳动生产率　　　B.工人劳动生产率　　　C.人均国民收入
D.平均工资　　　　　　E.居民家庭收入的中位数

任务二　数值平均数

一、填空题

1.加权算术平均数中以　　　　　　为权数；加权调和平均数中以　　　　　　为权数。

2.在标志值一定的条件下,算术平均数的大小只受_____的影响;在总次数一定的条件下,分配在变量值较大的组的次数越_____,平均数的值越大。

3.算术平均数是_____除以_____所得的商。简单算术平均数是根据_____计算的;加权算术平均数是根据_____计算的。

4.计算单利利率的平均值时,最适宜采用_____。

5.各变量值与其算术平均数的离差平方之和等于_____。

6.各变量值与其算术平均数的离差平方和有_____。

二、单项选择题

1.加权算术平均数中权数的实质是(　　)。
  A.各组的单位数　　　　　　　　B.总体单位数
  C.各组的单位数占总体单位数的比重　D.各组的单位数与标志值的乘积

2.权数对算术平均数的影响作用,决定于(　　)。
  A.权数本身数值的大小　　　　　B.作为权数的单位数占总体单位数比重的大小
  C.各组标志值的大小　　　　　　D.权数的经济意义

3.简单算术平均数作为加权算术平均数特例的条件是(　　)。
  A.各组权数相等　　　　　　　　B.各组权数不相等
  C.各组标志值相等　　　　　　　D.各组标志值不相等

4.已知5个商店苹果的单价和销售额,要求计算这5个商店苹果的平均单价,应采用(　　)。
  A.简单算术平均法　B.加权算术平均法　C.调和平均法　　D.几何平均法

5.计算相对数的平均数时,如果掌握了分子资料而没有掌握分母资料,则应采用(　　)。
  A.算术平均数　　　　　　　　　B.几何平均数
  C.调和平均数　　　　　　　　　D.算术平均和调和平均都可以

6.通常在计算平均比率和平均速度时使用的平均数是(　　)。
  A.算术平均数　　B.几何平均数　　C.中位数　　　　D.调和平均数

7.第一批产品不合格率为1.5%,第二批不合格率为2%,第三批不合格率为4%,第一批产品占总数的40%,第二批占20%,则这三批产品的平均不合格率为(　　)。
  A.1.5%　　　　　B.2.6%　　　　　C.4.5%　　　　　D.5.1%

8.甲、乙两组工人的平均日产量分别为18件和15件。若甲、乙两组工人的平均日产量不变,但是甲组工人数占两组工人总数的比重下降,则两组工人总平均日产量(　　)。
  A.上升　　　　　　　　　　　　B.下降
  C.不变　　　　　　　　　　　　D.可能上升,也可能下降

三、多项选择题

1.下列应该用几何平均法计算的有(　　)。
  A.生产同种产品的三个车间的平均合格率
  B.平均发展速度
  C.前后工序的三个车间的平均合格率
  D.平均劳动生产率
  E.平均增长速度

2. 加权算术平均数的大小（　　）。
   A. 受各组变量值大小影响　　　　B. 受各组次数多少影响
   C. 随某一标志值的增大而增大　　D. 随某一标志值的减小而减小
   E. 与次数多少成反比关系
3. 分配数列中，当标志值较小，而权数较大时，计算出的算术平均数（　　）。
   A. 接近标志值较小的一方　　　　B. 接近权数较小的一方
   C. 接近权数较大的一方　　　　　D. 接近标志值较大的一方

四、计算题

1. 某企业加工产品需要依次经过四道工序，加工一批 300 件产品的资料如表 5-2 所示。

表 5-2　某企业加工产品的资料

工序	1	2	3	4
投入件数	300	296	294	294
产品合格件数	296	294	294	290

要求：计算各道工序的平均合格率。

2. 某一牧场主每年饲养 600 头牛，现在有人向他推荐一种个头较小的改良品种牛，该品种牛吃草量较少，这样在原来同样面积的牧场上可以多养 150 头。饲养原品种牛和改良品种牛的数据资料如表 5-3 所示。

表 5-3　饲养原品种牛和改良品种牛的数据资料

利润/(元/头)	原品种牛		改良品种牛
	频数	频率/(%)	频率/(%)
-200	36	6	1
0	12	2	2
200	185	31	57
400	367	61	40
合计	600	100	100

(1) 牧场主应该选择哪一品种？为什么？
(2) 饲养改良品种牛的利润和频率可能与表 5-3 中的计算值有差异。当饲养改良品种牛的利润有什么变化时，牧场主应改变他在(1)中所做的选择？

3. 某公司两个下属企业生产同一种产品，其产量和成本资料如表 5-4 所示。

表 5-4　某公司下属企业产量和成本资料

企业名称	基　期		报　告　期	
	单位成本/元	产量/吨	单位成本/元	产量/吨
甲企业	600	1 200	600	2 400
乙企业	700	1 800	700	1 600
合计	660	3 000	640	4 000

试计算分析：报告期与基期相比,该公司各下属企业单位成本都没有变化,但该公司总平均成本却下降了20元,这是为什么？

4.一项民意调查问卷中调查者询问了2 050个成年人,调查问题是"你对今天的生活状况满意程度如何?",回答分为"满意""不满意""说不清"。

(1)这一调查的样本规模有多大？

(2)回答的答案是属于品质型还是数量型？

(3)使用平均数或百分比对这一问题所得数据进行汇总计算,哪一个更有意义？

(4)回答者中,8%的人说对今天的生活状况不满意,做出这种回答的人数是多少？

任务三 位置平均数

一、单项选择题

1.在下列两两组合的平均指标中,哪一组的两个平均数不受极端数值的影响？（ ）。

A.算术平均数和调和平均数　　　B.几何平均数和众数

C.调和平均数和众数　　　　　　D.众数和中位数

2.由组距数列确定众数时,如果众数组前一组和后一组次数相等,则众数值（ ）。

A.偏向上限　　B.偏向下限　　C.为零　　D.等于组中值

3.有八名研究生的年龄分别为21,24,28,22,26,24,22,20岁,则他们的年龄中位数为（ ）。

A.24　　　　B.23　　　　C.22　　　　D.21

4.如果你的业务是提供足球运动鞋的号码,那么,哪一种平均指标对你更有用？（ ）。

A.算术平均数　　B.几何平均数　　C.中位数　　D.众数

5.五名股票经纪人的年收入分别为19万元、28万元、46万元、39.5万元和150万元。以下指标中,更适宜反映5名经纪人收入水平的是（ ）。

A.简单平均数　　B.加权平均数　　C.中位数　　D.众数

6.九名学生每月上网时长(小时)分别为120,150,90,120,120,130,140,110,100,则根据数据计算的结果,下列关系正确的是（ ）。

A.均值＝中位数＝众数　　　　　B.均值＞中位数＞众数

C.中位数＞均值＞众数　　　　　D.众数＞中位数＞均值

二、多项选择题

1.众数的特点包括（ ）。

A.便于代数运算　　B.稳定性好　　C.不受极端值影响

D.可适用于品质标志　　E.代表性强

2.易受极端值影响的平均指标有（ ）。

A.算术平均数　　B.调和平均数　　C.几何平均数

D.中位数　　E.众数

3.众数和中位数（ ）。

A.都是位置平均数　　B.都不是平均数　　C.都受极端值影响

D.都不受极端值影响　　E.都是代表值

4. 某高校学生上网时长的差异很大,因此宜采用(　　)反映学生上网时长的平均水平。
   A. 数值平均数　　　　B. 位置平均数　　　　C. 算术平均数
   D. 众数　　　　　　　E. 中位数

5. 若一组数据呈左偏分布,可以认为(　　)。
   A. 数据中存在极小值　　　　　　B. 数据中存在极大值
   C. 众数大于其算术平均数　　　　D. 众数小于其算术平均数
   E. 众数＝算术平均数

三、计算题

某系学生体重资料如表 5-5 所示。

表 5-5　某系学生体重资料

按体重分组	学生人数/人
52 kg 以下	24
52～55 kg	25
55～58 kg	38
58～61 kg	21
61 kg 以上	17
合计	125

要求:计算该系学生体重的算术平均数、中位数和众数(采用上限公式)。

任务四　标志变异指标

一、单项选择题

1. 下列指标中用无名数表示的是(　　)。
   A. 平均数　　　　B. 全距　　　　C. 标准差　　　　D. 离散系数

2. 平均差与标准差的主要区别是(　　)。
   A. 意义有本质的不同　　　　　　B. 适用条件不同
   C. 对离差的数学处理方法不同　　D. 反映了变异程度的不同

3. 两个总体的平均数相等,标准差不等,若比较两总体平均数的代表性,以下说法正确的是(　　)。
   A. 标准差小的,代表性小　　　　B. 标准差小的,代表性大
   C. 标准差大的,代表性大　　　　D. 两平均数的代表性相同

二、多项选择题

1. 标志变异指标(　　)。
   A. 是衡量平均指标代表性的尺度　　B. 反映现象的集中趋势
   C. 反映现象的离中趋势　　　　　　D. 可用来研究现象发展变化的均衡性与协调性
   E. 既反映集中趋势,又反映离中趋势

2. 与标志值同计量单位的标志变异指标有（　　）。
A. 极差　　　　　　　　B. 平均差　　　　　　　　C. 标准差
D. 方差　　　　　　　　E. 平均差系数和标准差系数

3. 一项调查显示，某地区本科毕业生的平均月薪为 5 000 元，方差为 160 000 元^2；研究生的平均月薪为 8 000 元，方差为 360 000 元^2。本科生与研究生月薪的离散系数为（　　）。

A. 本科生：$\dfrac{5\,000}{160\,000} \times 100\% = 3.125\%$　　B. 研究生：$\dfrac{8\,000}{360\,000} \times 100\% = 2.22\%$

C. 本科生：$\dfrac{\sqrt{160\,000}}{5\,000} \times 100\% = 8\%$　　D. 研究生：$\dfrac{\sqrt{360\,000}}{8\,000} \times 100\% = 7.5\%$

三、计算题

1. 下面是甲地区空气质量指数（单位为 $\mu g/m^3$，0～50 表示良好，50～100 表示适中）的一组数据。

28　42　58　48　45　55　60　49　50

(1) 计算全距、方差和标准差。
(2) 已知同期观察到的乙地区空气质量指数的平均数为 48.5 $\mu g/m^3$，标准差为 11.66 $\mu g/m^3$，试对两地区的空气质量进行比较。

2. 某企业职工的工资资料如表 5-6 所示。

表 5-6　某企业职工的工资资料

按月工资分组/元	职工人数/人	各组人数所占比重/(%)
500 以下	100	10
500～600	250	25
600～700	300	30
700～800	200	20
800 以上	150	15
合计	1 000	100

(1) 计算该企业职工平均工资。
(2) 计算标准差。
(3) 计算方差。

3. 甲、乙两企业工人有关资料如表 5-7 所示。

表 5-7　甲、乙企业工人有关资料

按年龄分组	甲企业职工人数/人	乙企业各组人数占总人数的比重/(%)
25 岁以下	120	5
25～35 岁	340	35
35～45 岁	240	35
45 岁以上	100	25
合计	800	100

(1)哪个企业职工年龄偏高？

(2)哪个企业职工平均年龄更具代表性？

任务五 是非标志总体及其指标

综合应用题

从全班 60 名学生中按学号随机抽取 6 名学生调查其上网情况。6 名学生的上网时长(时/周)分别是 16、12、5、5、10、18。

请根据上述资料从下列选项中选出正确答案。

(1)6 名学生上网时长(时/周)的(　　)。

A. 平均数为 $\bar{x}=\dfrac{16+12+5+5+10+18}{6}=11$

B. 中位数为 11

C. 中位数为 12

D. 众数为 5

(2)可以采用(　　)来反映学生上网时长的差异程度。

A. 极差　　　　　B. 众数　　　　　C. 方差　　　　　D. 标准差

(3)6 名学生上网时长(时/周)的(　　)。

A. 方差为 $\sigma^2=\dfrac{(16-11)^2+(12-11)^2+(5-11)^2+(5-11)^2+(10-11)^2+(18-11)^2}{6-1}=29.6$

B. 方差为 $\sigma^2=\dfrac{(16-11)^2+(12-11)^2+(5-11)^2+(5-11)^2+(10-11)^2+(18-11)^2}{6}=24.67$

C. 离散系数为 $V=\dfrac{\sigma}{\bar{x}}=\dfrac{\sqrt{29.6}}{11}=49.46\%$

D. 离散系数为 $V=\dfrac{\sigma}{\bar{x}}=\dfrac{\sqrt{24.67}}{11}=45.15\%$

项目六
抽样推断

TONGJIXUE YUANLI

任务一　认知抽样推断

一、抽样推断的概念

(一)抽样推断的定义

抽样推断是一种非全面调查，是按照随机原则，从全部研究总体中抽取一部分单位进行调查，并依据所获得的数据对总体的某一数量特征做出具有一定可靠程度的估计与推断的一种统计方法。抽样推断的全过程就是抽样调查。

抽样调查虽然是非全面调查，但它的目的却在于取得反映总体情况的信息资料，因而，也可起到全面调查的作用。

(二)抽样推断的特点

抽样调查数据之所以能用来代表和推算总体，主要是因为抽样调查本身具有其他非全面调查所不具有的特点：

(1)抽样调查样本是按随机原则抽取的。所谓随机原则又称机会均等原则，指样本单位的抽取不受主观因素及其他系统性因素影响，每个总体单位都有均等的被抽中的机会，这样能够保证被抽中的样本具有足够的代表性，不致出现倾向性误差。

(2)抽样调查所抽选的调查样本数量，是根据调查误差的要求，经过科学的计算确定的，在调查样本的数量上有可靠的保证。

(3)抽样调查的误差可以计算并控制。

统计误差是指统计数据与客观实际数量之间的差距，一般有两种：

第一种，登记性误差，指在调查、整理过程中，由各种主观原因引起的误差。

第二种，代表性误差，指样本单位的结构情况不足以代表总体所产生的误差。代表性误差又分两种：

①系统性误差——违反了抽样调查的随机原则而产生的误差。

②抽样误差——遵守抽样的随机原则，但可能抽到不同的样本而产生的误差，又称为随机误差。

系统性误差和登记性误差一样，都是抽样组织工作不完善造成的，如果抽样组织工作不完善，采取措施是可以预防系统性误差和登记性误差的，或者可将其减小到最低程度。

抽样误差是指由于随机抽样的偶然性，所抽出的样本的结构与总体各单位的结构不同而引起抽样指标和全及指标之间的偏差，是不可避免的，但可以在调查前根据调查样本数量和总体中各单位之间的差异程度进行计算，将其控制在允许范围以内。

基于以上特点，抽样调查被公认为是非全面调查方法中用来推算和代表总体的最完善、最有科学根据的调查方法。

(三)抽样推断的应用

(1)应用于不能进行全面调查的事物，特别对于无限总体，不可能进行全面调查，则适用抽样推断。如要了解空气中某种有害气体的含量或水中某种成分的含量，是无法进行全面调查的,只能抽取部分样品进行检验。

(2) 有些总体从理论上讲可以进行全面调查,但总体范围过大,单位分布又过于分散,很难或没必要进行全面调查。例如,某个森林有多少棵树,水库的鱼苗数,职工家庭生活状况如何等,用抽样推断的方法进行调查,可以节省人力、物力、财力和时间,比较灵活。有些事物在取得数据时具有破坏性,也不可能进行全面调查,只能用抽样推断,如汽车的抗碰撞能力,电器的耐用时间等。

(3) 有时虽然能全面调查,但抽样调查仍有独到作用,它可以大大节省人力、物力,又可以节省时间,提高调查的时效性,并且能取得比较详细的资料。因此,对资料要求紧迫,需以较短时间了解总体全面情况的,也可用抽样调查法。

(4) 应用抽样调查法可对总体的某种假设进行检验,来判断这种假设的真伪,决定行动时的取舍。如调查新方法的采用,新工艺、新技术的推广,化工原料新配方的使用,新医疗方法的使用等是否有明显的效果,可以对未知的或不完全知道的总体做出一些假设,然后利用抽样的方法,根据实验资料对所做的假设进行检验,做出判断,并在行动上做出抉择,这就是抽样调查法在决策方面的应用。

此外,工业生产过程中的质量控制主要依靠抽样调查进行;应用抽样调查法可对全面调查的结果加以补充或订正,等等。

二、抽样推断中的基本概念

(一) 全及总体和样本总体

在抽样推断中,存在两个不同的总体,即全及总体和样本总体。

1. 全及总体

抽样调查所要认识对象的全体,叫全及总体,也叫母体,简称总体,它是具有某种共同性质或特征的许多单位的集合体。全及总体的单位数通常用 N 来表示。

对于一个总体来说,若被研究的标志是品质标志,则将这个总体称为属性总体,如研究性别差异时的新生婴儿总体,研究设备完好情况时的设备总体。若被研究的标志是数量标志,则将这个总体称为变量总体,如反映体重、身高时的学生总体,反映工资高低时的企业职工总体等。

抽样调查首先要弄清全及总体的范围、单位的含义,构成明确的抽样框,作为抽样的母体。对于一定的问题,全及总体是唯一的、确定的。

2. 样本总体

样本总体又叫子样或抽样总体,简称样本。它是从全及总体中随机抽取出来,代表全及总体的那部分单位的集合体。

样本总体的单位数称为样本容量,通常用 n 表示,相对 N 来说,n 是很小的数,它可以是 N 的几十分之一、几百分之一、几千分之一、几万分之一等。以很小的样本来推断很大的总体,这是抽样调查法的重要特点。一般来说,单位数达到或超过 30 个的样本称为大样本,而单位数在 30 个以下的称为小样本。n/N 称为抽样比。社会经济统计的抽样推断多属于大样本;科学实验的抽样多属于小样本。

例如,在 100 万户居民中,随机抽取 10 000 户居民进行家庭收支情况调查,100 万户居民就是全及总体,而被抽中的 10 000 户居民则构成抽样总体。

需要指出的是,总体是确定的、唯一的,但总体中可供抽取的样本不止一个,在没有抽中之前,任何一个待选样本都有被抽到的可能。

(二)总体参数和样本统计量

在抽样推断调查中,存在两个总体,必然会涉及两套指标。

1. 全及指标

反映全及总体数量特征的指标称为全及指标,是根据全及总体各个单位的标志值或标志特征所计算的反映总体某种属性的综合指标,又称总体参数。总体参数是确定的值,却是未知的,需要用样本指标来估计。抽样推断中要用到两个参数,一个是反映总体各单位分布的集中趋势值(平均数),另一个是反映总体分布的离散趋势值,这两个参数就是总体的均值和方差。不同性质的总体需要计算不同的参数。

(1)对于变量总体,设总体中有 N 个单位,某项标志的标志值分别为 $X_1, X_2, X_3, \cdots, X_N$,权数为 F_I,则根据资料是否分组有不同的计算方法。

① 未分组资料:

总体平均数用 $\overline{X}$ 表示:

$$\overline{X} = \frac{\sum X_I}{N}$$

总体方差用 σ_X^2 表示:

$$\sigma_X^2 = \frac{\sum (X_I - \overline{X})^2}{N}$$

总体标准差用 σ_X 表示:

$$\sigma_X = \sqrt{\frac{\sum (X_I - \overline{X})^2}{N}}$$

② 分组资料:

总体平均数:

$$\overline{X} = \frac{\sum X_I F}{\sum F}$$

总体方差:

$$\sigma_X^2 = \frac{\sum (X_I - \overline{X})^2 F}{\sum F}$$

总体标准差:

$$\sigma_X = \sqrt{\frac{\sum (X_I - \overline{X})^2 F}{\sum F}}$$

(2)对于属性总体,设总体中具有某种属性的有 N_1 个单位,不具有某种属性的有 N_0 个单位,则有如下计算方法。

① 总体成数：
$$P = \frac{N_1}{N}, Q = \frac{N_0}{N} = 1 - P$$

② 总体是非标志的标准差：
$$\sigma_P = \sqrt{P(1-P)} = \sqrt{PQ}$$

③ 总体是非标志的方差：
$$\sigma_P^2 = P(1-P) = PQ$$

2.抽样指标

抽样指标指根据抽样总体各个单位的标志值或标志特征计算的综合指标，又被称为样本统计量，它是随机变量，随样本的不同而变化。样本统计量一方面表示样本本身的分布状况和特征，另一方面也是总体参数的估计量。样本单位被抽出来以后，就需要计算样本统计量。

(1) 对于变量总体，设样本中 n 个样本单位某项标志的标志值分别为 $x_1, x_2, x_3, \cdots, x_{n-1}, x_n$，权数为 f_i，根据资料是否分组，有不同的计算方法。

① 未分组资料：

样本平均数（又叫样本均值），用 $\bar{x}$ 表示：
$$\bar{x} = \frac{\sum x_i}{n}$$

样本方差：
$$\sigma_x^2 = \frac{\sum (x_i - \bar{x})^2}{n}$$

样本标准差：
$$\sigma_x = \sqrt{\frac{\sum (x_i - \bar{x})^2}{n}}$$

② 分组资料：

样本平均数：
$$\bar{x} = \frac{\sum x_i f}{\sum f}$$

样本方差：
$$\sigma_x^2 = \frac{\sum (x_i - \bar{x})^2 f}{\sum f}$$

样本标准差：
$$\sigma_x = \sqrt{\frac{\sum (x_i - \bar{x})^2 f}{\sum f}}$$

(2) 对于属性总体，设总体中具有和不具有某种属性的样本单位数目分别为 n_1 和 n_0，则样本统计量有如下计算方法。

① 样本成数：

$$p=\frac{n_1}{n}, q=\frac{n_0}{n}=1-p$$

② 样本单位是非标志的方差：

$$\sigma_p^2 = p(1-p) = pq$$

③ 样本单位是非标志的标准差：

$$\sigma_p = \sqrt{p(1-p)} = \sqrt{pq}$$

（三）抽样误差

抽样误差是抽样调查特有的一种误差，是纯粹由抽样原因引起的抽样指标与全及指标之间的绝对离差，用数学符号表示为 $|\bar{x}-X|$ 或 $|p-P|$。

抽样误差是抽样调查本身所固有的，当样本容量 n 与全及总体单位数 N 相等时，抽样调查变成全面调查，抽样误差随之消失。

抽样误差又可分为抽样实际误差与抽样平均误差。

1. 抽样实际误差

抽样实际误差是指每次抽样所得的抽样指标与全及指标之间的离差，它随着样本的不同而不同，是一个随机变量，即有多少种可能的样本就有多少种可能的抽样实际误差。因此，在抽样推断中要结合所有可能的样本来研究所有可能的抽样实际误差。

2. 抽样平均误差

抽样平均误差是指所有可能出现的样本统计量的标准差。抽样平均误差反映了样本统计量与总体参数的平均离差，也反映了样本统计量对总体参数的代表程度。抽样平均误差越大，样本对总体的代表程度越低；反之，抽样平均误差越小，样本对总体的代表程度越高。

抽样推断是用抽样指标推断全及指标，而推断的依据就是抽样误差。抽样误差虽不能消除，但可以采用一定的方法将其控制在一定范围之内，以保证样本的代表性。

三、抽样推断的理论依据

抽样推断是建立在概率论的基础之上的，其中大数定律和中心极限定理等一系列定理为抽样估计提供了主要的数学依据。

（一）大数定律

大数定律是表述大量随机现象具有稳定性的法则的总称，具体归纳为：

(1) 现象的某种规律性，只有采用大量观察法，才能显示出来，这需要足够多的样本单位；

(2) 现象的总体规律性，通常以平均数的形式表现出来；

(3) 单个随机现象引起的随机偏差（表现为次要的、偶然的），可在大量随机现象共同作用下，互相抵消，趋于消失，致使总的平均结果趋于稳定。

（二）中心极限定理

中心极限定理是研究变量和分布序列的极限原理的定理，用来论证：如果总体变量存在有限的平均数和方差，那么，无论这个总体变量的分布如何，随着样本总体单位数 n 的增加，抽样平均数的分布趋于正态分布，即大量相互独立的随机现象的概率分布以正态分布为极限。因正态分布在概率论中占有中心地位,所以把以正态分布为极限的定理叫作中心极限定理。

大数定律揭示了大量随机变量的平均结果,但并没有涉及随机变量的分布规律;而中心极限定理则说明了许多随机变量的分布是正态分布或近似正态分布,这就可以简化抽样推断中许多统计量的分布问题,所以它是统计学中的重要工具之一。

任务二　随机抽样方法与抽样分布

抽样推断是通过样本统计量对总体参数进行推算,样本统计量与被估算的总体参数之间的关系是推断的关键。抽样推断的样本统计量的优良标准有三个:① 具有无偏性,指抽样指标的均值应等于被估计的全及指标;② 具有有效性,指样本方差应比较小;③ 具有一致性,指随着样本单位数 n 的增大,样本统计量将在概率意义上越来越接近于总体真实值。

下面通过具体的抽样过程及相应指标的推算来说明样本与总体的关系,并分别推导重复抽样条件下的平均抽样变量误差公式和平均抽样成数误差公式,以及不重复抽样条件下的平均抽样变量误差公式和平均抽样成数误差公式。

抽样方法,指选取样本的方法;抽样分布,指样本统计量所有可能值的概率分布,反映样本分布的形状及样本统计量接近总体参数的程度;抽样方法与抽样分布是对应的。

依据取样方式的不同,抽样方法有重复随机抽样与不重复随机抽样两种(以下计算均在简单随机抽样条件下进行)。

一、重复随机抽样及其样本分布

重复随机抽样又称重置抽样或有放回抽样,它是指在抽取样本时,从总体中随机抽取一个单位,把结果记录下来,然后放回参加下一次抽取,每次抽取是在完全相同的条件下进行的,n 次抽样就是 n 次相互独立的实验;在整个抽选样本过程中,同一个单位可能多次被抽中。重复随机抽样条件下总体中的每个单位被抽取的机会完全相等。从 N 个单位中随机抽取 n 个单位组成样本有 N^n 种抽法。

对按重复随机抽样的方法抽出的全部可能样本计算抽样指标与相应的概率,就可得到重复随机抽样的概率分布。

重复随机抽样根据总体性质分为变量总体抽样和属性总体抽样。

(一) 变量总体抽样及其样本分布

在重复随机抽样条件下,变量的样本分布,是样本的概率分布,反映样本分布的状况及抽样指标接近总体参数的程度。

例如,假设全及总体为4名工人,分别是 A、B、C、D,日产量分别为 60 件、70 件、80 件、90 件,在重复抽样条件下,要随机抽选出 2 名工人作为样本,以此来观察所有可能样本与全及总体之间的关系(这里全及总体只有 4 个单位,样本只有 2 个单位,主要是为了简化计算过程)。

1. 所有可能样本的构成

已知 $N=4$,$n=2$,所有可能的样本数目为 $N^n = 4^2 = 16$,排列如图 6-1 所示。

	A	B	C	D
A	AA	AB	AC	AD
B	BA	BB	BC	BD
C	CA	CB	CC	CD
D	DA	DB	DC	DD

图 6-1　所有可能的样本排列

2.所有可能样本的分布与全及总体单位分布的关系

所有可能样本的分布指所有可能样本的平均数与之对应的概率。样本平均数用 $\bar{x}_i$ 表示，其计算如图 6-2 所示。

样本序号	样本		样本变量 x_i		样本平均数 $\bar{x}_i$
1	A	A	60	60	60
2	A	B	60	70	65
3	A	C	60	80	70
4	A	D	60	90	75
5	B	A	70	60	65
6	B	B	70	70	70
7	B	C	70	80	75
8	B	D	70	90	80
9	C	A	80	60	70
10	C	B	80	70	75
11	C	C	80	80	80
12	C	D	80	90	85
13	D	A	90	60	75
14	D	B	90	70	80
15	D	C	90	80	85
16	D	D	90	90	90

图 6-2　所有可能样本的样本平均数计算

将这 16 个样本的样本平均数进行排序，编制分布数列并分别计算概率，如图 6-3 所示。

	E2		fx	=D2/$D$9	
	A	B	C	D	E
1	样本序号	$\bar{x}_i$	f	$\bar{x}_i \cdot f$	概率
2	1	60	1	60	5.00%
3	2	65	2	130	10.83%
4	3	70	3	210	17.50%
5	4	75	4	300	25.00%
6	5	80	3	240	20.00%
7	6	85	2	170	14.17%
8	7	90	1	90	7.50%
9	合计	----	16	1200	100.00%

图 6-3　对样本平均数进行排序并编制分布数列

绘制概率散点图,如图 6-4 所示。

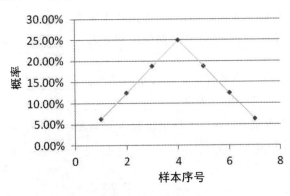

图 6-4 概率散点图

由此可以看出,所有可能样本分布呈现正态分布,其单位分布与全及总体一致,具有代表性。

3. 数学期望值与全及总体平均数的关系(无偏性)

样本平均数的平均数叫数学期望值,用 $E(\bar{x})$ 表示。

设样本容量为 n,所有可能样本的样本平均数为 $\bar{x}_1, \bar{x}_2, \bar{x}_3, \cdots, \bar{x}_n$,有如下计算方法。

(1) 对于未分组资料:

$$E(\bar{x}) = \frac{\bar{x}_1 + \bar{x}_2 + \bar{x}_3 + \cdots + \bar{x}_n}{N^n} = \frac{\sum \bar{x}_i}{\text{所有样本可能数目}} = \bar{X}$$

(2) 对于分组资料:

$$N^n = \sum f$$

$$E(\bar{x}) = \frac{\bar{x}_1 f_1 + \bar{x}_2 f_2 + \bar{x}_3 f_3 + \cdots + \bar{x}_n f_n}{\sum f} = \frac{\sum \bar{x}_i f_i}{\text{所有样本可能数目}} = \bar{X}$$

以上案例中,$E(\bar{x})$ 计算如下:

$$E(\bar{x}) = \frac{\sum \bar{x}_i f_i}{\sum f}$$

$$= \frac{60 \times 1 + 65 \times 2 + 70 \times 3 + 75 \times 4 + 80 \times 3 + 85 \times 2 + 90 \times 1}{16} \text{件}$$

$$= 75 \text{ 件}$$

总体平均数:

$$\bar{X} = \frac{\sum X_I}{N} = \frac{60 + 70 + 80 + 90}{4} \text{件} = 75 \text{ 件}$$

由此可见,在重复随机抽样中,所有可能样本的样本平均数的平均数与全及总体的总体平均数相等,满足无偏性。

在实际统计工作中,由于全及总体平均数是未知的,需要用样本平均数来推断,只要坚持随机原则,无论抽中哪一个样本,都不会产生系统性误差。

4.抽样平均误差与全及总体方差的关系

在以上案例中,可以抽出16个可能样本,因而样本数值就有16个,这16个数值有大有小,要反映抽样误差的一般水平,就有必要计算抽样平均方差。

(1)抽样平均方差。

抽样平均方差是指每一个可能样本的抽样指标值与总体指标值之间的方差,即一系列抽样指标与全及指标的方差。一般用 $\mu_{\bar{x}}^2$ 表示。

在以上案例中,样本容量为 $n=2$,总体单位数 $N=4$,$\bar{X}=75$ 件。所有可能样本方差计算如图6-5所示,总体方差计算如图6-6所示。

样本序号	$\bar{x}_i$	f	$\bar{\bar{x}}_i$	$\bar{x}_i - \bar{\bar{x}}_i$	$(\bar{x}_i - \bar{\bar{x}}_i)^2$	$(\bar{x}_i - \bar{\bar{x}}_i)^2 f$
1	60	1	75	-15	225	225
2	65	2	75	-10	100	200
3	70	3	75	-5	25	75
4	75	4	75	0	0	0
5	80	3	75	5	25	75
6	85	2	75	10	100	200
7	90	1	75	15	225	225
合计	---	16	---	0		1000

图6-5 所有可能样本方差计算

工人	X_I	$\bar{X}$	$X_I - \bar{X}$	$(X_I - \bar{X})^2$
A	60	75	-15	225
B	70	75	-5	25
C	80	75	5	25
D	90	75	15	225
合 计	300	---	0	500

图6-6 总体方差计算

总体方差计算:

$$\sigma_X^2 = \frac{\sum(X_I - \bar{X})^2}{N} = \frac{500}{4} \text{件}^2 = 125 \text{件}^2$$

$$\sigma_{\bar{x}}^2 = \mu_{\bar{x}}^2 = \frac{\sum(\bar{x}_i - \overline{\bar{x}_i})^2 f}{\sum f} = \frac{1\,000}{16} \text{件}^2 = 62.5 \text{件}^2$$

将所有可能样本方差与总体方差进行比较:

$$\frac{\sigma_{\bar{x}}^2}{\sigma_X^2} = \frac{62.5}{125} = \frac{1}{2}$$

为了便于比较,将分子化为相同的数值:

$$\frac{\sigma_{\bar{x}}^2}{\sigma_X^2} = \frac{\frac{1\ 000}{16}}{\frac{500}{N}} = \frac{\frac{500}{8}}{\frac{500}{N}} = \frac{\frac{500}{N \cdot n}}{\frac{500}{N}} = \frac{N}{N \cdot n} = \frac{1}{n} = \frac{1}{2}$$

由此可知,在以上案例中,所有可能样本方差比总体方差要小,而且所有可能样本的方差还是总体方差的样本容量分之一。根据这一情况,需要研究具有普遍意义的所有可能样本平均数的方差与总体方差的关系。

实际工作中,由于全及总体是未知的,不可能把所有的可能样本的样本统计量全都计算出来,要根据所有可能样本方差与总体方差之间的数量关系,来确定所抽样本的方差。

设所有可能样本变量为 $x_1, x_2, \cdots, x_n$,在重复抽样的情况下,$x_1, x_2, \cdots, x_n$ 是相互独立的,推导过程如下:

$$\mu_{\bar{x}}^2 = \sigma_{\bar{x}}^2 = \frac{\sum(\bar{x}_i - \bar{X})^2}{n^2}$$

$$= \frac{1}{n^2} E[(\bar{x}_1 - \bar{X}) + (\bar{x}_2 - \bar{X}) + \cdots + (\bar{x}_n - \bar{X})]^2$$

$$= \frac{1}{n^2} [E(\bar{x}_1 - \bar{X}) + E(\bar{x}_2 - \bar{X}) + \cdots + E(\bar{x}_n - \bar{X})]^2$$

$$= \frac{1}{n^2} [E(\bar{x}_1 - \bar{X})^2 + E(\bar{x}_2 - \bar{X})^2 + \cdots + E(\bar{x}_n - \bar{X})^2$$

$$+ \sum_{i \neq j} E(x_i - \bar{X})(x_j - \bar{X})]$$

$$\mu_{\bar{x}}^2 = \sigma_{\bar{x}}^2 = \frac{\sum(\bar{x}_i - \bar{X})^2}{n^2}$$

$$= \frac{1}{n^2} E[(\bar{x}_1 - \bar{X}) + (\bar{x}_2 - \bar{X}) + \cdots + (\bar{x}_n - \bar{X})]^2$$

$$= \frac{1}{n^2} [E(x_1 - \bar{X})^2 + E(x_2 - \bar{X})^2 + \cdots + E(x_n - \bar{X})^2]$$

$$= \frac{1}{n^2} \cdot n\sigma_X^2 = \frac{\sigma_X^2}{n}$$

从方差公式的推导结果可以看出,抽样平均方差与全及总体方差的关系可以表示为:

$$\frac{\mu_{\bar{x}}^2}{\sigma_X^2} = \frac{1}{n}$$

即

$$\mu_{\bar{x}}^2 : \sigma_X^2 = 1 : n \Rightarrow \mu_{\bar{x}}^2 = \frac{\sigma_X^2}{n}$$

这说明抽样平均数的平均方差要比总体方差小得多,抽取一个样本计算得出的样本方差与全及总体方差的差异可能很大,但抽取若干个单位加以平均之后,抽样平均数的方差相对全及总体方差大为减小。

(2) 抽样平均误差与全及总体方差的关系。

抽样平均误差指每一个可能样本的指标值与总体指标值之间的平均离差,即一系列样本指标的标准差,根据抽样平均方差与全及总体方差的关系式,在等号两边分别开平方求得,一般用 $\mu_{\bar{x}}$ 表示:

$$\mu_{\bar{x}}^2 = \frac{\sigma_X^2}{n} \Rightarrow \mu_{\bar{x}} = \sqrt{\frac{\sigma_X^2}{n}}$$

以下从一致性角度来判断抽样推断的样本统计量是否合乎要求。

前文案例中所有样本的平均误差:

$$\mu_{\bar{x}} = \sqrt{\frac{\sum(\bar{x}_i - \bar{X})^2}{N^n}} = \sqrt{\frac{1\,000}{16}} \text{ 件} = 7.91 \text{ 件}$$

可以利用全及总体公式来验证:

$$\sqrt{\frac{\sigma_X^2}{n}} = \sqrt{\frac{125}{2}} \text{ 件} = 7.91 \text{ 件} = \mu_{\bar{x}}$$

从以上推导可以看出:

① 抽样平均误差与全及总体方差成正比。全及总体各单位之间差异越大,抽样平均误差越大;反之,全及总体各单位之间差异程度越小,抽样平均误差就越小。可以设想,若全及总体各单位之间无差异,无论随机抽取哪一个样本,其样本指标和总体指标都是一样的,则抽样(平均)误差为0。

② 抽样平均误差与样本容量的平方根成反比。其他条件不变时,样本容量越大,样本对总体的代表性越高,抽样平均误差越小。随着样本单位数 n 的增大,样本统计量将在概率意义上越来越接近总体真实值,符合一致性要求。

③ 计算抽样平均误差时,除样本容量外,还需要知道全及总体方差。全及总体方差可用过去同类问题全面调查或抽样调查的经验数据代替;如果无可代替,一般用样本总体的相应指标来代替。

在实际工作中,一般抽样只抽一个样本或者几个样本,被抽中的这一个或几个样本与总体之间的误差就用抽样平均误差来代表,也称平均抽样误差。

【例 6-1】 从某厂生产的 10 000 只日光灯管中随机抽取 100 只进行检查,假如该类灯管平均使用寿命的标准差为 100 h,试计算该厂日光灯管平均使用寿命的平均抽样误差。若要将平均抽样误差降为原来的 1/3,样本容量将为多少?

解 在重复随机抽样条件下进行计算。

① 平均抽样误差:

$$\mu_{\bar{x}} = \frac{\sigma_X}{\sqrt{n}} = \frac{100}{\sqrt{100}} \text{ h} = 10 \text{ h}$$

② 新的样本容量:

已知 $\mu_{\bar{x}} = \frac{10}{3}$ h,则

$$\frac{\sigma_X}{\sqrt{n}} = \frac{10}{3} \Rightarrow \sqrt{n} = \frac{3\sigma_X}{10}$$

$$n = 900 \text{ 只}$$

若要将平均抽样误差降为原来的 1/3,样本容量将为 900 只。

(二)属性总体抽样及其样本分布

在重复随机抽样条件下,对于属性总体,成数的样本分布是样本成数的概率分布,反映成数分布的形状及样本统计量接近总体参数的程度。

1. 样本成数的抽样分布

设 p 为样本成数,P 为总体成数,由于成数的平均数就是成数本身,样本成数的抽样分布数学期望值为:$E(p)=P$。

2. 成数的方差与标准差分布

在掌握抽样平均数的平均误差的基础上,计算成数的方差和标准差时只需将变量换为成数即可。

(1) 成数的方差。

所有可能样本的成数方差与总体方差的关系:

$$\sigma_p^2 = \frac{\sigma_P^2}{n}$$

即

$$\sigma_p^2 : \sigma_P^2 = 1 : n$$

可用文字表述为:

所有可能样本的成数方差:总体方差 $=1$:样本单位数

(2) 成数标准差。

成数标准差,又称为成数平均抽样误差,用于反映样本成数与总体成数的平均误差程度,它是衡量用 p 估计 P 时所可能产生的误差大小的指标,用 μ_p 表示:

$$\because \sigma_p^2 = \frac{\sigma_P^2}{n} = \frac{P(1-P)}{n}$$

$$\therefore \mu_p = \sigma_p = \sqrt{\frac{P(1-P)}{n}}$$

从上式可以看出,成数平均抽样误差也是受总体方差和样本容量影响的。

不论是抽样平均数的抽样平均误差计算,还是抽样成数的抽样平均误差计算,所用的标准差都是全及总体的标准差,但实际上,无论是在抽样之前,还是在抽样之后,全及总体的标准差都是未知的,所以,一般用样本总体的相应指标来代替全及总体的标准差,也可取最大值 0.5。

【例 6-2】 从某厂生产的 10 000 件产品中,随机抽取 1 000 件进行调查,测得有 85 件不合格。试求产品合格率的抽样平均误差。

解 根据条件可知,合格率 $p = \dfrac{1\,000 - 85}{1\,000} = 91.5\%$。

合格率的抽样平均误差

$$\mu_p = \sigma_p = \sqrt{\frac{p(1-p)}{n}} = \sqrt{\frac{0.915 \times 0.085}{1\,000}} = 0.88\%$$

产品合格率的抽样平均误差为 0.88%。

二、不重复随机抽样及其样本分布

不重复随机抽样又称不重置随机抽样或无放回随机抽样,它是指在抽取样本时,从总体中随机抽取一个单位,观察记录以后就不再放回总体,下一次从剩下的 $N-1$ 个单位中抽取第二个单位,依次类推,最后从剩下的 $N-n+1$ 个单位中抽取第 n 个单位。不重复随机抽样每次抽取的结果会影响下一次抽取,因而每个单位的中选概率在各次抽取中是不同的。从 N 个单位中随机抽取 n 个单位组成样本,如果不考虑顺序,共有 C_N^n 种抽法。

(一) 变量总体的样本分布

在不重复随机抽样条件下,变量总体的样本分布是样本的概率分布,反映样本分布的形状及样本统计量接近总体参数的程度。

假设全及总体为 4 名工人,分别是 A、B、C、D,4 名工人的日产量分别为 60 件、70 件、80 件、90 件,采用不重复抽样办法随机抽选出 2 名工人作为样本以此来观察在不重复条件下,所有可能样本与全及总体之间的关系。

1. 所有可能样本的构成

已知 $N=4, n=2$,采用不重复抽样法,所有可能的样本数目为 $C_N^n = \dfrac{N!}{(N-n)!} = \dfrac{4 \times 3 \times 2 \times 1}{2 \times 1} = 12$,排列如图 6-7 所示。

	A	B	C	D
A	——	AB	AC	AD
B	BA	——	BC	BD
C	CA	CB	——	CD
D	DA	DB	DC	——

图 6-7 不重复抽样时所有可能的样本排列

2. 所有可能样本的分布与全及总体单位分布的关系

不重复抽样时所有可能样本的样本平均数计算如图 6-8 所示。

序号	样本	样本变量		样本平均数
1	AB	60	70	65
2	AC	60	80	70
3	AD	60	90	75
4	BA	70	60	65
5	BC	70	80	75
6	BD	70	90	80
7	CA	80	60	70
8	CB	80	70	75
9	CD	80	90	85
10	DA	90	60	75
11	DB	90	70	80
12	DC	90	80	85

图 6-8 不重复抽样时所有可能样本的样本平均数计算

编制分布数列并分别计算概率，然后绘制概率分布散点图，如图 6-9 所示。

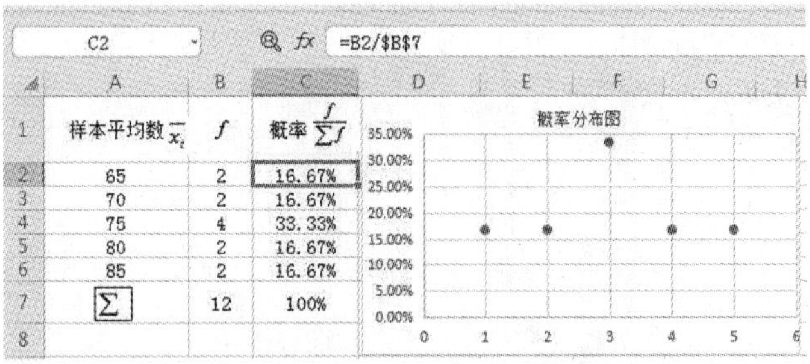

样本平均数 $\bar{x}_i$	f	概率 $\frac{f}{\sum f}$
65	2	16.67%
70	2	16.67%
75	4	33.33%
80	2	16.67%
85	2	16.67%
$\sum$	12	100%

图 6-9　不重复抽样时所有可能样本的概率分布散点图

由散点图可以看出，所有可能样本分布呈现正态分布，其单位分布与全及总体一致，具有代表性。

3. 数学期望值

数学期望值计算如下。

(1) 对于未分组资料：

$$E(\bar{x})=\frac{\bar{x}_1+\bar{x}_2+\cdots+\bar{x}_n}{C_N^n}=\frac{\sum \bar{x}_i}{\text{所有可能样本数目}}=\bar{X}$$

(2) 对于分组资料：

样本单位数为 $C_N^n=\sum f$，则

$$E(\bar{x})=\frac{\bar{x}_1 f_1+\bar{x}_2 f_2+\cdots+\bar{x}_n f_n}{\sum f}=\frac{\sum \bar{x}_i f}{\text{所有可能样本数目}}=\bar{X}$$

在以上案例中，总体平均数

$$\bar{X}=\frac{\sum X}{N}=\frac{60+70+80+90}{4}\text{件}=75\text{ 件}$$

所有可能样本的样本平均数分布如图 6-10 所示。

G14　=E14/12

序号	样本	样本变量		样本平均数	f	
1	AB	60	70	65		
4	BA	70	60	65	2	
2	AC	60	80	70		
7	CA	80	60	70	2	
3	AD	60	90	75		
5	BC	70	80	75		
8	CB	80	70	75		
10	DA	90	60	75	4	
6	BD	70	90	80		
11	DB	90	70	80	2	
9	CD	80	90	85		
12	DC	90	80	85	2	
合计	——	——	——	900	12	75

图 6-10　所有可能样本的样本平均数分布

数学期望值计算如图 6-11 所示。

C9   fx =C7/B7

	A	B	C	D
1	样本平均数 $\bar{x}_i$	f	$\bar{x}_i f$	
2	65	2	130	
3	70	2	140	
4	75	4	300	
5	80	2	160	
6	85	2	170	
7	合计	12	900	
8				
9	$E(\bar{x})$		75	

图 6-11　数学期望值计算

$$E(\bar{x})=\frac{\bar{x}_1 f_1+\bar{x}_2 f_2+\cdots+\bar{x}_n f_n}{\sum f}=\frac{\sum \bar{x}_i f}{\text{所有可能样本数目}}=\frac{900}{12}\text{件}=75\text{ 件}$$

由此可见，在不重复随机抽样中，样本平均数的平均数与全及总体的总体平均数也相等，即样本平均数的数学期望值等于总体平均数。

4. 抽样平均误差与总体方差的关系

研究抽样平均误差与全及总体方差的关系，其目的在于推导不重复抽样时的平均抽样误差计算公式。

(1) 方差分布。

在不重复随机抽样条件下，将所有可能样本的样本平均数的方差与总体方差进行比较。

总体方差：

$$\begin{aligned}\sigma_X^2&=\frac{\sum (X_I-\bar{X})^2}{N}\\&=\frac{(60-75)^2+(70-75)^2+(80-75)^2+(90-75)^2}{4}\text{件}^2\\&=125\text{ 件}^2\end{aligned}$$

样本容量为 $n=2$，$\bar{X}=75$ 件，所有可能样本的样本平均数的方差计算如图 6-12 所示。

G2   fx =F2*C2

	A	B	C	D	E	F	G
1	样本序号	$\bar{x}_i$	f	$\bar{X}$	$\bar{x}_i-\bar{X}$	$(\bar{x}_i-\bar{X})^2$	$(\bar{x}_i-\bar{X})^2 f$
2	1	65	2	75	-10	100	200
3	2	70	2	75	-5	25	50
4	3	75	4	75	0	0	0
5	4	80	2	75	5	25	50
6	5	85	2	75	10	100	200
7		--	12	--	--	--	500

图 6-12　所有可能样本的样本平均数的方差计算

所有可能样本的样本平均数的方差：

$$\mu_{\bar{x}}^2 = \sigma_{\bar{x}_i}^2 = \frac{\sum(\bar{x}_i - \overline{X})^2 f}{\sum f} = \frac{500}{12} \text{件}^2 = 41.67 \text{件}^2$$

显然,不重复随机抽样时所有可能样本的样本平均数的方差 41.67 件^2 小于总体方差 125 件^2。

再将不重复随机抽样时所有可能样本的样本平均数的方差与重复随机抽样时的样本平均数的方差、总体方差进行比较:

$$41.67 \text{件}^2 < 62.5 \text{件}^2 < 125 \text{件}^2$$
$$\mu_{\bar{x}\text{不重复}}^2 < \mu_{\bar{x}\text{重复}}^2 < \sigma_X^2$$

显然,不重复随机抽样时所有可能样本的样本平均数的方差比重复随机抽样的要小,且比总体方差要小。

设所有可能的样本为 $x_1, x_2, \cdots, x_n$,在不重复随机抽样的情况下,$x_1, x_2, \cdots, x_n$ 之间不是相互独立的,而是具有互斥性的。推导过程如下:

$$\begin{aligned}
\mu_{\bar{x}}^2 = \sigma_{\bar{x}}^2 &= \frac{\sum(\bar{x}_i - \overline{X})^2}{n^2} \\
&= \frac{1}{n^2} E[(\bar{x}_1 - \overline{X}) + (\bar{x}_2 - \overline{X}) + \cdots + (\bar{x}_n - \overline{X})]^2 \\
&= \frac{1}{n^2} [E(\bar{x}_1 - \overline{X}) + E(\bar{x}_2 - \overline{X}) + \cdots + E(\bar{x}_n - \overline{X})]^2 \\
&= \frac{1}{n^2} [E(\bar{x}_1 - \overline{X})^2 + E(\bar{x}_2 - \overline{X})^2 + \cdots + E(\bar{x}_n - \overline{X})^2 \\
&\quad + \sum_{i \neq j} E(x_i - \overline{X})(x_j - \overline{X})]^2 \\
&= \frac{1}{n^2} \sum_{i=j}^n (\bar{x}_i - \overline{X})^2 + \frac{1}{n^2} \sum_{i \neq j} E(x_i - \overline{X})(x_j - \overline{X})
\end{aligned}$$

其中,$\frac{1}{n^2} \sum_{i \neq j} E(x_i - \overline{X})(x_j - \overline{X})$ 有 $n(n-1)$ 个乘积,则

$$\begin{aligned}
\mu_{\bar{x}}^2 &= \frac{\sigma_X^2}{n} + \frac{-(n-1)\sigma_X^2}{n(N-1)} \\
&= \frac{\sigma_X^2}{n} \left(1 - \frac{n-1}{N-1}\right) \\
&= \frac{\sigma_X^2}{n} \cdot \frac{N-n}{N-1}
\end{aligned}$$

从公式的推导过程来看,不重复随机抽样平均方差等于重复随机抽样平均方差乘以 $\frac{N-n}{N-1}$。

以上公式中的 $\frac{N-n}{N-1}$ 称为校正因子,一定是大于 0 而小于 1 的正数;不重复随机抽样方差的数值一定小于重复随机抽样方差的数值。

以上案例中,所有可能样本的平均方差可用公式计算:

$$\mu_{\bar{x}}^2 = \frac{\sigma_X^2}{n} \cdot \frac{N-n}{N-1} = \left(\frac{125}{2} \times \frac{4-2}{4-1}\right) \text{件}^2 = 41.67 \text{ 件}^2$$

与用所有可能样本的样本平均数计算出的平均方差结果相等。

(2) 抽样平均误差。

对公式 $\mu_{\bar{x}}^2 = \frac{\sigma_X^2}{n} \cdot \frac{N-n}{n-1}$ 等号两边同时开平方,得抽样平均误差

$$\mu_{\bar{x}} = \sigma_{\bar{x}} = \sqrt{\frac{\sigma_X^2}{n} \cdot \frac{N-n}{N-1}}$$

以上案例中,根据所有可能样本的样本平均数计算标准差:

$$\sigma_{\bar{x}} = \sqrt{\frac{\sum (\bar{x}_i - \bar{X})^2}{\sum f}} = \sqrt{\frac{500}{12}} \text{ 件} = 6.45 \text{ 件}$$

根据抽样平均误差计算标准差:

$$\mu_{\bar{x}} = \sqrt{\frac{\sigma_X^2}{n} \cdot \frac{N-n}{N-1}} = \sqrt{\frac{125}{2} \times \frac{4-2}{4-1}} \text{ 件} = 6.45 \text{ 件}$$

用抽样平均误差公式计算的结果与用所有可能样本的样本平均数计算的标准差结果相等,因此,平均抽样误差可以代表所有可能样本的标准差。

当 N 足够大时,1 可以忽略不计,公式中的 $\frac{N-n}{N-1} \approx \frac{N-n}{N} = 1 - \frac{n}{N}$,则

$$\mu_{\bar{x}}^2 = \frac{\sigma_X^2}{n}\left(1 - \frac{n}{N}\right)$$

一般情况下,总体单位数很大,抽样比率 $\frac{n}{N}$ 很小,则 $1 - \frac{n}{N}$ 接近于 1,因此,上式可近似看作 $\mu_{\bar{x}}^2 = \frac{\sigma_X^2}{n}$。在实际工作中,在没有掌握总体单位数的情况下或者总体单位数 N 很大($N \geqslant 500$)时,一般用重复抽样平均误差公式来计算而不用不重复抽样的平均误差。

【例 6-3】 从某中学 10 000 名学生中随机抽取 500 名进行身高测量,得平均身高为 158 cm,标准差为 10 cm。计算平均抽样误差。

解 在重复随机抽样条件下,平均抽样误差

$$\mu_{\bar{x}} = \frac{\sigma_X}{\sqrt{n}} = \frac{10}{\sqrt{500}} \text{ cm} = 0.45 \text{ cm}$$

在不重复随机抽样条件下,平均抽样误差

$$\mu_{\bar{x}} = \sqrt{\frac{\sigma_X^2}{n} \cdot \frac{N-n}{N-1}} = \sqrt{\frac{10^2}{500} \times \frac{10\,000 - 500}{10\,000 - 1}} \text{ cm} = 0.44 \text{ cm}$$

(二) 属性总体的样本分布与总体成数的关系

在不重复随机抽样条件下,成数的样本分布是指样本成数的概率分布。在掌握不重复随机抽样平均数的平均误差的基础上,成数的方差和标准差只需将变量换成成数即可。

设 p 为样本成数,P 为总体成数,则有如下计算方法。

(1) 样本成数的抽样分布数学期望值为:$E(p) = P$。

(2) 所有可能样本的成数的方差与总体方差之间的关系为：

$$\sigma_p^2 = \frac{\sigma_P^2}{n} \cdot \frac{N-n}{N-1}$$

(3) 样本成数的平均抽样误差，用 μ_p 表示：

$$\mu_p = \sigma_p = \sqrt{\frac{\sigma_P^2}{n} \cdot \frac{N-n}{N-1}} = \sqrt{\frac{\sigma_P^2}{n}\left(1-\frac{n}{N}\right)}$$

【例6-4】 有一批食品共60 000袋，从中随机抽取300袋，发现有6袋不合格。求合格率和抽样平均误差。

解 ① 合格率计算：

$$p = \frac{300-6}{300} = \frac{294}{300} = 0.98 = 98\%$$

② 抽样平均误差计算如下。

在重复随机抽样条件下：

$$\mu_p = \sqrt{\frac{p(1-p)}{n}} = \sqrt{\frac{0.98 \times (1-0.98)}{300}} = 0.008\ 08 = 0.81\%$$

在不重复随机抽样条件下：

$$\sigma_p = \sqrt{\frac{\sigma_P^2}{n}\left(1-\frac{n}{N}\right)} = \sqrt{\frac{p(1-p)}{n}\left(1-\frac{n}{N}\right)}$$

$$= \sqrt{\frac{0.98 \times (1-0.98)}{300} \times \left(1-\frac{300}{60\ 000}\right)}$$

$$= 0.008\ 06 = 0.81\%$$

三、关于全及总体的方差的处理

以上抽样平均误差计算公式里，无论是变量的方差还是成数的方差，都是在全及总体方差已知的情况下进行计算的，但是在抽样推断的实践中，全及总体方差一般都是未知的，通常可以采用以下几种方法解决。

第一种，用过去调查所得的资料（既可以是全面调查的资料，也可以是抽样调查的资料）。如果资料中有几个不同的总体方差，则选取数值较大的。

第二种，用样本方差资料代替总体方差。概率论已经证明，样本方差与总体方差相当接近。

第三种，用小规模调查资料，如果既没有过去的资料，又需要在调查之前就估计出抽样误差，在正式调查之前，可组织一次摸底调查或者小规模调查，以取得方差数据。

第四种，用估计的资料。例如，在农产品产量抽样调查中，可根据估产资料计算出总体方差。

在对重复随机抽样与不重复随机抽样进行了解以后，实际的工作中可以根据分析样本的要求对抽样方法加以选择。

任务三 参数估计

参数估计,也叫抽样估计,就是根据样本指标数值对总体指标数值做出估计或推断。通常把用来估计总体特征的样本指标叫作估计量或统计量,待估计的总体指标叫作总体参数。

参数估计的特点:① 在逻辑上运用归纳推理而不是演绎推理;② 在方法上运用不确定的概率估计方法,而不是运用确定的数学分析方法;③ 抽样估计存在抽样误差。

参数估计的方法有两种,即点估计和区间估计。

一、点估计

点估计也称定值估计。从总体中抽取一个随机样本,计算与总体参数相应的样本统计量,然后把该统计量视为总体参数的估计值,这一方法称为点估计。即用样本平均数直接估计总体平均数,$\bar{x} \Rightarrow \bar{X}$;用样本标准差直接估计总体标准差,$\mu_{\bar{x}} \Rightarrow \sigma_{\bar{X}}$;用样本成数直接估计总体成数,$p \Rightarrow P$。

点估计的优点是简单、具体、明确,能给出确定的值;但有明显的缺点,即无法控制误差,仅适用于对推断的准确程度与可靠程度要求不高的情况。因此,在对总体参数进行估计时,更多的是采用区间估计的方法。

二、区间估计

总体参数的区间估计是依照一定的概率保证程度,用样本估计量估计总体参数取值范围的方法。以样本指标为中心,以抽样平均误差为距离单位,可以构造一个区间,并以一定的概率保证待估计的总体参数落在这个区间内。

区间估计必须具备三个基本条件,即样本指标、误差范围和置信度。下面通过一个简单的例子说明这几个概念。

例如,从一个班的学生中随机抽选出 5 个学生,经测量,这 5 个学生的平均身高为 170 cm,平均误差 $\mu_{\bar{x}} = 10$ cm,以此为依据来估计这个班学生的平均身高。

1. 样本指标

样本指标中的变量可以是样本平均数 $\bar{x}$,也可以是样本成数 p(在该例中,这 5 个学生的平均身高的平均误差就是样本指标)。

2. 误差范围

误差范围即抽样极限误差,指在一定的概率保证程度上,样本指标与总体指标之间抽样误差的最大可能范围,也称作抽样允许误差,常用 $\Delta_{\bar{x}}$ 表示。在上例中,这个班的学生的平均身高最大范围即为误差范围。

用数学公式表达误差范围:

$$|\bar{x} - \bar{X}| \leqslant \Delta_{\bar{x}} \quad \text{或} \quad |p - P| \leqslant \Delta_p$$

即

$$\bar{X} - \Delta_{\bar{x}} \leqslant \bar{x} \leqslant \bar{X} + \Delta_{\bar{x}} \quad \text{或} \quad P - \Delta_p \leqslant p \leqslant P + \Delta_p$$

上式表明,样本平均数(成数)是以总体平均数(成数)为中心,在相应的区间内变动的。这个变动区间叫作置信区间。

总体平均数和总体成数是未知的,要靠实测的抽样平均数和抽样成数来估计,因而抽样误差的实际意义是希望总体平均数(成数)落在某个已知的范围内。所以,前面的不等式应变换为:

$$\bar{x} - \Delta_{\bar{x}} \leqslant \bar{X} \leqslant \bar{x} + \Delta_{\bar{x}} \quad \text{或} \quad p - \Delta_p \leqslant P \leqslant p + \Delta_p$$

在以上案例中,如果允许误差 $\Delta_{\bar{x}} = 30$ cm,则 $\bar{x} - \Delta_{\bar{x}} = 170$ cm $- 30$ cm $= 140$ cm,构成置信下限;$\bar{x} + \Delta_{\bar{x}} = 170$ cm $+ 30$ cm $= 200$ cm,构成置信上限;置信区间为 $140 \sim 200$ cm。这意味着这个班学生的平均身高在 $140 \sim 200$ cm 范围内。如果允许误差 $\Delta_{\bar{x}} = 10$ cm,则 $\bar{x} - \Delta_{\bar{x}} = 170$ cm $- 10$ cm $= 160$ cm,$\bar{x} + \Delta_{\bar{x}} = 170$ cm $+ 10$ cm $= 180$ cm,置信区间为 $160 \sim 180$ cm。

在一个特定的全及总体中,当抽样方法和样本容量固定时,抽样平均误差是一个定值,因此,抽样极限误差通常以抽样平均误差为标准单位来衡量,即抽样极限误差通常表示为抽样平均误差的多少倍。

$$\frac{\Delta_{\bar{x}}}{\mu_{\bar{x}}} = t \quad \text{或} \quad \frac{\Delta_p}{\mu_p} = t$$

由于 t 值与样本估计值落入允许误差范围内的概率有关,t 也称为概率度,它表示为了提高可靠性,必须将抽样平均误差扩大至一定的倍数。

抽样极限误差 $\Delta_{\bar{x}}$ 可用概率度 t 和抽样平均误差相乘得到:

$$\Delta_{\bar{x}} = t \cdot \mu_{\bar{x}}$$

在以上案例中,允许误差 $\Delta_{\bar{x}} = 30$ cm,抽样允许误差就是抽样平均误差 $\mu_{\bar{x}}$(10 cm)的3倍。在该例中,显然这个班学生的平均身高在 $140 \sim 200$ cm 范围内的概率要比在 $160 \sim 180$ cm 范围内的概率大得多。

3.置信度

抽样指标和总体指标的误差不超过一定范围的概率大小,称为概率保证程度,也称抽样估计的置信度,一般用 $F(t)$ 表示:

$$P(|\bar{x} - \bar{X}| \leqslant \Delta_{\bar{x}}) = F(t)$$

式中:P 表示概率,常用 $P(\alpha)$ 表示不在某个范围的概率,$P(1-\alpha)$ 表示在某个范围的概率。

在以上案例中,这个班学生的平均身高在 $140 \sim 200$ cm 范围的概率是多少、在 $160 \sim 180$ cm 范围的概率是多少就可以用 P 的相关表达式表示。

t 值与相应的概率保证程度存在一一对应的关系,在大样本条件下,常用的 t 值及相应的概率保证程度如表 6-1 所示。

表 6-1 常用的 t 值及相应的概率保证程度

t	$1-\alpha$
1.00	0.682 7
1.96	0.950 0
2.00	0.954 5
3.00	0.997 3

概率度 t 可以通过查正态分布概率(正态分布曲线下的区间面积比率)得到,如 $F(t) = 0.9500$ 时,$t = 1.96$,表示要达到 95% 的概率保证程度,就必须将抽样平均误差扩大 1.96 倍。在以上案例中,这个班学生的平均身高在 140～200 cm 范围的概率是 99.73%,在 160～180 cm 范围的概率是 68.27%。

置信度表达了参数区间估计的可靠性。置信区间越小,说明估计的精确度越高;置信度越大,估计可靠性就越大。一般来说,在样本容量一定的前提下,精确度与置信度往往是相互矛盾的。若置信度增加,则置信区间必然增大,会降低精确度;若精确度提高,则置信区间缩小,置信度必然减小。要同时提高估计的置信度和精确度,就要增加样本容量。

三、总体平均数的区间估计

总体平均数的区间估计的步骤如下:

第一步,计算样本平均数 $\bar{x}$。

第二步,搜集总体方差的经验数据 σ^2,或计算样本方差 S^2。

$$S^2 = \frac{\sum(x-\bar{x})^2}{n-1} \quad \text{或} \quad S^2 = \frac{\sum(x-\bar{x})^2 f}{\sum f - 1}$$

数理统计证明:S^2 为 σ^2 的无偏、有效、一致估计量。

第三步,计算抽样平均误差。

重复随机抽样时:

$$\mu_{\bar{x}} = \frac{\sigma}{\sqrt{n}} \quad \text{或} \quad \mu_{\bar{x}} = \frac{S_x}{\sqrt{n}}$$

不重复随机抽样时:

$$\mu_{\bar{x}} = \sqrt{\frac{\sigma^2}{n}\left(1 - \frac{n}{N}\right)} \quad \text{或} \quad \mu_{\bar{x}} = \sqrt{\frac{S^2}{n}\left(1 - \frac{n}{N}\right)}$$

第四步,计算抽样极限误差:

$$\Delta_{\bar{x}} = t \cdot \mu_{\bar{x}}$$

第五步,确定总体平均数的置信区间:

$$\bar{x} - \Delta_{\bar{x}} \leqslant \bar{X} \leqslant \bar{x} + \Delta_{\bar{x}}$$

即

$$\bar{X} \in [\bar{x} - \Delta_{\bar{x}}, \bar{x} + \Delta_{\bar{x}}]$$

【**例 6-5**】 某高校有 5 000 学生,采用不重复抽样法从中随机抽取 100 人并调查他们的每月消费支出,相关资料如表 6-2 所示,要求在 95% 的概率保证程度下,估计该校全部学生的人均月消费支出。

表 6-2 某高校 100 名学生每月消费支出资料

月消费/元	人数/人
700 以下	2
700～800	6
800～900	15

续表

月消费/元	人数/人
900～1 000	38
1 000～1 100	21
1 100～1 200	12
1 200～1 300	4
1 300以上	2
合计	100

解 已知 $N=5\,000$ 人，$n=100$ 人，计算过程如图6-13所示。

	A	B	C	D	E	F	G
1	月消费（元）	组中值 x	f	xf	$(x-\bar{x})$	$(x-\bar{x})^2$	$(x-\bar{x})^2 f$
2	700以下	650	2	1300	-332	110224	220448
3	700~800	750	6	4500	-232	53824	322944
4	800~900	850	15	12750	-132	17424	261360
5	900~1000	950	38	36100	-32	1024	38912
6	1000~1100	1050	21	22050	68	4624	97104
7	1100~1200	1150	12	13800	168	28224	338688
8	1200~1300	1250	4	5000	268	71824	287296
9	1300以上	1350	2	2700	368	135424	270848
10	合计		100	98200			1837600

图6-13 某高校学生人均月消费支出计算过程

样本平均数

$$\bar{x}=\frac{\sum xf}{\sum f}=\frac{98\,200}{100}\text{元}=982\text{元}$$

计算抽样平均误差（以样本标准差替代总体标准差）：

$$S=\sqrt{\frac{\sum(x-\bar{x})^2 f}{\sum f-1}}=\sqrt{\frac{1\,837\,600}{100-1}}\text{元}=136.24\text{元}$$

$$\mu_{\bar{x}}=\sqrt{\frac{S^2}{n}\left(1-\frac{n}{N}\right)}=\sqrt{\frac{136.24^2}{100}\times\left(1-\frac{100}{5\,000}\right)}\text{元}=13.49\text{元}$$

查表6-1，概率保证程度为95%时，$t=1.96$，则 $\Delta_{\bar{x}}=t\cdot\mu_{\bar{x}}=1.96\times13.49$ 元$=26.43$ 元。
置信区间计算：

$$\bar{x}-\Delta_{\bar{x}}=982\text{元}-26.43\text{元}=955.57\text{元}$$
$$\bar{x}+\Delta_{\bar{x}}=982\text{元}+26.43\text{元}=1\,008.43\text{元}$$

则该高校学生人均月消费支出的置信区间为[955.57元，1 008.43元]。

该校学生人均月消费支出在955.57元至1 008.43元范围内，估计的可靠程度为95%。

四、总体成数的区间估计

总体成数的区间估计的步骤如下：

第一步，计算样本成数：

$$p = \frac{n_1}{n}$$

第二步，搜集总体方差的经验数据 σ_P^2。

第三步，计算抽样平均误差。

重复随机抽样条件下：

$$\mu_p = \frac{\sigma_P}{\sqrt{n}} \quad 或 \quad \mu_p = \sqrt{\frac{1}{n} \cdot \frac{n}{n-1} p(1-p)} = \sqrt{\frac{p(1-p)}{n-1}}$$

不重复随机抽样条件下：

$$\mu_p = \sqrt{\frac{\sigma_P^2}{n}\left(1 - \frac{n}{N}\right)} \quad 或 \quad \mu_p = \sqrt{\frac{p(1-p)}{n-1}\left(1 - \frac{n}{N}\right)}$$

第四步，计算抽样极限误差：

$$\Delta_p = t \cdot \mu_p$$

第五步，确定总体成数的置信区间：

$$p - \Delta_p \leqslant P \leqslant p + \Delta_p$$

即

$$P \in [p - \Delta_p, p + \Delta_p]$$

【例 6-6】 在例 6-5 中，若要调查每月消费额在 1 000 元以上的学生所占比例，要求在 95.45% 的概率保证程度下，估计该校这部分学生人数的比重及人数。

解 已知 $N = 500, n = 100, F(t) = 95.45\%$，累计计算过程如图 6-14 所示。

	A	B	C	D	E	F	G
1	月消费（元）	组中值 x	f	向上累计	向上累计比率	向下累计	向下累计比率
2	700以下	650	2	2	2%	100	100%
3	700~800	750	6	8	8%	98	98%
4	800~900	850	15	23	23%	92	92%
5	900~1000	950	38	61	61%	77	77%
6	1000~1100	1050	21	82	82%	39	39%
7	1100~1200	1150	12	94	94%	18	18%
8	1200~1300	1250	4	98	98%	6	6%
9	1300以上	1350	2	100	100%	2	2%
10	合计		100				

图 6-14 累计计算过程

每月消费额在 1 000 元以上的学生样本成数为：

$$p = \frac{n_1}{n} = \frac{39}{100} = 39\%$$

$$1 - p = 1 - 39\% = 61\%$$

抽样平均误差为：

$$\mu_p = \sqrt{\frac{p(1-p)}{n-1}\left(1-\frac{n}{N}\right)} = \sqrt{\frac{0.39 \times 0.61}{100-1} \times \left(1-\frac{100}{5\,000}\right)} = 4.85\%$$

查表 6-1，概率保证程度为 95.45% 时 $t=2$，则 $\Delta_p = t \cdot \mu_p = 2 \times 4.85\% = 9.7\%$。

置信区间计算：

$$p - \Delta_p = 39\% - 9.7\% = 29.29\%$$
$$p + \Delta_p = 39\% + 9.7\% = 48.71\%$$

该高校每月消费额在 1 000 元以上的学生人数所占比重的置信区间为 [29.29%, 48.71%]。

该高校每月消费额在 1 000 元以上的学生人数的比重在 29.29% ~ 48.71% 范围，估计的可靠程度为 95.45%。

该高校每月消费额在 1 000 元以上的学生人数置信区间计算：

$$N(p - \Delta_p) \leqslant NP \leqslant N(p + \Delta_p)$$
$$N(p - \Delta_p) = 5\,000 人 \times 29.29\% = 1\,465 人$$
$$N(p + \Delta_p) = 5\,000 人 \times 48.71\% = 2\,435 人$$

该高校每月消费额在 1 000 元以上的学生人数在 1 465 ~ 2 435 人范围，估计的可靠程度为 95.45%。

五、样本容量的确定

样本是从总体中抽出来的部分单位的集合，样本中所包含的单位数称为样本容量，一般用 n 表示，确定样本容量是抽样环节中非常重要的问题。样本容量增大，抽样误差相对会减少，估计精确度就会提高，但调查单位（样本容量）过大，成本和时间也会大幅上升，抽样调查的优势就会丧失；反之，样本容量过小，抽样误差相对过大，会失去可信度。

(一) 影响样本容量的因素

影响样本容量的因素是多方面的，主要有以下几个方面：

(1) 总体各单位标志值的差异程度。在其他条件不变的情况下，σ 越大，所需样本容量越大；反之，σ 越小，所需样本容量越小；二者成正比关系。

(2) 允许误差（$\Delta_{\bar{x}}$ 或 Δ_p）的大小。在其他条件不变的情况下，允许误差越大，所需样本容量越小；反之，允许误差越小，所需样本容量越大；二者成反比关系。

(3) 推断的可靠程度，即置信度。对可靠程度要求越高，所需样本容量越大；反之，则越小。

(4) 抽样方法。重复随机抽样的平均抽样误差比不重复随机抽样的平均抽样误差大，在相同的可靠程度要求下所需样本容量要大。

此外，样本容量还受抽样的组织方式等影响。

(二) 必要样本容量的确定

必要样本容量指在保证一定可信度的条件下的最低样本容量。一般允许误差（$\Delta_{\bar{x}}$ 或 Δ_p）

和置信度都是在抽样之前根据抽样的目的和要求来规定的,根据允许误差与样本容量之间的关系,能推出必要样本容量。

1. 推断总体平均数的必要样本容量

(1) 在重复随机抽样条件下:

$$\Delta_{\bar{x}} = t \cdot \mu_{\bar{x}} = t \frac{\sigma}{\sqrt{n}}$$

可得

$$n = \frac{t^2 \sigma^2}{\Delta_{\bar{x}}^2}$$

(2) 在不重复随机抽样条件下:

$$\Delta_{\bar{x}} = t \cdot \mu_{\bar{x}} = t \cdot \sqrt{\frac{\sigma^2}{n}\left(1 - \frac{n}{N}\right)}$$

可得

$$n = \frac{Nt^2 \sigma^2}{N\Delta_{\bar{x}}^2 + t^2 \sigma^2} = \frac{N\sigma^2}{N\mu_{\bar{x}}^2 + \sigma^2}$$

【例 6-7】 某面粉厂要检验本月生产的 10 000 袋面粉的重量(以质量计),根据上月资料,每袋面粉重量的标准差为 250 g。要求在 95.45% 的概率保证程度下,平均每袋面粉重量的误差不超过 50 g,应至少抽查多少袋面粉?

解 已知: $N = 10\,000$, $\sigma = 250$ g, $\Delta_{\bar{x}} = 50$ g, 且由 $1 - \alpha = 0.9545$ 查得 $t = 2$。

在重复随机抽样条件下:

$$n = \frac{t^2 \sigma^2}{\Delta_{\bar{x}}^2} = \frac{2^2 \times 250^2}{50^2} = \frac{250\,000}{2\,500} = 100$$

在不重复随机抽样条件下:

$$n = \frac{Nt^2 \sigma^2}{N\Delta_{\bar{x}}^2 + t^2 \sigma^2} = \frac{10\,000 \times 2^2 \times 250^2}{10\,000 \times 50^2 + 2^2 \times 250^2} = 99.01 \approx 100$$

应至少抽查 100 袋面粉。

2. 推断总体成数的必要样本容量

(1) 在重复随机抽样条件下:

$$\Delta_p = t\sigma_p = t\mu_p = t\sqrt{\frac{P(1-P)}{n}},$$

可得

$$n = \frac{t^2 P(1-P)}{\Delta_p^2} = \frac{P(1-P)}{\mu_p^2}$$

(2) 在不重复随机抽样条件下:

$$\Delta_p = t\sigma_p = t\mu_p = t\sqrt{\frac{P(1-P)}{n}\left(1 - \frac{n}{N}\right)},$$

可得

$$n = \frac{Nt^2 P(1-P)}{N\Delta_p^2 + t^2 P(1-P)} = \frac{NP(1-P)}{N\mu_p^2 + P(1-P)}$$

【例 6-8】 已知资料同例 6-7,该厂对这 10 000 袋面粉进行水分检测,国家标准为:水分含量为 13.5%±0.5%。最近三次检测所得水分含量分别为 14.5%、14%、13.5%,为了使合格率的误差不超过 5%,在 99.73% 的概率保证程度下,应至少抽查多少袋面粉?

解 已知:$N=10\,000$,$\Delta_p=5\%$,$p_1=14.5\%$,$p_2=14\%$,$p_3=13.5\%$,且由 $1-\alpha=0.997\,3$ 查得 $t=3$。

首先确定方差。因为共有三个过去的合格率数据,为保证推断的准确程度,应选其中方差最大者。

$$\sigma_{p_1}^2 = p_1(1-p_1) = 14.5\% \times (1-14.5\%) = 12.4\%$$

$$\sigma_{p_2}^2 = p_2(1-p_2) = 14\% \times (1-14\%) = 12.04\%$$

$$\sigma_{p_3}^2 = p_3(1-p_3) = 13.5\% \times (1-13.5\%) = 11.68\%$$

应选择 $\sigma_p^2 = \sigma_{p_1}^2 = 12.4\%$。

然后计算必要样本容量。

在重复随机抽样条件下:

$$n = \frac{t^2 P(1-P)}{\Delta_p^2} = \frac{3^2 \times 12.4\%}{0.05^2} = \frac{1.116}{0.002\,5} = 446.4 \approx 447$$

在不重复随机抽样条件下:

$$n = \frac{Nt^2 P(1-P)}{N\Delta_p^2 + t^2 P(1-P)}$$

$$= \frac{10\,000 \times 3^2 \times 12.4\%}{10\,000 \times 0.05^2 + 3^2 \times 12.4\%}$$

$$= \frac{11\,160}{26.116} = 427.32 \approx 428$$

应至少抽查 428 袋面粉。

项目习题与实训

任务一 认知抽样推断

一、填空题

1. 随机原则又称 _____,是指在抽取样本单位时,每个单位都有 _____。

2. 抽样推断中产生的抽样误差不但可以 _____,还能加以 _____。

3. 由于全及总体是唯一的,根据全及总体计算的参数也是唯一的,常用的有 _____、_____、_____ 等。

4. 样本总体又称为 _____,其所包含的单位数用 _____ 表示。样本不是唯一的,据此计算的样本指标又称为 _____。

5.抽样平均误差是所有可能的样本的_____与_____的平均离差。

二、判断题

1.抽样推断是利用总体中的一部分进行推断,就不能避免会出现误差。（　　）

2.由于总体指标是唯一的,从全及总体单位中按照随机原则抽取部分单位组成样本,只可能组成一个样本。（　　）

3.有意选择样本单位所造成的误差不是抽样误差。（　　）

4.对于无限总体,不能进行全面调查,只能使用抽样推断。（　　）

5.抽样推断是利用样本资料对总体的数量特征进行统计分析的一种方法,因此不可避免地会产生误差,这种误差的大小是不能进行控制的。（　　）

三、单项选择题

1.从总体中选取样本时必须遵循的基本原则是（　　）。

　　A.可靠性　　　　B.随机性　　　　C.代表性　　　　D.准确性和及时性

2.某咨询公司于2017年6月通过电话调查的方式随机抽取了1 000家小微企业进行调查。调查结果显示,有30%的小微企业目前面临经营困境,此处的"30%"是（　　）。

　　A.总体参数　　　B.总体统计量　　C.样本参数　　　D.样本统计量

3.抽样误差（　　）。

　　A.既可以避免,也可以控制　　　　B.既不可以避免,也不可以控制

　　C.可以避免,但不可以控制　　　　D.不能避免,但可以控制

四、多项选择题

1.抽样调查适用于下列场合：（　　）。

　　A.不宜进行全面调查而又要了解全面情况

　　B.工业产品质量检验

　　C.不需要了解总体情况

　　D.只需了解一部分单位的情况

　　E.适用于任何统计活动

2.我国年份逢"5"时开展的对全国1%的人口进行的抽样调查（　　）。

　　A.是非全面调查　　　B.是概率抽样调查　　　C.是非概率抽样调查

　　D.需要确定标准时点　　E.不需要确定标准时点

3.从一个全及总体中抽取一系列样本,则（　　）。

　　A.样本指标的数值不是唯一确定的　　　　B.总体指标是随机变量

　　C.样本指标是随机变量　　　　　　　　　D.样本指标是样本变量的函数

　　E.样本指标随着样本的不同而不同

任务二　随机抽样方法与抽样分布

一、填空题

1.根据抽取样本的方法不同,有_____和_____两种具体抽样方法。

2.在抽样推断中,若其他条件不变,当极限误差缩小一半时,抽样单位数必须_____;若极限误差增加至原来的2倍,则抽样单位数_____。

3.重复随机抽样总共可以构成_____个可能的样本;不重复随机抽样总共可以构成_____个可能的样本。

4.在重复随机抽样条件下,抽样平均误差与总体标志变动度的大小成_____,与样本容量的平方根成_____。如其他条件不变,要使抽样平均误差减少,则样本容量应_____。

5.重复随机抽样的抽样平均误差_____不重复随机抽样的抽样平均误差。

二、单项选择题

1.在重复随机抽样中,抽样平均误差要减少到原来的1/3,则样本单位数就要扩大到原来的( )。
A.4倍 B.2倍
C.3倍 D.9倍

2.抽样平均误差是( )。
A.全及总体的标准差 B.样本的标准差
C.抽样指标的标准差 D.抽样误差的平均差

3.当成数等于( )时,成数的方差最大。
A.1 B.0
C.0.5 D.-1

4.对甲、乙两个工厂工人的平均工资进行不重复随机抽样调查,调查的工人数一样,两工厂调查的工人工资方差相同,但甲厂工人总数比乙厂工人总数多一倍,则抽样平均误差( )。
A.甲厂比乙厂大 B.乙厂比甲厂大
C.两个工厂一样大 D.无法确定

三、多项选择题

1.抽取样本单位的方法主要有( )。
A.重复抽样 B.随机抽样 C.等距抽样
D.不重复抽样 E.整群抽样

2.在总体100个单位中,抽取40个单位,下列说法中正确的是( )。
A.样本个数为40个 B.样本容量为40个 C.是一个大样本
D.是一个小样本 E.一个样本有40个单位

3.计算抽样平均误差时,总体标准差常常是未知的,经常采用的替代办法有( )。
A.凭抽样调查者经验确定
B.用样本的标准差
C.用总体方差
D.先组织实验性抽样,用试验样本的标准差
E.用过去同类问题的全部调查或抽样调查经验数据

任务三 参数估计

一、判断题

1. 抽样估计的置信度是表明抽样指标和总体指标的误差不超过一定范围的概率保证程度。
（   ）

2. 总体参数区间估计必须具备的三个要素是估计值、抽样误差范围和概率保证程度。
（   ）

二、单项选择题

1. 当可靠度大于 0.682 7 时，抽样极限误差（   ）。

   A. 大于抽样平均误差

   B. 小于抽样平均误差

   C. 等于抽样平均误差

   D. 与抽样平均误差的大小关系依样本容量而定

2. 从某小区随机抽取 100 户居民调查其私家车拥有情况，结果显示有 60 户居民拥有私家车，则该小区居民私家车拥有率在概率保证程度为 95%（$t=1.96$）时的置信区间为（   ）。

   A. $40\% \pm 1.96 \times \sqrt{\dfrac{40\% \times 60\%}{100}}$

   B. $40\% \pm 1.96 \times \sqrt{\dfrac{40\% \times 60\%}{100-1}}$

   C. $60\% \pm 1.96 \times \sqrt{\dfrac{60\% \times 40\%}{100}}$

   D. $60\% \pm 1.96 \times \sqrt{\dfrac{60\% \times 40\%}{60}}$

3. 对某行业职工收入情况进行抽样调查，得知其中 80% 的职工收入在 800 元以下，抽样平均误差为 2%，当概率保证程度为 95.45% 时，该行业职工收入在 800 元以下的人数所占比重（   ）。

   A. 等于 78%

   B. 大于 84%

   C. 在 76% 与 84% 之间

   D. 小于 76%

4. 质检人员想了解生产线上零件的质量情况。已知零件过去的合格率为 96%，现在要求误差不超过 1%，置信水平为 95%（$t=1.96$），至少需要抽出（   ）个零件进行调查。

   A. $\dfrac{1.96^2 \times 0.96 \times (1-0.96)}{0.01^2} = 1\ 475.2 \approx 1\ 475$

   B. $\dfrac{1.96^2 \times 0.96 \times (1-0.96)}{0.01^2} = 1\ 475.2 \approx 1\ 476$

   C. $\dfrac{1.96 \times 0.96 \times (1-0.96)}{0.01^2} = 752.6 \approx 752$

   D. $\dfrac{1.96 \times 0.96 \times (1-0.96)}{0.01^2} = 752.6 \approx 753$

5. 今拟对大学生的视力情况进行一次调查。根据以往调查可知大学生的近视率为 85%，要求允许误差不超过 5%，推断的置信水平为 95%（$t=1.96$），则需要抽取的学生人数是（　　）。

　　A.99　　　　　　　B.100　　　　　　　C.195　　　　　　　D.196

三、多项选择题

1.点估计（　　）。

　　A.简单易懂　　　　　　　　　　　B.考虑了抽样误差大小

　　C.没有考虑抽样误差大小

　　D.可以对统计量与总体参数的接近程度给出一个概率度量

　　E.不能对统计量与总体参数的接近程度给出一个概率度量

2.总体参数区间估计必须具备的三个要素是（　　）。

　　A.样本单位数　　　　　　B.样本指标　　　　　　C.全及指标

　　D.抽样误差范围　　　　　E.抽样估计的置信度

3.在抽样平均误差一定的条件下（　　）。

　　A.扩大极限误差的范围，可以提高推断的可靠程度

　　B.缩小极限误差的范围，可以提高推断的可靠程度

　　C.扩大极限误差的范围，只能降低推断的可靠程度

　　D.缩小极限误差的范围，只能降低推断的可靠程度

4.在进行参数估计时，首先需要确定样本量的大小。样本量（　　）。

　　A.过大会增加调查费用，无法体现抽样调查的优势

　　B.过小则样本代表性不足，将影响推断的精度

　　C.在其他条件不变的情况下，将随着总体差异的增大而增大

　　D.在其他条件不变的情况下，将随着置信水平的增大而增大

　　E.在其他条件不变的情况下，将随着置信水平的增大而减少

四、计算题

1.采用简单重复抽样的方法，抽取一批产品中的 200 件作为样本，其中合格品为 195 件。要求：

　(1) 计算样本的抽样平均误差。

　(2) 以 95.45% 的概率保证程度对该产品的合格率进行区间估计（$t=2$）。

2.某厂生产一批仪器，规定正常工作时间大于 10 万小时为合格品，从中抽取部分产品进行检验，取得资料如表 6-3 所示。

表 6-3　部分产品抽样资料

正常工作时间/万小时	6～8	8～10	10～12	12～14	14～16	合计
仪器数/台	5	10	50	30	5	100

要求在 95.45% 的概率保证程度下估计：

　(1) 这批仪器的正常工作时间的范围。

　(2) 这批仪器的合格率的范围。

3.某乡村 1997 年种植水稻 6 000 亩，为测算水稻产量，从中抽取 100 亩进行实割实测，测得

平均产量为 410 千克,标准差为 45 千克,要求:

(1) 计算抽样平均误差。

(2) 以 95.45％的概率保证程度估计 6 000 亩水稻的亩产量的范围。

(3) 以 95.45％的概率保证程度估计 6 000 亩水稻的总产量的范围。

4. 从某年级学生中按简单随机抽样方式抽取 40 名学生,对其考试成绩进行检查,得知平均分数为 78.75 分,样本标准差为 12.13 分。试以 95.45％的概率保证程度推断全年级学生考试成绩的区间范围。如果其他条件不变,将允许误差缩小至一半,应抽取多少名学生进行检查?

项目七
相关与回归分析

TONGJIXUE YUANLI

任务一　认知相关分析

一、相关关系的概念

在自然界中的许多事物或现象,其存在都不是孤立的,而是和其他事物或现象相互依存、相互影响、相互制约的。一种现象的变化往往依赖于其他现象的变化,又影响到另外一些现象的变化。如果现象之间这种依存关系能通过数量反映出来,则可以进行定量分析。有些现象之间存在着严格的数量依存关系,有些现象之间的数量依存关系则没有那么严格。据此,现象之间的相互关系大致可以分成两种类型:一类是函数关系;另一类是相关关系。

(一) 函数关系

函数是指现象间存在的一种严格数量关系,表现为某一变量发生变化,另一变量也随之发生变化,而且有确定的值与之相对应,如圆的半径与圆的面积之间的关系,销售量及销售价格与销售额之间的关系。这种关系可以用一个数学表达式反映出来,如"销售额＝销售量×销售价格"。

在具有相互依存关系的两个变量中,作为根据的变量叫自变量,发生对应变化的变量叫因变量,自变量一般用 x 表示,因变量用 y 表示。

(二) 相关关系

相关关系是指现象之间确实存在数量上的相互依存关系,但这种依存关系不是固定的。相关关系表现为当某一变量发生变化时,另一变量相应地也会发生变化,但不存在严格的数量关系,而只有不同程度的联系,即彼此之间存在一种伴随变动。这种关系无法用函数关系式来进行确切的描述。变量之间的这种关系即为相关关系,是一种统计关系。

相关分析是研究两个或两个以上处于同等地位的随机变量间的相关关系的统计分析方法,如人的身高和体重、灌溉面积与粮食产量的相互关系都是相关关系。

灌溉面积和粮食产量的相关关系如图 7-1 所示。从图 7-1 中可以看出,有效灌溉面积与粮食产量之间有关系,总体来看,随着有效灌溉面积的增加,粮食产量随之也在增加,但在最初阶段,有效灌溉面积增加时,粮食产量是下降的。进一步分析发现,某一确定灌溉面积与相对应的粮食产量是不确定的,这是因为影响粮食产量的因素除了灌溉外,还有光照、田间管理、施肥等,其他偶然因素也会造成影响。

相关关系和函数关系既有区别,又有联系。

在实际工作中,函数关系往往因为有观察或测量误差以及各种因素的干扰等,会通过相关关系表现出来;而在研究相关关系时,相关关系往往要转化为函数关系或借助函数关系来表现。以下主要介绍能用函数关系来描述的具有经济统计意义的相关关系。

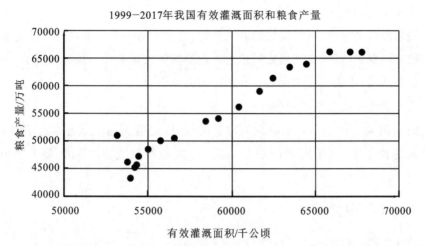

图7-1 灌溉面积和粮食产量的相关关系(资料来源:《中国统计年鉴》)

二、相关关系的特点

1. 现象之间确实存在数量上的依存关系

这一特点是指,如果一个现象发生数量上的变化,则另一个现象也会发生数量上的变化。在相互依存的两个变量中,可以根据研究目的,把其中的一个变量确定为自变量,把另一个对应变量确定为因变量。例如,研究身高与体重的关系时,把身高作为自变量,则体重就是因变量。

2. 现象之间数量上的关系是不确定的

相关关系的全称是统计相关关系,它属于变量之间的一种不完全确定的关系。这意味着,一个变量虽然受另一个(或一组)变量的影响,却并不由这一个(或一组)变量完全确定。例如,身高和体重之间的关系就是这样。

因此,相关关系的统计模型为:

$$y = f(x_1, x_2, \cdots, x_n) + \varepsilon$$

式中,ε 为影响 y 的除 x 外的其他随机因素。

三、相关分析的主要内容

相关分析是用以分析经济现象间的依存关系的,其目的就是从经济现象的复杂关系中消除非本质的偶然影响,从而找出经济现象相互依存的形式和密切程度以及依存关系变动的规律性。相关分析主要包括以下几个方面的内容。

1. 明确经济现象之间有无相关关系

这是相关分析的起点。只有存在相互依存关系,才有必要进行进一步的分析。当现象之间确实存在数量上的依存关系时,如果一个现象发生数量上的变化,另一个现象相应地也会发生数量上的变化,则认为这两个现象是相互关联的,存在某种关系。

2. 确定现象之间相关关系的表现形式

在相互关联的两个变量中，可以根据研究目的，把其中的一个变量确定为自变量，把另一个对应变量确定为因变量，以确定现象之间相关关系的具体表现形式。只有确定了现象之间相关关系的具体表现形式，才能运用相应的方法进行相关分析。

3. 测定经济现象相关关系的密切程度和方向

现象之间的相关关系是一种不确定的数量关系，因此给人的感觉常常是不明确的。相关分析就是要从这种不确定、不明确的数量关系中，判断相关变量之间数量上的依存程度和方向。

四、相关关系的种类

相关关系从不同的角度可以区分为以下不同类型。

1. 按照相关关系涉及变量的多少分为单相关和复相关

单相关又称一元相关，是指两个经济现象之间的相关关系，如农产品产量与其生产成本的相关关系。

复相关又称多元相关，是指三个或三个以上经济现象之间的相关关系，如进口肉类产品与居民收入、市场价格、国内肉类产品市场价格之间的相关关系。

2. 按照相关关系表现形式分为线性相关和曲线相关

线性相关也称直线相关，是指当一个经济变量变动时，另一个经济变量随之发生大致均等的变动，从图形上看，其观察点的分布近似地表现为一条直线。

曲线相关是指一个经济变量变动时，另一个经济变量也随之发生变动，但这种变动不是均等的，从图形上看，其观察点的分布近似地表现为一条曲线，如抛物线、指数曲线等，因此也称非线性相关。

3. 按照现象变化的方向分为正相关和负相关

正相关是指当一个经济变量的值增加或减少时，另一个经济变量的值也随之增加或减少。

负相关是指当一个经济变量的值增加或减少时，另一个经济变量的值随之减少或增加。

4. 按相关程度分为完全相关、完全不相关和不完全相关

完全相关是指一个经济变量的数量变化完全由另一个经济变量的数量变化所确定。

完全不相关又称零相关，当不同经济变量之间彼此互不影响，其数量变化各自独立时，变量之间的相关关系为完全不相关。

不完全相关是指经济变量之间的关系介于完全相关和完全不相关之间。由于完全相关和完全不相关的数量关系是确定的或相互独立的，统计学中相关分析的主要研究对象是不完全相关。

相关关系的表现形态如图 7-2 所示。

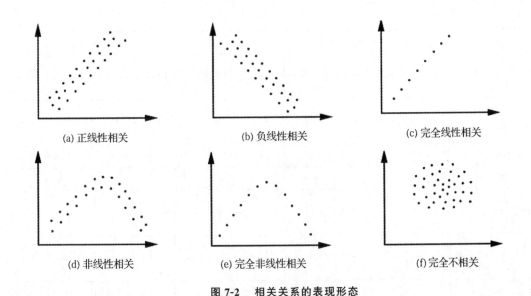

图 7-2 相关关系的表现形态

任务二　相关关系的测定方法

测定相关关系,就是依据相关领域的理论知识和实践经验,对经济现象之间是否存在相关关系,以及有何种相关关系做出判断,并可在定性认识的基础上,编制相关表、绘制相关图(散点图),以便直观地判断现象之间相关的方向、形态及大致的密切程度。

一、相关表

在统计中,制作相关表或相关图,可以直观地判断现象之间大致存在的相关关系的方向、形式和密切程度。

在对现象总体中的两种相关变量做相关分析,以研究其相互依存关系时,如果将实际调查取得的一系列成对变量值的资料按顺序排列在一张表格上,这张表格就是相关表。相关表是统计表的一种。根据资料是否分组,相关表可以分为简单相关表和分组相关表。

1.简单相关表

简单相关表是资料未经分组的相关表,它是把自变量按从小到大的顺序并配合因变量一一对应平行排列起来的统计表。

【例 7-1】　将某地区 30 个同类型企业的原始资料按产量从小到大的顺序排列,可编制简单相关表,结果如表 7-1 所示。

表 7-1　产量和单位产品成本的简单相关表

产量/件	单位产品成本/元	产量/件	单位产品成本/元
15	20	30	16
15	19	30	15
20	18	30	15

续表

产量/件	单位产品成本/元	产量/件	单位产品成本/元
20	18	35	15
20	17	35	16
20	18	35	15
25	17	35	16
25	16	35	16
25	17	35	15
25	16	40	15
25	15	40	16
30	16	40	14
30	15	40	14
30	16	45	13
30	16	45	14

从表 7-1 中可以看出，随着产量的提高，单位产品成本却有相应降低的趋势，尽管在产量相同的情况下，单位产品成本存在差异，但是此二变量之间仍然存在一定的依存关系。

2. 分组相关表

在大量观察的情况下，原始资料很多，运用简单相关表就很难表示清楚。这时就要将原始资料进行分组，然后编制相关表，这种相关表称为分组相关表。分组相关表包括单变量分组相关表和双变量分组相关表两种。

（1）单变量分组相关表。

在原始资料很多时，对自变量数值进行分组，而对应的因变量不分组，只计算其平均值。根据资料具体情况，自变量可以是单项式，也可以是组距式。

【例 7-2】 以例 7-1 中的原始资料为条件，将同类型 30 个企业的产量（x）与单位产品成本（y）数据，按产量分组，编制单变量分组相关表，结果如表 7-2 所示。

表 7-2　产量和单位产品成本的单变量分组相关表

产量 x/件	企业数 n/个	单位产品成本 y/元
15	2	19.5
20	4	17.75
25	5	16.2
30	7	15.57
35	6	15.5
40	4	14.75
45	2	13.5

从表 7-2 中可以较明显地看出产量和单位产品成本之间存在负相关关系。

(2) 双变量分组相关表。

对两种有关变量都进行分组,交叉排列,并列出两种变量各组间的共同次数,这种统计表称为双变量分组相关表。这种表格形似棋盘,故又称棋盘式相关表。

【例 7-3】 以例 7-1 中的表 7-1 为原始资料,将同类型 30 个企业的产量(x)与单位产品成本(y)分别分组,编制双变量分组相关表。

解 将单位产品成本按降序排列,然后对产量进行分组,列出每一产量相应的企业数,如表 7-3 所示。

表 7-3 对单位产品成本进行排序并对产量进行分组

单位产品成本/元	产量/件	合计(企业数)
20	15	1
19	15	1
18	20	
18	20	3
18	20	
17	20	1
17	25	
17	25	2
16	25	
16	25	2
16	30	
16	30	
16	30	4
16	30	
16	35	
16	35	3
16	35	
16	40	1
15	25	1
15	30	
15	30	3
15	30	
15	35	
15	35	3
15	35	
15	40	1

续表

单位产品成本 / 元	产量 / 件	合计(企业数)
14	40	2
14	40	
14	45	1
13	45	1

对表 7-3 进行整理,得双变量分组相关表,如表 7-4 所示。

表 7-4　产量和单位产品成本双变量分组相关表

单位产品成本 / 元	产量 / 件							合计
	15	20	25	30	35	40	45	
20	1							1
19	1							1
18		3						3
17		1	2					3
16			2	4	3	1		10
15			1	3	3	1		8
14						2	1	3
13							1	1
合计	2	4	5	7	6	4	2	30

从表 7-4 可看出,产量集中在左上角到右下角的对角斜线上,表明产量与单位产品成本是负相关关系。

制作双变量分组相关表,须注意自变量为纵栏标题,按变量值从小到大自左向右排列,因变量为横行标题,按变量值从大到小自上而下排列。这样做的目的是将相关表与相关图结合起来,便于一致性判断相关关系的性质。

二、相关图

相关图又称散点图,它是用直角坐标系的 x 轴代表一个变量,y 轴代表另一个变量,将两个变量相对应的变量值用坐标点的形式描绘出来,根据坐标点整体的趋势来判断两个变量之间是否存在相关关系以及相关关系的类型和相关关系的密切程度。根据表 7-2 和表 7-4 可以绘制相关图,如图 7-3 和图 7-4 所示。

从图 7-3 和图 7-4 中可以看出,单位产品成本随着产量增加而降低,并且散布点的分布可近似地表现为一条直线。由此可以判断,产量与单位产品成本两个变量之间存在着负线性相关关系。

三、相关系数

无论是相关表还是相关图,尽管可以反映两个变量之间的相关关系及其相关方向,但无法

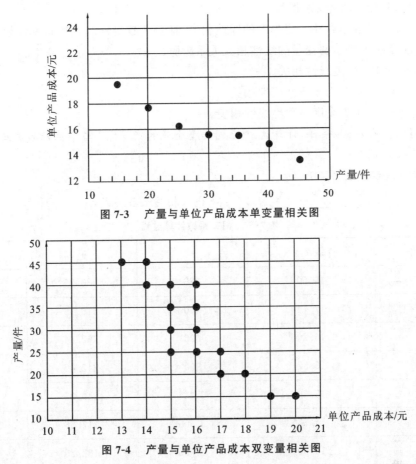

图 7-3 产量与单位产品成本单变量相关图

图 7-4 产量与单位产品成本双变量相关图

确切地表明两个变量之间相关关系的密切程度。要判断变量之间相关关系的密切程度,需要借助定量分析指标。

相关系数是在线性相关的条件下,用以反映两变量间线性相关密切程度的统计指标,其基本算法是英国统计学家皮尔逊所创的乘积动差法,简称积差法。相关系数用 r 表示,基本公式为:

$$r=\frac{\sigma_{xy}^2}{\sigma_x\sigma_y}=\frac{\dfrac{\sum(x-\bar{x})(y-\bar{y})}{n}}{\sqrt{\dfrac{\sum(x-\bar{x})^2}{n}}\times\sqrt{\dfrac{\sum(x-\bar{y})^2}{n}}}$$

$$=\frac{n\sum xy-\sum x\sum y}{\sqrt{n\sum x^2-(\sum x)^2}\sqrt{n\sum y^2-(\sum y)^2}}$$

(一) 相关系数的性质

相关系数的值介于 -1 与 $+1$ 之间,即 $-1\leqslant r\leqslant +1$。

(1) $r>0$ 为正相关;$r<0$ 为负相关。

(2) $|r|=0$ 表示不存在线性关系。

(3) $|r|=1$ 表示完全线性相关。

(4) $0<|r|<1$ 表示存在一定程度的线性相关,且 $|r|$ 越接近 1,两变量间线性相关关系越密切; $|r|$ 越接近 0,表示两变量的线性相关关系越弱。

① $|r|<0.4$ 为低度线性相关。

② $0.4 \leqslant |r| <0.7$ 为显著性线性相关。

③ $0.7 \leqslant |r| <1$ 为高度显著性线性相关。

【例 7-4】 以表 7-2 为条件,计算这 30 个同类型企业的产量 (x) 与单位产品成本 (y) 的相关系数。

解 计算过程如表 7-5 所示。

将 $n=7, \sum x, \sum y, \sum xy, \sum x^2, \sum y^2$ 代入相关系数公式:

表 7-5 相关系数计算过程

产量 x/件	单位产品成本 y/元	x^2	y^2	xy
15	19.50	225	380.25	292.5
20	17.75	400	315.06	355.0
25	16.20	625	262.44	405.0
30	15.57	900	242.42	467.1
35	15.50	1 225	240.25	542.5
40	14.75	1 600	217.56	590.0
45	13.50	2 025	182.25	607.5
$\sum x = 210$	$\sum y = 112.77$	$\sum x^2 = 7\,000$	$\sum y^2 = 1\,840.24$	$\sum xy = 3\,259.6$

$$r = \frac{n\sum xy - \sum x \sum y}{\sqrt{n\sum x^2 - (\sum x)^2} \sqrt{n\sum y^2 - (\sum y)^2}}$$

$$= \frac{7 \times 3\,259.6 - 210 \times 112.77}{\sqrt{7 \times 7\,000 - 210^2} \times \sqrt{7 \times 1\,840.24 - 112.77^2}} = \frac{-864.5}{898.1} = -0.96$$

根据计算结果,产量与单位产品成本高度显著性线性相关,产量的变化能够解释单位成本变化的 96%。

(二) 使用相关系数时应注意的问题

(1) 相关关系不是因果关系。

相关系数只度量变量间的线性关系,它并不能说明两变量间是否有因果关系。因果关系是指某个因素的存在一定会导致某个特定结果的产生。"伴随"和"导致"是有区别的。例如,夏天的海边,太阳镜和雪糕的销售量存在相关性,但不是因为太阳镜卖得多所以雪糕就卖得多,而是因为它们受同一日光辐射强度的影响,得到了共同的结果。因果关系一定是相关关系,相关关系不一定是因果关系。

(2) 注意虚假相关。

计算相关系数的前提是,变量存在相关关系,相关系数只是相关关系的一种测算。任何两种(组)数字都可以计算出一个相关系数,但有没有相关关系还需要结合专业理论知识来进行判断。例如,有人曾对教师薪金的提高和酒价的上涨做了相关分析,计算得到一个较大的相关系数,这是否表明教师薪金提高会导致酒价上涨呢?经分析,事实是经济繁荣导致教师薪金和酒价同时上涨,而教师薪金提高和酒价上涨之间并没有直接关系。

(3) 注意相关关系成立的数据范围。

四、等级相关及等级相关系数

等级相关是用非参数方法了解两个事物之间关系的一种方法,适用于两列顺序变量之间的相关方向和密切程度的测定。由于社会经济现象具有复杂性,有许多现象难以以精确数字形成统计数列,而只能根据主观判断,评定等级,排列顺序。

常用的等级相关系数有斯皮尔曼等级相关系数、肯德尔一致性相关系数等。

(一) 斯皮尔曼等级相关系数

两变量是等级测量数据,且总体不一定呈现正态分布,样本容量也不一定大于30,这样的两个变量相关,称为等级相关(斯皮尔曼等级相关)。

斯皮尔曼等级相关系数(r_s)与相关系数一样,取值在-1到$+1$之间,$r_s > 0$表示正相关,$r_s < 0$表示负相关,$r_s = 0$为不相关,区别是斯皮尔曼等级相关系数是在等级的基础上计算的,较适用于反映序列变量的相关。计算公式为:

$$r_s = 1 - \frac{6\sum d_i^2}{n(n^2-1)}$$

式中:r_s为斯皮尔曼等级相关系数,d_i为两变量每一对样本的等级之差,n为样本容量。

斯皮尔曼等级相关系数的计算步骤:计算两变量等级之差$d_i \rightarrow$计算$d_i^2 \rightarrow$计算$\sum d_i^2 \rightarrow$代入公式计算r_s。

【例7-5】 某项比赛共有10名选手参加,甲、乙两组评委评定的名次如表7-6所示。

表7-6 甲、乙两组评委评定的选手名次

参赛选手	A	B	C	D	E	F	G	H	I	J
甲组评委评定的名次	2	8	7	1	3	5	9	10	4	6
乙组评委评定的名次	1	9	5	3	2	7	8	10	6	4

要求:通过计算判断两组评委所评定名次的相关性。

解 等级相关系数计算过程如表7-7所示。$\sum d_i^2 = 24, n = 10$,代入公式计算:

$$r_s = 1 - \frac{6\sum d_i^2}{n(n^2-1)} = 1 - \frac{6 \times 24}{10 \times (10^2-1)} = 1 - \frac{144}{990} = 1 - 0.1455 = 0.8545$$

$0.7 \leqslant |r_s| < 1$,为高度显著性线性相关。

表7-7 等级相关系数计算过程

参赛选手	A	B	C	D	E	F	G	H	I	J
甲组评委评定的名次	2	8	7	1	3	5	9	10	4	6
乙组评委评定的名次	1	9	5	3	2	7	8	10	6	4
等级差 d_i	1	−1	2	−2	1	−2	1	0	−2	2
d_i^2	1	1	4	4	1	4	1	0	4	4

若已知两组变量值,但不知道等级顺序,可先换算成等级,再利用公式计算等级相关系数。

【例7-6】 某项比赛有12名选手参加,由评委组和观众组分别评分。评委组和观众组评分如表7-8所示。

表7-8 评委组和观众组评分

参赛选手	A	B	C	D	E	F	G	H	I	J	K	L
评委组评分/分	89	73	90	78	88	87	75	86	84	83	79	92
观众组评分/分	88	76	85	82	92	81	77	91	87	89	86	93

要求:判断两组的意见是否一致。

解 首先对评委组和观众组各自的评分进行排序,确定等级,计算等级差,再利用公式计算等级相关系数。计算过程如表7-9所示。

表7-9 评委组和观众组评分等级相关系数计算过程

参赛选手	评委组评分		观众组评分		等级差 d_i	d_i^2
	评分/分	名次	评分/分	名次		
L	92	1	93	1	0	0
C	90	2	85	8	−6	36
A	89	3	88	5	−2	4
E	88	4	92	2	2	4
F	87	5	81	10	−5	25
H	86	6	91	3	3	9
I	84	7	87	6	1	1
J	83	8	89	4	4	16
K	79	9	86	7	2	4
D	78	10	82	9	1	1
G	75	11	77	11	0	0
B	73	12	76	12	0	0

$\sum d_i^2 = 100, n = 12$,代入公式计算:

$$r_s = 1 - \frac{6\sum d_i^2}{n(n^2-1)} = 1 - \frac{6 \times 100}{12 \times (12^2 - 1)} = 1 - 0.35 = 0.65$$

$0.4 \leq |r_s| < 0.7$,为显著性线性相关,评委组和观众组的意见一致程度为65%。

(二)肯德尔一致性相关系数

当多个变量以等级顺序表示时,这几个变量之间的一致性程度,称为肯德尔一致性相关系数。适用肯德尔一致性相关系数的数据资料一般是采用等级评定的方法收集的,是客观数据,用以测试、验证人的水平、判断力。计算公式为:

$$r_k = 1 - \frac{4\sum i}{n(n-1)}$$

式中:$\sum i$ 代表偏差次数之和,n 代表变量值个数。

计算肯德尔一致性相关系数时,偏差次数可采用连线的方法确定,一个交叉点代表出现一次偏差。等级偏差越大(多),意味着错误越大。

【例 7-7】 在一次水平能力测试中,某产品共有十个等级,分两组,第一组依次为 1、2、3、4、5 五个等级,第二组依次为 6、7、8、9、10 五个等级,应试者李某对第一组产品等级的判断依次为 5、2、1、4、3,对第二组的判断依次为 9、8、10、7、6。用肯德尔一致性相关系数评价李某的水平。

解 用连线的方法确定偏差数量,如图 7-5 所示。

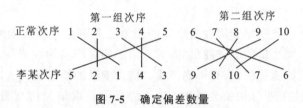

图 7-5 确定偏差数量

共有 14 个交叉点,李某的判断共出现 14 次偏差,代入公式计算:

$$r_k = 1 - \frac{4\sum i}{n(n-1)} = 1 - \frac{4 \times 14}{10 \times 9} = 0.38$$

$|r| < 0.4$,为低度线性相关,表明李某的判断力较低。

任务三 一元线性回归分析

"回归"这一名词是 1886 年由英国生物学家高尔顿(F. Galton)在研究人体身高的遗传现象时首先提出的。现代回归分析虽然沿用了"回归"一词,但内容已有很大变化——回归分析是一种应用于许多领域的广泛的分析研究方法,在经济理论研究和实证研究中也发挥着重要的作用。

一、回归分析

(一) 回归分析的概念

回归分析是指对存在相关关系的变量,根据其相关关系的形态,选择一个恰当的函数关系或数学模型,即回归模型,来近似地表示变量之间的平均变化关系的一种统计分析方法。通过回归分析,可将相关变量之间的不确定、不规则的数量关系一般化、规则化,进而通过规定自变量和因变量来确定变量之间的影响程度。通常采用的方法是对实测数据配合直线或曲线,用这一直线或曲线来代表变量之间的一般数量关系,这条直线或曲线叫回归直线或回归曲线,其方程式叫直线回归方程或曲线回归方程。通过实测数据来求解模型的各个参数,然后评价回归模型是否能够很好地拟合实测数据;如果能够很好地拟合,则可以根据自变量做进一步预测。

(二) 回归分析的特点

1. 进行回归分析时，需要确定自变量和因变量

在进行相关分析时，由于是分析变量之间的关系，没有设定自变量和因变量。与相关分析相比，在进行回归分析时，确定出一个数学方程，所以必须根据研究对象的不同性质和研究分析的不同目的，通过定性分析来确定哪个是自变量，哪个是因变量，还要研究自变量对因变量的影响程度。

2. 进行回归分析时，回归方程不止一个

相关关系属于模糊关系，没有区分自变量和因变量，但现象之间的相关关系是确定的。回归分析用于确定因果关系，根据不同的研究目的，确定自变量和因变量（可以相互转换），可以求出 y 依 x 的回归方程，还可以求出 x 依 y 的回归方程，即回归方程不止一个。

3. 进行回归分析时，结果具有不确定性

在进行回归分析时，自变量和因变量之间的相关关系通过一个数学方程来表达，自变量取值是给定的具体数值，因变量值则是随机的，对于给定的自变量的数值，因变量会有多个不确定数值，如对于一个给定的施肥量，会有不同产量。将自变量的给定值代入回归方程后，所得到的是因变量估计值；而且在进行相关分析时，涉及的自变量取值与因变量取值是随机的，不确定的。

(三) 回归分析的种类

1. 根据所研究问题的性质，分为一元回归分析和多元回归分析

一元回归分析模型是指只由一个自变量和一个因变量组成的回归分析模型，又称简单回归分析模型。

多元回归分析模型是指由两个或两个以上自变量和一个因变量组成的回归分析模型，与简单回归分析模型相比，增加了自变量的个数。

2. 根据表达式是线性的还是非线性的，分为线性回归分析和非线性回归分析

线性回归分析模型是指反映变量之间相关关系的形态为直线趋势的模型。

非线性回归分析模型是指反映变量之间相互关系的形态为某种曲线趋势的模型。

以下就一元线性回归分析加以重点介绍，其他将在项目九中介绍。

二、回归方程的建立

一元线性回归分析是将因变量与自变量之间的关系用一个等式连接起来，构成一个数学表达式，即

$$\hat{y} = a + bx$$

式中：x 为自变量；$\hat{y}$ 为因变量；a 是回归直线的起始值（截距），即 x 为 0 时的值，其数学意义为，在没有自变量的影响时，其他各种因素对因变量的平均影响；b 为直线斜率，这里又称回归系数。

这个表达式表示：自变量 x 每变动一个单位，因变量 $\hat{y}$ 平均变动 b 个单位。

通过 a 和 b 的取值，确定自变量与因变量的关系，a 和 b 取不同的数值，就会得出不同的关系，即不同的直线。在这众多的直线中，我们总可以寻找出一条最能代表变量分布状态的、误差最小的直线。寻找误差最小的直线的方法，就是最小平方法，也是拟合直线最常用的方法。

最小平方法,又称最小二乘法,其原理是使原数列的实际观察值 y 与预测值 $\hat{y}$ 的离差最小,数学表达式为:

$$\sum(y-\hat{y})^2 = 最小值$$

将 $\hat{y} = a + bx$ 代入上式中得到:

$$\sum(y-a-bx)^2 = 最小值$$

现在要解决的问题是,当 a 和 b 取什么值时,该式有最小值。这是一个二次方程式,求最小值的方法是求导数,且使导数等于 0。

过程如下:

设 $Q = \sum(y-a-bx)^2$,为复合函数,要分别给 a 和 b 求导。

令 $Q' = \left(\sum(y-a-bx)^2\right)' = 0$:

给 a 求导结果为:

$$\frac{\partial Q}{\partial a} = \sum 2(y-a-bx)(-1) = 0$$

给 b 求导结果为:

$$\frac{\partial Q}{\partial b} = \sum 2(y-a-bx)(-x) = 0$$

联立成方程组:

$$\begin{cases} \sum 2(y-a-bx)(-1) = 0 \\ \sum 2(y-a-bx)(-1) = 0 \end{cases}$$

简化为:

$$\begin{cases} \sum y = na + b\sum x \\ \sum ty = a\sum x + b\sum x^2 \end{cases}$$

经过变形,又组成一个新的方程组:

$$\begin{cases} b = \dfrac{n\sum xy - (\sum x)\cdot(\sum y)}{n\sum x^2 - (\sum x)^2} \\ a = \hat{y} - b\bar{x} \end{cases}$$

a、b 求出后,一元线性回归方程即可确定。

回归系数 b 与相关系数 r 之间还存在着如下的关系:

$$b = r \times \frac{\sigma_y}{\sigma_x}$$

拟合直线方程的具体步骤如下:

首先,根据客观存在的变量,进行定性分析,判断变量之间有无内在联系。

其次,绘制散点图,做进一步的定性分析,判断变量之间相关关系的形态,观察其数量变化是否接近直线。

再次,如果接近直线,则进行定量分析,计算相关系数,只有根据相关系数得知变量之间呈现高度显著性线性相关或是显著性线性相关关系时,才有必要拟合一元线性回归方程,计算出参数,并确定方程。

最后,用方程预测变量变化趋势。

【例7-8】 表7-10是10个企业生产性固定资产与利润增加额的数据,试根据表7-10中的数据确定一元线性回归方程并预测当固定资产为1 500万元时,利润增加额可达到多少万元?

表7-10 10个企业的相关资料 （单位:百万元）

序号	1	2	3	4	5	6	7	8	9	10	合计
固定资产 x	3	4	5	6	6	8	8	9	10	12	71
利润增加额 y	14	16	25	28	30	32	36	42	45	47	315

解 （1）生产性固定资产与利润增加额有明显的相互联系。

（2）绘制散点图,如图7-6所示。从数据点的走向来看,各数据趋势非常接近一条直线,可以拟合一条直线。

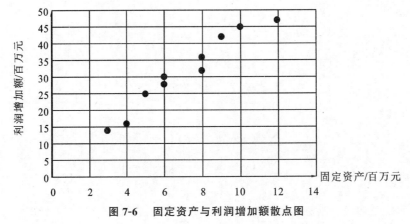

图7-6 固定资产与利润增加额散点图

（3）计算相关系数和一元线性回归方程参数,相关系数计算的相关参数计算过程如表7-11所示。

表7-11 相关系数计算的相关参数计算过程

序号	固定资产 x	利润增加额 y	x^2	y^2	xy
1	3	14	9	196	42
2	4	16	16	256	64
3	5	25	25	625	125
4	6	28	36	784	168
5	6	30	36	900	180
6	8	32	64	1 024	256
7	8	36	64	1 296	288
8	9	42	81	1 764	378
9	10	45	100	2 025	450
10	12	47	144	2 209	564
合计	71	315	575	11 079	2 515

$$r = \frac{10 \times 2\,515 - 71 \times 315}{\sqrt{10 \times 575 - 71^2} \times \sqrt{10 \times 11\,079 - 315^2}} = 0.973$$

$r=0.973$,表明两个变量之间呈现高度显著性线性相关,可以进行一元线性回归分析。进一步计算 $\hat{y}=a+bx$ 方程中的参数 a 和 b。依据公式计算如下:

$$b = \frac{n\sum xy - (\sum x)\cdot(\sum y)}{n\sum x^2 - (\sum x)^2} = \frac{10 \times 2\,515 - 71 \times 315}{10 \times 575 - 71^2} = 3.93$$

$$a = \frac{1}{n}(\sum y - b\sum x) = \frac{1}{10} \times (315 - 3.93 \times 71) = 3.6$$

则一元线性回归方程为:

$$\hat{y} = 3.6 + 3.93x$$

(4)用一元线性回归方程预测变量变化趋势。

将 $x=15$ 代入已知的回归方程,求出 $\hat{y}$ 的值即可:

$$\hat{y} = 3.6 + 3.93x = 3.6 + 3.93 \times 15 = 62.55$$

即当固定资产为 1 500 万元时,利润增加额可达到 6 255 万元。

统计所研究的现象之间的相关关系,应该是真实的、客观存在的联系,而不是主观臆断或形式上的偶然与巧合,这就要求在实际进行相关关系分析时,依据有关的科学理论,通过观察和试验,在对现象做深入分析的基础上来确定这种联系,而且要经过理念和实践的进一步检验,只有这样,才能得到正确的结论。

项目习题与实训

任务一　认知相关分析

一、单项选择题

1.现象之间的相互关系可以归纳为两种类型,即(　　)。
A.变量和函数关系　　　　　　　B.相关关系和函数关系
C.确定性关系与不确定性关系　　D.因变量与自变量关系

2.下面的关系中不是相关关系的是(　　)。
A.身高与体重之间的关系
B.工资水平与工龄之间的关系
C.农作物的单位面积产量与降雨量之间的关系
D.圆的面积与半径之间的关系

3.两个变量间的相关关系称为(　　)。
A.复相关　　　B.完全不相关　　　C.负相关　　　D.单相关

4.物价上涨,销售量下降,则物价与销售量之间属于(　　)。
A.无相关　　　B.负相关　　　C.正相关　　　D.无法判断

5. 在相关分析中,具有相关关系的两个现象之间是( )。

A. 因果关系　　　B. 必然相关　　　C. 偶然相关　　　D. 有时相关,有时不相关

二、多项选择题

1. 下列现象不具有相关关系的有( )。

A. 人口自然增长率与农业贷款　　　B. 存款期限与存款利率

C. 降雨量与农作物产量　　　D. 存款利率与利息收入

E. 单位产品成本与劳动生产率

2. 下列现象属于相关关系的有( )。

A. 家庭收入与消费支出　　　B. 时间与距离

C. 亩产量与施肥关系　　　D. 学号与考试成绩

E. 物价水平与商品供求关系

三、思考题

降雨量与农作物的产量有关,风调雨顺的时候,农作物的产量是否一定就高？为什么？

任务二　相关关系的测定方法

一、单项选择题

1. 在相关分析中,要求相关的两个变量( )。

A. 都是随机变量　　　B. 因变量是随机变量

C. 都不是随机变量　　　D. 自变量是随机变量

2. 相关系数( )。

A. 适用于单相关　　　B. 适用于复相关

C. 既适用于单相关也适用于复相关　　　D. 既不适用于单相关也不适用于复相关

3. 相关系数的取值范围是( )。

A. $0 \leqslant r \leqslant 1$　　　B. $-1 \leqslant r \leqslant 2$　　　C. $-1 \leqslant r \leqslant 1$　　　D. $0 \leqslant r \leqslant 2$

4. 相关系数的数值越接近0,表明两变量之间( )。

A. 线性相关关系越弱　　　B. 线性相关关系越强

C. 没有相关关系　　　D. 是否有相关关系,还要用其他方法进行判定

5. 如果变量x和变量y之间的相关系数为-1,这说明两变量之间是( )。

A. 低度相关关系　　　B. 完全相关关系　　　C. 高度相关关系　　　D. 完全不相关关系

二、判断题

1. 若变量x的值减少时变量y的值也减少,说明变量x与y之间存在正相关关系。

(　)

2. 相关系数的数值一定在0～1之间。(　)

3. 相关关系是指变量之间客观存在的不严格的非确定性的数量依存关系。(　)

4. 正相关指的就是因素标志和结果标志的数量变动方向都是上升的。(　)

5. 只有当相关系数接近于$+1$时,才能说明两变量之间存在高度相关关系。(　)

6. 相关系数有正负数之分,负相关系数说明变量间不存在相关关系。(　)

三、计算题

某校在招聘教师的过程中,为了测试应聘者李某的教学水平,随机请来 10 名教师和 10 名学生听课,打分结果如表 7-12 所示。

表 7-12 教师和学生打分成绩对照表

教师编号	1	2	3	4	5	6	7	8	9	10
打分结果	88	86	70	84	89	72	85	98	87	93
学生编号	1	2	3	4	5	6	7	8	9	10
打分结果	82	88	80	68	91	70	75	93	81	98

试用等级相关系数判断两者的一致性。

任务三 一元线性回归分析

一、单项选择题

从趋势方程 $\hat{Y}=125-0.86t$ 可以得出( )。

A. X 每增加一个单位,Y 增加 0.86 个单位

B. X 每增加一个单位,Y 减少 0.86 个单位

C. X 每增加一个单位,Y 平均增加 0.86 个单位

D. X 每增加一个单位,Y 平均减少 0.86 个单位

二、多项选择题

判定现象之间有无相关关系的方法是( )。

A. 对客观现象做定性分析 B. 编制相关表   C. 绘制相关图

D. 计算相关系数   E. 计算估计标准误差

三、计算题

某市 16 个地区总产值与能源消耗量资料如表 7-13 所示。

表 7-13 总产值与能源消耗量统计资料

序号	1	2	3	4	5	6	7	8	9	10	11	12	13	14	15	16	合计
能源消耗量/十万吨	35	38	40	42	49	52	54	59	62	64	65	68	69	71	72	76	916
总产值/亿元	24	25	24	28	32	31	37	40	41	40	47	50	49	51	48	58	625

要求:

(1) 绘制散点图,并说明变量之间的关系。

(2) 计算总产值与能源消耗量之间的相关系数,如果 $r>0.8$,请拟合回归方程。

项目八

动态数列

TONGJIXUE YUANLI

任务一　认知动态数列

一、动态数列的概念、特征和作用

社会经济现象是随着时间推移不断发展变化的,将在不同时间观察记录的,以反映某种社会经济现象的同一指标在不同时间的指标数值按时间(如按年、季、月、日等)先后顺序编排所形成的数列,称为动态数列或时间数列,又称时间序列。例如,将我国2013—2017年粮食产量按时间先后顺序排列起来就是一个动态数列,如表8-1所示。

表8-1　我国2013—2017年粮食产量　　　　　　　（单位:万吨）

年份	2013	2014	2015	2016	2017
粮食产量	60 194	60 703	62 144	61 625	61 791

注:资料来源于《中国统计年鉴》。

由表8-1可看出,动态数列由两个基本要素构成:一是被研究现象所属的时间,可以是年份、季度、月份或其他任何时间,称时间要素(常用 t 表示);二是现象在各个时间的发展水平,亦称动态水平,即统计指标在特定时间的具体指标值,可以是绝对数也可以是相对数,也称数据要素(常用 a 表示),一般数学表达式为:

$$a_1 \quad a_2 \quad a_3 \quad \cdots \quad a_{n-1} \quad a_n$$

因此,动态数列可以理解为以时间为自变量的函数,即 $a_t = f(t)$。

动态数列的特征有:

第一,数列是按一定方式搜集的一系列数据;

第二,数列按时间先后顺序排列;

第三,数列中的观察值具有差异性;

第四,数列中的数据不能有遗漏,具有连续性。

动态数列是研究和分析现象发展变化的依据,其主要作用是:

(1) 它可以描述被研究现象的发展过程和结果。通过时间数列的编制和分析,可以从事物在不同时间的量变过程中,认识社会经济现象发展变化的方向、程度、趋势和规律,为制定政策、编制计划提供依据;

(2) 利用不同的时间数列进行对比,可以揭示各种社会现象的不同发展方向、发展规律及其相互之间的变化关系,研究现象的发展速度、趋势,探索其发展变化的规律性;

(3) 利用时间数列资料可以建立经济计量模型,进行现象变动的趋势分析和预测;

(4) 利用不同的但有相互联系的时间数列进行对比分析,可以研究同类现象在不同国家、不同地区之间发展变化的差别。

二、动态数列的种类

动态数列按照其指标的性质,可以分为绝对数动态序列、相对数动态数列和平均数动态数列三种。

(一)绝对数动态数列

绝对数动态数列也称总量指标动态数列或总量指标时间数列,指将反映某种社会经济现象的一系列绝对数按时间的先后顺序排列而形成的数列,用来反映社会经济现象总量不同时期所达到的规模、水平及其发展变化过程。绝对数动态数列是进行动态分析的基本指标,相对数动态数列和平均数动态数列都是在其基础上派生、演化出来的。

按照绝对数所反映的总量指标的不同时间性质,绝对数动态数列分为时期数列和时点数列两种。

1. 时期数列

时期数列指由时期指标编制而成的动态数列,在时期数列中,每个指标反映现象在这一时期内最终达到的总量。例如,我国2013—2017年全年一般公共预算收入如表8-2所示。预算收入数值组成的就是时期数列,每项数值反映该年从1月1日到12月31日累计达到的总规模。

表8-2 我国2013—2017年全年一般公共预算收入   (单位:亿元)

年份	2013	2014	2015	2016	2017
一般公共预算收入	129 210	140 370	152 269	159 605	172567

注:资料来源于《中国统计年鉴》。

时期数列具有以下几个特点:

(1)时期数列中每一个指标数值,都表示社会经济现象在一定时期内发展变化过程中的总量。

(2)时期数列中的各个指标数值是可以相加的。时期数列中每一个指标数值都是在一段时期内现象发展的总数,所以相加之后指标数值就表明现象在更长时期内发展的总量。例如,全年的国内生产总值是一年中每个月国内生产总值相加的结果,各月份的国内生产总值又是该月每天的国内生产总值之和。

(3)时期数列中,每个指标数值的大小与时期长短有直接关系。时期数列中每个指标数值都是社会经济现象在一段时期内的发展过程中不断累计的结果,所以,一般来说,时期愈长,指标数值就愈大,反之就愈小。

(4)时期数列中每一个指标数值,通常都是通过连续不断的登记取得的。

2. 时点数列

时点数列是指由时点指标编制而成的动态数列。在时点数列中,每个指标数值所反映的社会经济现象都是在某一时点(时刻)上所达到的水平。

例如,表8-3所示的我国2013—2017年年末国家外汇储备数值所组成的就是时点数列。

表8-3 2013—2017年年末国家外汇储备   (单位:亿美元)

年份	2013	2014	2015	2016	2017
国家外汇储备	38 213	38 430	33 304	30 105	31 399

注:资料来源于《中国统计年鉴》。

时点数列有以下几个特点:

(1)时点数列中的每一个指标数值,都表示社会经济现象在某一时点(时刻)上的数量。

(2)时点数列中的各个指标数值不能相加。由于时点数列中的指标数值反映的都是现象在某一瞬间的数量,几个指标相加后无法说明相加所得的数值属于哪一个时点,这个数值没有实际意义。

(3)时点数列中,每个指标数值的大小和时点间隔长短没有直接关系。时点数列中每个指标数值只是现象在某一时点上的水平,因此,它的大小与时点间隔的长短没有直接关系。例如,年末的人口数不一定比某月底的人口数大。

(4)时点数列中每个指标数值通常都是定期(间断)登记取得的。

(二)相对数动态数列

相对数动态数列是指一系列相对数按照时间先后顺序排列所组成的动态数列。它是用来反映社会经济现象之间数量对比关系的发展变化过程及其规律。例如,表8-4所示的2013—2017年我国清洁能源消费量占能源消费总量的比重数据组成的就是相对数动态数列。

表8-4　2013—2017年我国清洁能源消费量占能源消费总量的比重

年份	2013	2014	2015	2016	2017
清洁能源消费量占能源消费总量的比重/(%)	15.5	17.0	18.0	19.5	20.8

注:资料来源于《中国统计年鉴》。

表8-4中,清洁能源消费量占能源消费总量的比重是一个相对数,按时间顺序编成数列,就是一个相对数动态数列,反映了我国清洁能源消费量占能源消费总量的比重不断上升的趋势。因此,相对数动态数列比较直观,更能明显地表现现象发展的趋势和规律性。

相对数动态数列一般是由两个有联系的总量指标动态数列对比派生出的数列。由于总量指标动态数列有时期数列和时点数列之分,两个总量指标动态数列对比所形成的相对数动态数列又可分为:

(1)由两个时期数列对比而成的相对数动态数列;

(2)由两个时点数列对比而成的相对数动态数列;

(3)由一个时期数列和一个时点数列对比形成的相对数时间数列。

在相对数动态数列中,每个指标都是相对数,对比的基础不同,因而各个指标是不能直接相加的。

(三)平均数动态数列

平均数动态数列是由一系列同类平均指标按照时间的先后顺序排列而成的动态数列。它反映的是社会经济现象一般水平的发展过程及其变动趋势。如表8-5所示,从1981年到2010年我国人口平均预期寿命变化数值所组成的就是一个平均数动态数列,表明在我国人口平均预期寿命是一个不断提高的过程。人之寿命,有长有短,反映一个国家的总体水平只能用平均指标,每一期的平均指标是在同一时间点上计算得知的,属于静态平均数,将不同时期的平均数按时间顺序排列,就构成了平均数动态数列。

表8-5　我国人口平均预期寿命　　　　　　　　(单位:岁)

年　　份	平均寿命	男	女	男女之差
1981	67.77	66.28	69.27	−2.99
1990	68.55	66.84	70.47	−3.63

续表

年　　份	平均寿命	男	女	男女之差
2000	71.40	69.63	73.33	−3.70
2010	74.83	72.38	77.37	−4.99

注：资料来源于《中国统计年鉴》。

根据 2010 年第六次全国人口普查详细汇总资料，我国人口平均预期寿命达到 74.83 岁，比 2000 年的 71.40 岁提高 3.43 岁。分性别来看，男性为 72.38 岁，比 2000 年提高 2.75 岁；女性为 77.37 岁，比 2000 年提高 4.04 岁。男女平均预期寿命之差与十年前相比，由 3.70 岁扩大到 4.99 岁，其中女性平均预期寿命提高速度快于男性，并且两者之差也在进一步扩大。这与世界其他国家平均预期寿命的变化规律是一致的。

三、动态数列的编制原则

编制时间序列的目的是要通过对数列中各指标数值进行比较，来研究社会经济现象的发展及其规律，因此，保证数列中各个指标数值的可比性，是编制时间序列的基本原则，具体指以下几点。

（一）时间间隔长度应一致

对于时期指标，各指标值所属时期长短应一致；对于时点指标，各指标的时点间隔长短应一致，即在相同的时间长度条件下，比较各数值的大小。

（二）计算口径一致

（1）现象总体范围一致。无论是时期指标动态数列，还是时点指标动态数列，指标数值的大小都与现象总体范围有密切关系，总体范围越大，指标数值相应地也就越大，反之亦然。若各期指标的总体范围不一致，指标数值就失去了比较的意义。

（2）计算价格一致。对于价值指标，在计算时有不变价格与现行价格，而不变价格又分不同时期的不变价格，因此，在编制价值指标的动态数列时，要保证各期指标的计算价格相同。

（3）计量单位一致。采用实物量指标编制动态数列时，度量衡单位有多种，如反映重量的单位有吨、千克以及标准实物量和混合实物量等。如果采用历史资料编制动态数列，各期的计量单位不同时，要换算成同一计量单位，才能比较。

（4）经济内容一致。我国曾经采用工农业总产值、社会总产值、国民收入和国内生产总值等指标反映我国的经济活动总量，这些指标都有不同的经济内容，在编制经济活动总量的动态数列时，就需要对这些指标的经济内容加以区别和调整，使其一致。

（三）计算方法一致

指标名称、总体范围、计算价格和计量单位以及经济内容都一致的指标，有时因计算方法不一致，也会导致数值上的差异。例如，GDP 指标，可以用生产法、分配法和支出法来计算，从理论上讲，这三种方法的计算结果应一致，但由于资料来源不同，这三种方法计算的结果往往存在差异，因此，在编制动态数列时，应注意各指标的计算方法是否统一，以确保指标具有可比性。

任务二 动态数列的水平分析

时间数列虽然描述了现象的发展过程和结果,但它不能直接反映现象在各期的变化情况,包括数量的增减以及变化速度的快慢和规律性,为深刻揭示现象在这些方面的变化,需要用到一系列分析指标。常用的动态数列水平分析指标有发展水平、平均发展水平、增长量、平均增长量等。

一、发展水平

发展水平,是动态数列中每一期具体的指标数值,它反映现象在各个时期发展所达到的规模和水平。

发展水平根据其在时间序列中所处的不同位置,可以分为最初水平、中间水平和最末水平。

通常用符号 a 来表示发展水平,用 t 来表示第几期。

最初水平,即现象水平的初始值,在动态数列中指第一个指标数值,一般用 a_0 表示。

最末水平,指动态数列中最后一个指标数值,一般用 a_n 表示。

中间水平,是介于最初水平与最末水平之间的各期指标数值。

时间数列各项如图 8-1 所示。

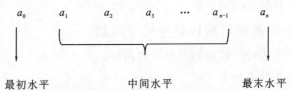

图 8-1 时间数列中的发展水平

动态数列的发展水平也可以列表表示,如表 8-6 所示。

表 8-6 列表表示的动态数列的发展水平

时间顺序 t	t_0	t_1	t_2	t_3	...	t_{n-1}	t_n
发展水平 a	a_0	a_1	a_2	a_3	...	a_{n-1}	a_n

对动态数列各期水平进行比较时,发展水平根据作用的不同,分为基期水平和报告水平。

基期水平,指作为比较基础时期的发展水平。

报告期水平,指所要计算、分析研究的时期的发展水平,又称计算期水平。

如研究整个时期的变化,则基期水平为 a_0,报告期水平为 a_n,即现象变化之前水平为 a_0,变化之后水平为 a_n,可表示为:

$$a_0 \xrightarrow{a_1,a_2,a_3,\cdots,a_{n-1}} a_n$$

发展水平指标可以是总量指标,也可以是相对指标或平均指标,通过将不同时期的发展水平进行对比,可给人们以具体的印象,所以发展水平是对时间数列进行动态分析的基础指标。

二、平均发展水平

平均发展水平是根据动态数列中各不同时期的发展水平计算出的平均数,又称序时平均数或动态平均数。

动态平均数与一般平均数(静态平均数)虽然都属于平均数,可将研究现象的数量差异抽象化,概括反映现象的一般水平,且都具有平均指标的本质特征——抽象性和代表性,但二者平均的对象不同,计算方法也不同,主要表现在:

第一,一般平均数是根据变量数列计算的;序时平均数是根据时间数列计算的。

第二,一般平均数平均的是总体各单位某一标志值的差异;序时平均数平均的是被研究现象本身的数量在不同时间上的差异。

第三,一般平均数是同一时间总体各单位某个标志值的平均水平;序时平均数是将不同时间的现象水平加以平均得到的平均发展水平。

例如,2013 年某地区农民年人均纯收入为 23 431 元,2013—2017 人均纯收入为 56 241 元,前者是将不同农民之间的收入差异予以抽象化,反映全体农民收入的一般水平,后者是将 2013 年、2014 年、2015 年、2016 年、2017 年各年的收入差异予以抽象化,反映这一段时间的收入发展的一般水平。

序时平均数的计算方法要根据时间序列指标的性质来确定,构成时间数列的指标性质和特点不同,序时平均数的计算方法各不相同。其中,根据总量指标时间数列计算序时平均数是最基本的方法,相对数动态数列和平均数动态数列是由总量指标时间数列派生的,其计算方法最终也要回归对总量指标时间数列的计算。

(一)根据总量指标时间数列计算序时平均数

总量指标时间数列分为时期数列和时点数列两种。

1. 由时期数列计算序时平均数

时期数列中的每项均为时期指标数值,是可以相加的,相加以后得到全期的总量,再将全期的总量分摊到每一期,就可以得到时期指标序时平均数,因此,通常采用简单算术平均数方法计算。

设 $\bar{a}$ 为序时平均数,$a_1, a_2, a_3, \cdots, a_{n-1}, a_n$ 为各期发展水平,n 为时期项数,则

$$\bar{a} = \frac{a_1 + a_2 + a_3 + \cdots + a_{n-1} + a_n}{n} = \frac{\sum a}{n}$$

【例 8-1】 某企业 2011—2016 年不变价格工业总产值如表 8-7 所示。要求:计算 2011—2016 年工业总产值的平均发展水平。

表 8-7 某企业 2011—2016 年不变价格工业总产值 (单位:万元)

年份	2011	2012	2013	2014	2015	2016
工业总产值	660	700	732	756	780	820

解 计算过程如图 8-2 所示。

$$\bar{a} = \frac{\sum a}{n} = \frac{660 + 700 + 732 + 756 + 780 + 820}{6} \text{万元} = 741.33 \text{ 万元}$$

```
           I2          fx    =AVERAGE(B2:G2)
      A        B      C      D      E      F      G      H      I
 1   年份     2011   2012   2013   2014   2015   2016   合计   平均数
 2  工业总产值  660    700    732    756    780    820   4448   741.33
```

图 8-2　2011—2016 年不变价格工业总产值的平均发展水平计算过程

2. 由时点数列计算序时平均数

由于时点数列中的数值反映现象在某一时间点上的水平，不能相加、不能求和，只有进行转换，变成可以相加、可以求和的总量才能求平均数。现分几种不同情况加以说明。

（1）根据连续性时点数列计算序时平均数。

若时点数列资料是逐日登记且逐日排列的，这样的时点数列称为连续性时点数列。连续性时点数列中的数值是可以相加的。连续性时点数列有连续性变动和非连续性变动两种情况。

第一种，连续性变动时点数列。

连续性变动时点数列，也称为间隔相等的连续性时点数列，即每日指标数值都进行登记所形成的时间数列。对于这种数列，采用简单平均法计算，用公式表示如下：

$$\bar{a} = \frac{a_1 + a_2 + a_3 + \cdots + a_{n-1} + a_n}{n} = \frac{\sum a}{n}$$

【例 8-2】　某股票连续 5 个交易日的收盘价格统计数据如表 8-8 所示。

表 8-8　某股票收盘价格统计数据

时间	星期一	星期二	星期三	星期四	星期五
收盘价格／元	12.56	13.62	13.24	14.14	13.82

要求：计算该股票的平均价格。

解　以上数据形成的是连续性变动时点数列，则

$$\bar{a} = \frac{\sum a}{n} = \frac{12.56 + 13.62 + 13.24 + 14.14 + 13.82}{5} \text{元} = 13.48 \text{元}$$

第二种，非连续性变动时点数列。

在实际统计工作中，若现象未发展变动，每天都进行记录是没有必要的。非连续性变动时点数列，也称间隔不等的连续性时点数列，就属于这种情况，形成这种数列的时点资料不是逐日记录的，只是在发生变动时才予以记录。这意味着未记录的这一段时间内的数据与以前记录的数据是相同的，是已知的，如果将数据按日补全，本质仍然是连续性时点数列，因此在计算序时平均数时，采用连续性时点数列计算序时平均数的方法，然后进行简化。这样就形成了以已有的数据为变量、以每次变动持续的时间间隔长度为权数的加权平均数。

设：$\bar{a}$ 为序时平均数，f 为数据之间的时间间隔长度。

计算公式为：

$$\bar{a} = \frac{a_1 f_1 + a_2 f_2 + a_3 f_3 + \cdots + a_n f_n}{\sum f} = \frac{\sum af}{\sum f}$$

【例 8-3】　某企业某月工人人数有如下记录：1 日共有工人 218 人，11 日 18 人辞职，16 日招

聘 6 人,25 日又有 9 人辞职,其余时间人数未变。

要求:计算该单位该月份平均工人人数(按 30 天计算)。

解 已知资料表明:从 1 日至 10 日这 10 天都是 218 人,人数未发生变动,218 人持续时间为 10 天;11 日至 15 日都是 200 人(218 人−18 人),持续的时间为 5 天;16 日至 24 日每天人数为 206 人(200 人+6 人),持续的时间为 9 天;1 月 25 日至月底人数为 197 人(206 人−9 人),持续时间为 6 天。这样,每天人数都是已知的,由非连续性变动时点数列变为连续性时点数列。将资料进行整理,如图 8-3 所示。

日期	1—10日	10—15日	15—24日	24—30日	合计
天数 f	10	5	9	6	30
工人人数 a	218	200	206	197	
$a \cdot f$	2180	1000	1854	1182	6216

图 8-3 月工人人数统计资料

该企业该月份平均工人人数为:

$$\bar{a} = \frac{\sum af}{\sum f} = \frac{218 \times 10 + 200 \times 5 + 206 \times 9 + 197 \times 6}{10 + 5 + 9 + 6} 人$$

$$= 208 \text{ 人}$$

(2) 根据间断时点数列计算序时平均数。

间断时点数列分为两种情况,一种是间隔相等的,一种是间隔不等的。

第一种,间隔相等的间断时点数列。

在统计工作中,对现象每天的变动情况都进行登记是有困难的,为简化登记手续,往往每隔一定时间登记一次,如定期盘点的期末库存,十年一次人口普查等。若登记的间隔期相等,数值为时点指标,所记录的数据形成的就是间隔相等的间断时点数列。

为了解决时点数列不能相加的问题,对相邻两个数据可采用中点公式进行平均,平均后的数据代表每期(时间周期由每天变为每期)的数据:

$$\bar{a}_1 = \frac{a_0 + a_1}{2}, \bar{a}_2 = \frac{a_1 + a_2}{2}, \cdots, \bar{a}_n = \frac{a_{n-1} + a_n}{2}$$

由于平均数具有代表性作用,它既可以代表长期水平,也可以代表短期水平,甚至某一时间点上的水平,这样就意味着每一期的数据都是已知的,且平均数是可以相加的,从而将间断时点数列过渡为连续性时点数列。

计算公式为:

$$\bar{a} = \frac{\dfrac{a_0 + a_1}{2} + \dfrac{a_1 + a_2}{2} + \dfrac{a_2 + a_3}{2} + \cdots + \dfrac{a_{n-1} + a_n}{2}}{n}$$

$$= \frac{\dfrac{a_0}{2} + a_1 + a_2 + \cdots + a_{n-1} + \dfrac{a_n}{2}}{n}$$

或

$$\bar{a}=\frac{\frac{a_1+a_2}{2}+\frac{a_2+a_3}{2}+\cdots+\frac{a_{n-1}+a_n}{2}}{n-1}$$

$$=\frac{\frac{a_1}{2}+a_2+a_3+\cdots+a_{n-1}+\frac{a_n}{2}}{n-1}$$

由于时点数列每期由期初水平和期末水平两个数据构成，时期数要比数据个数少一个，若数列从 a_0 开始，分母应为 n；若数列从 a_1 开始，分母应为 $n-1$。

从公式可以看出，经过简化，序时平均数的计算方法变为二分之首项，加中间各项，再加二分之末项，这种计算方法称为首尾折半法。

【例 8-4】 某企业某年第二季度商品库存资料如表 8-9 所示。要求：计算第二季度的平均库存量。

表 8-9　商品库存资料

时间	3 月末	4 月末	5 月末	6 月末
库存量 / 件	66	72	64	68

解　第二季度的各相邻两月平均库存量计算如图 8-4 所示。

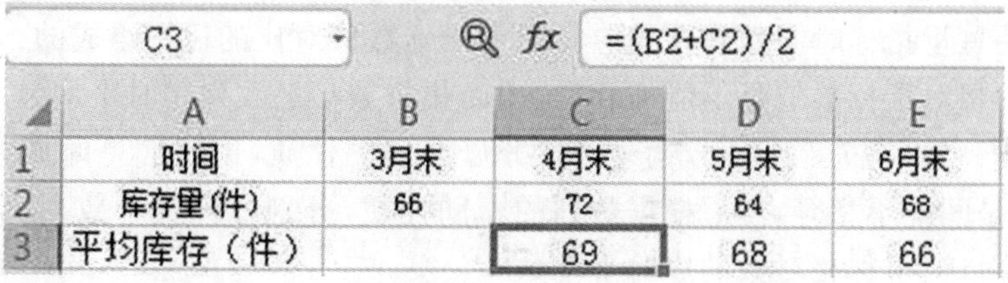
C3　fx =(B2+C2)/2

	A	B	C	D	E
1	时间	3月末	4月末	5月末	6月末
2	库存量(件)	66	72	64	68
3	平均库存（件）		69	68	66

图 8-4　第二季度的各相邻两月平均库存量计算

第二季度平均库存量计算如图 8-5 所示。

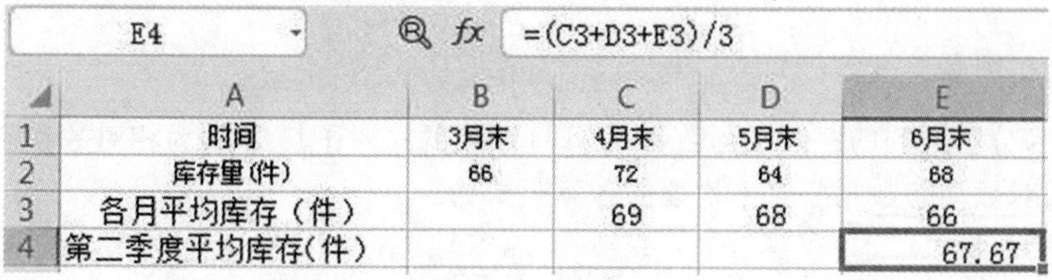
E4　fx =(C3+D3+E3)/3

	A	B	C	D	E
1	时间	3月末	4月末	5月末	6月末
2	库存量(件)	66	72	64	68
3	各月平均库存（件）		69	68	66
4	第二季度平均库存(件)				67.67

图 8-5　第二季度平均库存量计算

$$\bar{a}=\frac{\frac{66+72}{2}+\frac{72+64}{2}+\frac{64+68}{2}}{4-1}\text{件}=\frac{\frac{66}{2}+72+64+\frac{68}{2}}{3}\text{件}=67.67\text{ 件}$$

第二种，间隔不等的间断时点数列。

如果时点数列相邻时点间隔不等，就必须首尾折半后以时间间隔作为权数，采用加权平均法计算序时平均数。该加权平均法用于根据不定期抽查、不定期盘点数据编制的时间数列。

设 $\bar{a}$ 为序时平均数，f 为各时点间隔的长度，则计算公式为：

$$\bar{a} = \frac{\dfrac{a_0+a_1}{2}f_1 + \dfrac{a_1+a_2}{2}f_2 + \cdots + \dfrac{a_{n-1}+a_n}{2}f_n}{\sum f}$$

【例 8-5】 某企业 2018 年资产清查共进行 4 次，所得资料如表 8-10 所示。要求：计算该企业 2018 年的平均资产金额。

表 8-10 资产清查资料

时间	1月1日	5月31日	8月31日	12月31日
资产金额／万元	362	390	416	420

解 由于清查相邻时点间隔长度不相等，宜采用加权平均法。四次资产清查时间间隔分别为 5 个月、3 个月和 4 个月，则该企业 2018 年的平均资产金额为：

$$\bar{a} = \frac{\dfrac{362+390}{2}\times 5 + \dfrac{390+416}{2}\times 3 + \dfrac{416+420}{2}\times 4}{5+3+4} \text{万元} = 396.75 \text{ 万元}$$

（二）根据相对数动态数列计算序时平均数

由于相对数属于派生指标，是由同期的两个相关绝对数对比而来的，相对数动态数列是由两个同时期相关总量指标时间数列在相应时间上指标数值对比的比率组成的。

不同时期的相对指标数值是不能加和的，因而相对数动态数列序时平均数不能直接由各期相对数简单平均计算，应正确区分分子数列、分母数列的性质，即它们是时期数列还是时点数列，间隔相等还是间隔不相等，然后根据数列的不同性质，分别计算分子数列、分母数列的序时平均数，再进行对比，求得相对数的序时平均数。

1. 根据两个时期数列对比所形成的相对数动态数列计算序时平均数

当分子数列和分母数列都是时期数列时，数列中每个指标都是时期指标。

设 a 表示分子数列的指标数值，b 表示分母数列的指标数值，c 表示所形成的相对数动态数列的指标数值，则有 $c = \dfrac{a}{b}$。

再设 $\bar{a}$ 为分子数列的序时平均数，$\bar{b}$ 为分母数列的序时平均数，$\bar{c}$ 为相对数动态数列的序时平均数，则相对数动态数列序时平均数的计算公式为：

$$\bar{c} = \left(\overline{\dfrac{a}{b}}\right) = \dfrac{\bar{a}}{\bar{b}} = \dfrac{\dfrac{\sum a}{n}}{\dfrac{\sum b}{n}} = \dfrac{\sum a}{\sum b}$$

根据所掌握资料的不同，分为以下两种情况。

（1）分子数列和分母数列均已知，可直接利用公式计算。

【例 8-6】 某企业第二季度各月生产计划完成情况如表 8-11 所示。

表 8-11　生产计划完成情况 1

月份	4月份	5月份	6月份
实际产量 a / 吨	5 000	6 180	8 720
计划产量 b / 吨	5 000	6 000	8 000
计划完成程度 $c = \dfrac{a}{b}$ /(%)	100	103	109

要求：计算第二季度平均计划完成程度。

解　第一步，分别计算分子数列、分母数列的序时平均数：

$$\bar{a} = \frac{5\,000 + 6\,180 + 8\,720}{3} \text{吨} = 6\,633.33 \text{吨}$$

$$\bar{b} = \frac{5\,000 + 6\,000 + 8\,000}{3} \text{吨} = 6\,333.33 \text{吨}$$

第二步，代入计划完成相对数动态数列序时平均数计算公式：

$$\bar{c} = \overline{\left(\frac{a}{b}\right)} = \frac{\bar{a}}{\bar{b}} = \frac{6\,633.33}{6\,333.33} = 1.047\,4 = 104.74\%$$

(2) 所掌握的资料不齐全，无法直接计算，需要调整。要根据分子数列、分母数列与相对数动态数列之间的关系，推算出所需资料，分以下两种情况。

第一种，分母数列与相对数动态数列已知，分子数列未知，根据三者之间的关系，推算出分子数列后，再利用公式计算。这时，相对数动态数列的序时平均数计算变为以相对数动态数列为变量，以分母为权数计算加权平均数的形式。

【例 8-7】 某企业第二季度各月生产计划完成情况如表 8-12 所示。

表 8-12　生产计划完成情况 2

月份	4月份	5月份	6月份
计划产量 b / 吨	5 000	6 000	8 000
计划完成程度 /(%)	100	103	109

要求：计算第二季度平均计划完成程度。

解　要计算平均计划完成程度，但各月实际产量未知，属于资料不全，无法直接计算，但给出了计划产量数列和计划完成程度数列，各月实际产量数列可推算求出。

$$c = \frac{a}{b} \Rightarrow a = b \times c$$

则 4 月份实际产量为：5 000 吨 × 100% = 5 000 吨。5 月份实际产量为：6 000 吨 × 103% = 6 180 吨。6 月份实际产量为：8 000 吨 × 109% = 8 720 吨。

代入相对数动态数列序时平均数计算公式：

$$\bar{c} = \overline{\left(\frac{a}{b}\right)} = \frac{\bar{a}}{\bar{b}} = \frac{\sum a}{\sum b} = \frac{5\,000 + 6\,180 + 8\,720}{5\,000 + 6\,000 + 8\,000} = 1.047\,4 = 104.74\%$$

第二种，分子数列与相对数动态数列已知，分母数列未知，根据三者之间的关系，推算出分母数列，再利用公式计算。这时，相对数动态数列的序时平均数计算变为以相对数动态数列为变量,以分子为权数计算加权调和平均数的形式。

【例 8-8】 某企业第二季度各月生产计划完成情况如表 8-13 所示。

表 8-13　生产计划完成情况 3

月份	4月份	5月份	6月份
实际产量 a/吨	5 000	6 180	8 720
计划完成程度/(%)	100	103	109

要求:计算第二季度平均计划完成程度。

解　此处属于分母数列未知,同样可推算出分母数列。

$$c = \frac{a}{b} \Rightarrow b = \frac{a}{c}$$

则 4 月份计划产量为:5 000 吨 ÷ 100% = 5 000 吨。5 月份计划产量为:6 180 吨 ÷ 103% = 6 000 吨。6 月份计划产量为:8 720 吨 ÷ 109% = 8 000 吨。

代入公式:

$$\bar{c} = \left(\overline{\frac{a}{b}}\right) = \frac{\bar{a}}{\bar{b}} = \frac{\sum a}{\sum b} = \frac{5\ 000 + 6\ 180 + 8\ 720}{5\ 000 + 6\ 000 + 8\ 000} = 1.047\ 4 = 104.74\%$$

2. 根据两个时点数列对比所形成的相对数动态数列计算序时平均数

如果相对数动态数列是由两个时点数列对比形成的,则计算序时平均数时要区分间隔是相等还是不相等,间隔相等时用简单平均数计算方法,间隔不相等时用加权平均数计算方法。

(1) 分子数列、分母数列均为间隔相等的时点数列,序时平均数计算公式为:

$$\bar{c} = \left(\overline{\frac{a}{b}}\right) = \frac{\bar{a}}{\bar{b}} = \frac{\dfrac{\dfrac{a_0}{2} + a_1 + a_2 + \cdots + \dfrac{a_n}{2}}{n}}{\dfrac{\dfrac{b_0}{2} + b_1 + b_2 + \cdots + \dfrac{b_n}{2}}{n}}$$

$$= \frac{\dfrac{a_0}{2} + a_1 + a_2 + \cdots + \dfrac{a_n}{2}}{\dfrac{b_0}{2} + b_1 + b_2 + \cdots + \dfrac{b_n}{2}}$$

【例 8-9】 某农场第二季度生产工人与全体职工人数统计资料如表 8-14 所示。

表 8-14　生产工人与全体职工人数统计资料 1

时间	3月末	4月末	5月末	6月末
生产工人人数 a/人	435	452	462	576
全体职工人数 b/人	580	580	600	720
生产工人人数占全体职工人数的比重/(%)	75	78	77	80

要求:试计算第二季度生产工人与全体职工的平均比重。

解　生产工人人数、全体职工人数均为间隔相等的时点数列,则直接计算:

$$\bar{c} = \left(\overline{\frac{a}{b}}\right) = \frac{\bar{a}}{\bar{b}} = \frac{\frac{a_0}{2} + a_1 + a_2 + \cdots + \frac{a_n}{2}}{\frac{b_0}{2} + b_1 + b_2 + \cdots + \frac{b_n}{2}} = \frac{\frac{435}{2} + 452 + 462 + \frac{576}{2}}{\frac{580}{2} + 580 + 600 + \frac{720}{2}} = 0.7757 = 77.57\%$$

（2）分子数列、分母数列均为间隔不相等的时点数列，应以间隔时间长度为权数，采用加权平均法计算序时平均数。计算公式为：

$$\bar{c} = \left(\overline{\frac{a}{b}}\right) = \frac{\bar{a}}{\bar{b}} = \frac{\dfrac{\dfrac{a_0+a_1}{2}f_1 + \dfrac{a_1+a_2}{2}f_2 + \cdots + \dfrac{a_{n-1}+a_n}{2}f_n}{\sum f}}{\dfrac{\dfrac{b_0+b_1}{2}f_1 + \dfrac{b_1+b_2}{2}f_2 + \cdots + \dfrac{b_{n-1}+b_n}{2}f_n}{\sum f}}$$

$$= \frac{\dfrac{a_0+a_1}{2}f_1 + \dfrac{a_1+a_2}{2}f_2 + \cdots + \dfrac{a_{n-1}+a_n}{2}f_n}{\dfrac{b_0+b_1}{2}f_1 + \dfrac{b_1+b_2}{2}f_2 + \cdots + \dfrac{b_{n-1}+b_n}{2}f_n}$$

【例 8-10】 某农场 2018 年生产工人与全体职工人数统计资料如表 8-15 所示。

表 8-15　生产工人与全体职工人数统计资料 2

时间	1月1日	5月31日	8月31日	12月31日
生产工人人数 a/人	280	320	350	368
全体职工人数 b/人	362	390	416	420

要求：计算该农场生产工人人数占全体职工人数的平均比重。

解　由于以上时点数列相邻时点间隔不相等，宜采用加权平均法，计算序时平均数。表 8-15 中的四次统计的时间间隔分别为 5 个月、3 个月和 4 个月，则该地区 2018 年的月平均比重（$\bar{c}$）为：

$$\bar{c} = \left(\overline{\frac{a}{b}}\right) = \frac{\bar{a}}{\bar{b}} = \frac{\dfrac{a_0+a_1}{2}f_1 + \dfrac{a_1+a_2}{2}f_2 + \cdots + \dfrac{a_{n-1}+a_n}{2}f_n}{\dfrac{b_0+b_1}{2}f_1 + \dfrac{b_1+b_2}{2}f_2 + \cdots + \dfrac{b_{n-1}+b_n}{2}f_n}$$

$$= \frac{\dfrac{280+320}{2}\times 5 + \dfrac{320+350}{2}\times 3 + \dfrac{350+368}{2}\times 4}{\dfrac{362+390}{2}\times 5 + \dfrac{390+416}{2}\times 3 + \dfrac{416+420}{2}\times 4} = 0.8278 = 82.78\%$$

3. 根据时期数列和时点数列对比所形成的相对数动态数列计算序时平均数

如果相对数动态数列中，分子是时期数列，分母是时点数列，则应分别计算分子数列和分母数列的序时平均数，然后再将它们对比求得相对数动态数列的序时平均数。在计算分母数列（时点数列）的序时平均数时，要区分间隔相等和间隔不相等两种情况。

第一种，当分母数列（时点数列）间隔相等时，分子数列用简单算术平均数作为序时平均数，分母数列用首尾折半法计算序时平均数。相对数动态数列的序时平均数计算公式为：

$$\bar{c} = \overline{\left(\frac{a}{b}\right)} = \frac{\bar{a}}{\bar{b}} = \frac{\dfrac{\sum a}{n}}{\dfrac{\dfrac{b_1}{2} + b_2 + b_3 + \cdots + b_{n-1} + \dfrac{b_n}{2}}{n-1}}$$

【例 8-11】 某商城某种商品 2018 年第二季度各月商品流转额与商品库存额资料如表 8-16 所示。

表 8-16　第二季度各月商品流转额与商品库存额资料

时间	3 月末	4 月末	5 月末	6 月末
商品流转额 a/万元		144	148	154
商品库存额 b/万元	50	57	48	54

要求：计算第二季度平均商品流转次数。

解　平均商品流转次数＝平均商品流转额÷平均商品库存额。

第一步，计算商品流转额序时平均数。商品流转额是时期指标，用简单算术平均数作为序时平均数：

$$\bar{a} = \frac{\sum a}{n} = \frac{144 + 148 + 154}{3} \text{万元} = 148.67 \text{万元}$$

第二步，计算商品库存额序时平均数。商品库存额是间隔相等的时点指标，采用首尾折半法计算序时平均数：

$$\bar{b} = \frac{\dfrac{b_1}{2} + b_2 + \cdots + \dfrac{b_n}{2}}{n-1} = \frac{\dfrac{50}{2} + 57 + 48 + \dfrac{54}{2}}{4-1} \text{万元} = 52.33 \text{万元}$$

第三步，代入公式计算平均商品流转次数：

$$\text{平均商品流转次数} = \frac{\text{平均商品流转额}}{\text{平均商品库存额}} = \frac{148.67}{52.33} = 2.84$$

则第二季度平均商品流转次数为 2.84 次。

第二种，当分母数列(时点数列)间隔不相等时，分子数列(时期数列)用简单算术平均数作为序数平均数，分母数列用加权算术平均数作为序数平均数。相对数动态数列的序时平均数计算公式为：

$$\bar{c} = \overline{\left(\frac{a}{b}\right)} = \frac{\bar{a}}{\bar{b}} = \frac{\dfrac{\sum a}{n}}{\dfrac{\dfrac{b_1+b_2}{2}f_1 + \dfrac{b_2+b_3}{2}f_2 + \cdots + \dfrac{b_{n-1}+b_n}{2}f_{n-1}}{f_1 + f_2 + \cdots + f_{n-1}}}$$

注意：以上两个计算公式中，分子数列(时期数列)比分母数列(时点数列)少一项。

(三) 根据平均数动态数列计算序时平均数

根据平均数动态数列计算序时平均数的方法和原理与根据相对数动态数列计算序时平均数的方法和原理相同，即分别计算分子数列和分母数列的序时平均数，然后将两个序时平均数进行对比而求得。

设 $\bar{a}$ 为分子数列的序时平均数，$\bar{b}$ 为分母数列的序时平均数，$\bar{c}$ 为平均数动态数列的序时平均数，则计算公式为：

$$\bar{c} = \frac{\bar{a}}{\bar{b}}$$

【例 8-12】 某企业工人人数及月平均工资资料如表 8-17 所示。

表 8-17 工人人数及月平均工资资料

月份	1	2	3	4	5	6	7
平均工资／元	4 000	4 200	4 500	4 300	4 600	4 800	5 000
月初工人人数／人	68	62	64	72	68	70	66

要求：计算该企业上半年工人的月平均工资。

解 月平均工资＝平均工资×平均工人人数，计算过程如图 8-6 所示。

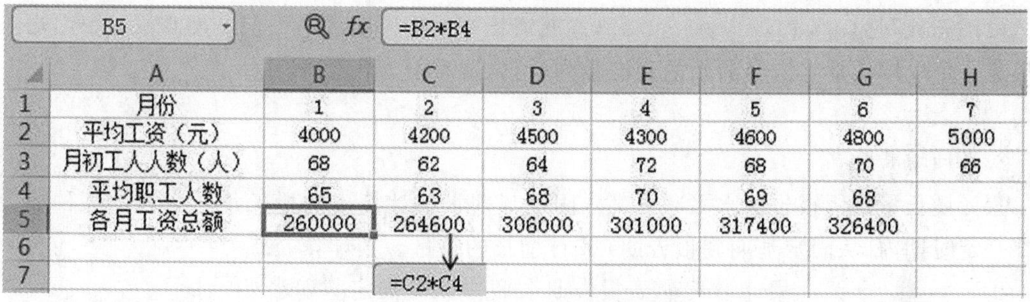

	A	B	C	D	E	F	G	H
1	月份	1	2	3	4	5	6	7
2	平均工资（元）	4000	4200	4500	4300	4600	4800	5000
3	月初工人人数（人）	68	62	64	72	68	70	66
4	平均职工人数	65	63	68	70	69	68	
5	各月工资总额	260000	264600	306000	301000	317400	326400	

B5 单元格：=B2*B4；C7 单元格：=C2*C4

图 8-6 月平均工资计算过程

月平均工资为：

$$\bar{c} = \frac{\bar{a}}{\bar{b}} = \frac{\dfrac{260\,000 + 264\,600 + 306\,000 + 301\,000 + 317\,400 + 326\,400}{6}}{\dfrac{\dfrac{68}{2} + 62 + 64 + 72 + 68 + \dfrac{70}{2}}{7-1}} \text{元}$$

＝5 299.70 元

计算平均发展水平时应注意两个问题：

其一，平均发展水平的计算，只适用于那些在研究期间比较平稳（变化不大）或者短期上下波动较大但长期趋势不明显的现象。如果现象在发展变化过程中，有明显的向上或者向下的趋势，则需要进行趋势分析，此时计算平均发展水平没有实际意义。例如，将一个人的身高按出生到成年各时期进行平均，所得数值既不能代表过去身高，也不能代表现在身高，更不能代表未来身高。

其二，对间隔相等和间隔不相等的间断时点数列，在计算序时平均数时都假定两个相邻时点之间的数量变动是均匀的，因此，用这两种方法计算得到的序时平均数只是一个近似值。时点数列的时间间隔越长，这种假定性越大，其准确性也就越差。

三、增长量

增长量指标是从绝对数的角度分析现象在不同发展阶段的发展变化方向、变动大小的动态分析指标,主要有增长量和平均增长量。

增长量,也称增减量,它是指某种社会经济现象在一定时期内增长或减少的绝对数量,其目的在于揭示从基期到报告期变动的绝对量。其计算公式为:

$$增长量 = 报告期水平 - 基期水平$$

当报告期水平大于基期水平的时候,增长量为正值,表示现象的水平增加;当报告期水平小于基期水平的时候,增长量为负值,表示现象的水平降低。

由于采用的对比期不同,增长量有三种。

1. 逐期增长量

逐期增长量是以相邻前期为基期,用报告期水平减去前一期的水平计算出的增长量。它表示各报告期相对前一期(相邻前期)增长的绝对数量。

设动态数列为 $a_1, a_2, a_3, \cdots a_{n-1}, a_n$,逐期增长量 = 报告期水平 - 前一期水平,这样,通过计算形成一个以增长量为内容的新的动态数列,用公式表示为:

$$a_1 - a_0, a_2 - a_1, a_3 - a_2, \cdots, a_n - a_{n-1}$$

2. 累计增长量

累计增长量是用报告期水平减去某一固定基期水平计算出的增长量。它表示某种社会现象在一定时期内(从固定基期到报告期)累计增长的总量。其计算公式为:

$$累计增长量 = 报告期水平 - 某一固定基期水平$$

通过计算形成的新的动态数列为:

$$a_1 - a_0, a_2 - a_0, a_3 - a_0, \cdots, a_n - a_0$$

虽然逐期增长量与累计增长量的对比期不同,但两者存在着一定的数量关系:

第一,截至某一期的累计增长量等于该期之前的逐期增长量之和。

用公式表示为:

$$(a_1 - a_0) + (a_2 - a_1) + \cdots + (a_i - a_{i-1}) + \cdots + (a_n - a_{n-1}) = a_i + a_0$$

第二,相邻两个时期的累计增长量之差等于相应时期的逐期增长量,即

$$(a_i - a_0) - (a_{i-1} - a_0) = a_i - a_{i-1}$$

$$(a_n - a_0) - (a_{n-1} - a_0) = a_n - a_{n-1}$$

掌握逐期增长量与累计增长量的关系,有助于实现二者的相互推算。

【例 8-13】 根据我国 2011—2017 年粮食产量资料(见表 8-18),计算逐期增长量和累计增长量。

表 8-18 我国 2011—2017 年粮食产量资料

年份	2011	2012	2013	2014	2015	2016	2017
粮食产量 / 万吨	57 121	58 958	60 194	60 703	62 214	61 625	61 491

解 计算过程如图 8-7 所示。

```
        H4        fx    =H2-$B$2
    A           B       C       D       E       F       G       H
1   年份        2011    2012    2013    2014    2015    2016    2017
2   粮食产量(万吨) 57121  58958   60194   60703   62214   61625   61491
3   逐期增长量(万吨)       1837    1236    509     1511    -589    -134
4   累计增长量(万吨)       1837    3073    3582    5093    4504    4370
5                                       =E2-D2
```

图 8-7　2011—2017 年粮食产量增长量逐期增长量和累计增长量计算过程

3. 年距增长量

在实际统计工作中,为了消除季节不同对现象水平的影响,需要计算同期增长量,即某期水平相对上年同期水平的增长量,这个指标叫年距增长量,其计算公式为:

$$年距增长量 = 本期发展水平 - 去年同期发展水平$$

【例 8-14】　某农产品开始上市,今年收购价格为每斤 3.5 元,去年同期收购价格为每斤 2.5 元,则年距增长量 = 3.5 元/斤 - 2.5 元/斤 = 1 元/斤。

说明今年比去年同期收购价格每斤上涨了 1 元。

四、平均增长量

各时期增长量有高有低,为了表明现象在一个较长时期内的变动情况,需要计算平均增长量。

平均增长量是指动态数列的各个逐期增长量的序时平均数,用以说明现象在一定时期内平均每期增长的绝对量。其计算公式为:

$$平均增长量 = \frac{逐期增长量之和}{逐期增长量个数} = \frac{累计增长量}{动态数列个数 - 1}$$

【例 8-15】　某人从出生到 18 岁,每年生日时测得的身高资料如图 8-8 所示。

```
        C21       fx    =SUM(C3:C20)
    A       B          C              D
1   年龄    身高/cm    逐期增长量/cm   累计增长量/cm
2   出生    52
3   1岁     75         23             23
4   2岁     88         13             36
5   3岁     93         5              41
6   4岁     99         6              47
7   5岁     108        9              56
8   6岁     115        7              63
9   7岁     119        4              67
10  8岁     122        3              70
11  9岁     125        3              73
12  10岁    129        4              77
13  11岁    133        4              81
14  12岁    138        5              86
15  13岁    143        5              91
16  14岁    149        6              97
17  15岁    155        6              103
18  16岁    162        7              110
19  17岁    168        6              116
20  18岁    172        4              120
21       合    计       120
```

图 8-8　身高资料

此人平均每年身高增长多少?

解 由图 8-8 可以看出,各年龄段身高增长明显有差别,两岁前长得最快,其次是 12～17 岁这一年龄段,平均每年身高增长量计算如下:

$$平均增长量 = \frac{累计增长量}{动态数列个数-1} = \frac{120}{18} \text{ cm} = 6.67 \text{ cm}$$

此人平均每年身高增长 6.67 cm。

任务三 动态数列发展速度分析

速度指标是以基期水平为基础,将不同时期的指标通过对比的方式得出的相对指标,是表明现象在不同发展阶段的发展变化方向、快慢程度的一种动态分析指标;是从相对角度分析研究现象的一系列指标。速度指标主要有四种,即发展速度、增长速度、增长1%的绝对值、平均发展速度与平均增长速度。

一、发展速度

发展速度是表明社会现象发展方向和程度的动态分析指标,是将报告期水平和基期水平进行对比(说明现象变化后是变化前的多少倍或百分之几)而得到的动态相对数。发展速度表明报告期水平是基期水平的若干倍(或百分之几)。其计算公式为:

$$发展速度 = \frac{报告期水平}{基期水平} \times 100\%$$

发展速度一般用百分数表示,也用倍数表示。若发展速度大于百分之百(或大于1),则表示变化方向为上升;若发展速度小于百分之百(或小于1),则表示变化方向为下降。发展速度数值的大小表示变化的快慢。

由于采用的基期不同,发展速度分为环比发展速度、定基发展速度、年距发展速度等。

1. 环比发展速度

环比发展速度是指报告期水平与其前一期水平之比,说明报告期水平是前一期水平的多少倍(或百分之几)。

设动态数列为 $a_1, a_2, a_3, \cdots, a_{n-1}, a_n$,环比发展速度计算方法为:

$$\frac{a_1}{a_0} \quad \frac{a_2}{a_1} \quad \frac{a_3}{a_2} \quad \frac{a_4}{a_3} \quad \frac{a_5}{a_4} \quad \cdots \quad \frac{a_n}{a_{n-1}}$$

某种社会现象的环比发展速度表明这种社会现象逐期发展的程度。如果计算的单位时期为一年,则这个指标也可以叫作年速度。

【例 8-16】 我国 2011—2017 年粮食产量如表 8-19 所示。

表 8-19 我国 2011—2017 年粮食产量 （单位:万吨）

年份	2011	2012	2013	2014	2015	2016	2017
粮食产量	57 121	58 958	60 194	60 703	62 214	61 625	61 491

要求:计算环比发展速度。

解 计算过程如图 8-9 所示。

	A	B	C	D	E	F	G	H
			fx	=C2/B2*100				
1	年份	2011	2012	2013	2014	2015	2016	2017
2	粮食产量(万吨)	57121	58958	60194	60703	62214	61625	61491
3	环比发展速度(%)	----	103.22	102.10	100.85	102.49	99.05	99.78

图 8-9　环比发展速度计算过程

2.定基发展速度

定基发展速度是指报告期水平与某一固定时期水平(通常为最初水平)之比。其计算方法为:

$$\frac{a_1}{a_0} \quad \frac{a_2}{a_0} \quad \frac{a_3}{a_0} \quad \frac{a_4}{a_0} \quad \frac{a_5}{a_0} \quad \cdots \quad \frac{a_n}{a_0}$$

某种社会现象的定基发展速度表明这种社会现象在较长时期内总的发展速度,因此也叫总速度。

【例 8-17】　已知资料仍如表 8-19 所示。要求:计算定基发展速度。

解　计算过程如图 8-10 所示。

	A	B	C	D	E	F	G	H
			fx	=C2/$B$2*100				
1	年份	2011	2012	2013	2014	2015	2016	2017
2	粮食产量(万吨)	57121	58958	60194	60703	62214	61625	61491
3	定基发展速度(%)	----	103.22	105.38	106.27	108.92	107.89	107.65

图 8-10　定基发展速度计算过程

3.定基发展速度与环比发展速度的关系

第一,定基发展速度等于相应时期内的各个环比发展速度的连乘积。用公式表示为:

$$\frac{a_1}{a_0} \times \frac{a_2}{a_1} \times \frac{a_3}{a_2} \times \frac{a_4}{a_3} \times \frac{a_5}{a_4} \times \cdots \times \frac{a_{n-1}}{a_{n-2}} \times \frac{a_n}{a_{n-1}} = \frac{a_n}{a_0}$$

第二,相邻时期的两个定基发展速度之比等于相应时期的环比发展速度。用公式表示为:

$$\frac{a_n}{a_0} \div \frac{a_{n-1}}{a_0} = \frac{a_n}{a_{n-1}}$$

上式表明,如果知道相邻两个时期分别的总速度,就可以推算出这两个时期的环比发展速度。

4.年距发展速度

在实际统计分析工作中,为了消除季节变动的影响(类似于年距增长量指标),也常计算年距发展速度,计算公式为:

$$年距发展速度 = \frac{报告期水平}{上年同期水平} \times 100\%$$

年距发展速度用以说明报告期水平与上年同期水平对比所表示达到的相对程度。

【例 8-18】　某种水果开始上市,今年收购价格为每斤3.5元,去年同期收购价格为每斤2.5

元。要求:计算年距发展速度。

解 计算过程如下:

$$年距发展速度 = \frac{3.5}{2.5} \times 100\% = 140\%$$

说明今年该水果价格达到了去年价格的140%。

二、增长速度

增长速度是将现象的绝对变动与相对变动结合起来,研究现象随时间变化而变化的方向和变动快慢的一种动态指标,是国民经济统计分析的常用指标之一,如人口增长率、经济增长率、通货膨胀率等。

计算公式为:

$$增长速度 = \frac{增长量}{基期水平} \times 100\%$$

增长速度是将增长量与其基期水平进行对比,表明报告期水平比基期水平增长(或降低)了百分之几或多少倍,是说明社会现象增长程度的动态相对指标,通常用百分数或倍数表示。

增长速度与发展速度相似,由于采用的对比基期不同,分为环比增长速度、定基增长速度、年距增长速度等。

1. 环比增长速度

环比增长速度是逐期增长量与前一期水平之比,它表明社会经济现象相对前一期的增长方向和程度。计算方法为:

$$\frac{a_1 - a_0}{a_0} \quad \frac{a_2 - a_1}{a_1} \quad \frac{a_3 - a_2}{a_2} \quad \frac{a_4 - a_3}{a_3} \quad \cdots \quad \frac{a_n - a_{n-1}}{a_{n-1}}$$

$$\frac{a_1}{a_0} - 1 \quad \frac{a_2}{a_1} - 1 \quad \frac{a_3}{a_2} - 1 \quad \frac{a_4}{a_3} - 1 \quad \cdots \quad \frac{a_n}{a_{n-1}} - 1$$

即

$$环比增长速度 = 环比发展速度 - 1(或100\%)$$

2. 定基增长速度

定基增长速度是累计增长量与某一固定时期水平(通常为最初水平a_0)之比,它反映社会经济现象在较长时期内总的增长方向和程度。

计算方法为:

$$\frac{a_1 - a_0}{a_0} \quad \frac{a_2 - a_0}{a_0} \quad \frac{a_3 - a_0}{a_0} \quad \frac{a_4 - a_0}{a_0} \quad \cdots \quad \frac{a_n - a_0}{a_0}$$

即

$$定基增长速度 = 定基发展速度 - 1(或100\%)$$

【例8-19】 已知资料如表8-19所示。要求:计算2011—2017年各年环比增长速度和定基增长速度。

解 计算过程如图8-11所示。

3. 环比增长速度与定基增长速度之间的推算

由于环比增长速度与定基增长速度不存在直接关系,因此,在推算时,要将其过渡为发展速

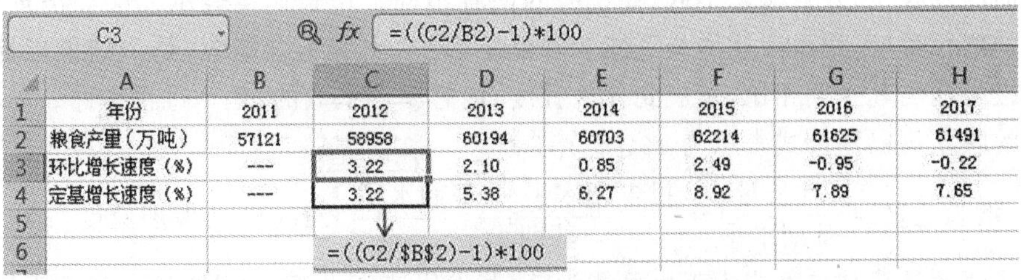
C3 fx =((C2/B2)-1)*100

	A	B	C	D	E	F	G	H
1	年份	2011	2012	2013	2014	2015	2016	2017
2	粮食产量(万吨)	57121	58958	60194	60703	62214	61625	61491
3	环比增长速度(%)	---	3.22	2.10	0.85	2.49	-0.95	-0.22
4	定基增长速度(%)	---	3.22	5.38	6.27	8.92	7.89	7.65
5								
6			=((C2/$B$2)-1)*100					

图 8-11　环比增长速度和定基增长速度计算过程

度。首先将环比增长速度加 1 变成环比发展速度;再将各期环比发展速度连乘,得到定基发展速度;最后用定基发展速度减 1 得到定基增长速度。

将例 8-16、例 8-17 和例 8-19 中的计算放在同一表中,将计算值以倍数形式显示,就能很清楚地看出环比增长速度与定基增长速度之间的关系,如图 8-12 所示。

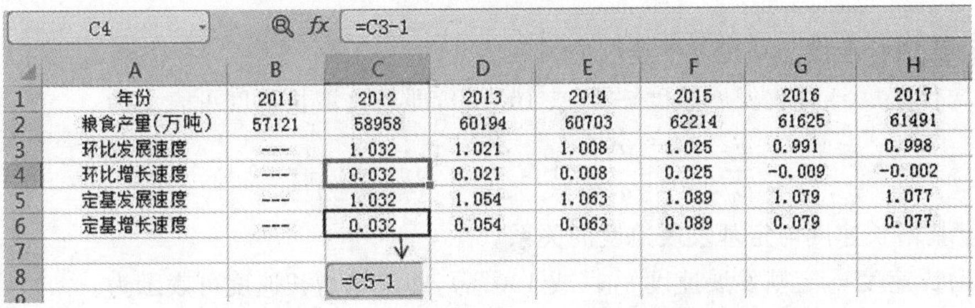
C4 fx =C3-1

	A	B	C	D	E	F	G	H
1	年份	2011	2012	2013	2014	2015	2016	2017
2	粮食产量(万吨)	57121	58958	60194	60703	62214	61625	61491
3	环比发展速度	---	1.032	1.021	1.008	1.025	0.991	0.998
4	环比增长速度	---	0.032	0.021	0.008	0.025	-0.009	-0.002
5	定基发展速度	---	1.032	1.054	1.063	1.089	1.079	1.077
6	定基增长速度	---	0.032	0.054	0.063	0.089	0.079	0.077
7								
8			=C5-1					

图 8-12　将例 8-16、例 8-17 和例 8-19 中的计算放在同一表中

从图 8-10 中可以看出,2017 年的定基发展速度为 107.65%,则 2011—2017 年的环比发展速度的连乘积为:

$$1.032\times1.021\times1.008\times1.025\times0.991\times0.998=1.0765=107.65\%$$

正好等于 2017 年的定基发展速度。

4. 年距增长速度

在实际工作中,因观察研究需要,也常计算年距增长速度,用于说明年距增长量与上年同期发展水平对比所表示达到的相对增长程度。用公式表示为:

$$年距增长速度=\frac{年距增长量}{上年同期发展水平}=年距增长速度-1(或100\%)$$

【例 8-20】 某种水果开始上市,今年收购价格为每斤 3.5 元,去年同期收购价格为每斤 2.5 元。要求:计算年距增长速度。

解　计算过程如下:

$$年距增长速度=\frac{3.5}{2.5}\times100\%-100\%=40\%$$

说明今年该水果价格相对于去年上升了 40%。

三、增长速度与发展速度之间的关系

增长速度是发展速度的进一步延伸,两者既有区别又有联系。

两者的区别在于,各自概念不同,要说明的内容不同。增长速度表示社会经济现象报告期相对基期的增长程度,用于表述增长了或者降低了多少,内容不含基数,是个结果指标;而发展速度表明报告期与其基期相比,发展到什么程度,内容是含基数的,是个过程指标。

两者的联系可以用公式表示为:

$$增长速度 = \frac{增长量}{基期水平} = \frac{报告期水平 - 基期水平}{基期水平} \times 100\% = 发展速度 - 1$$

增长速度的计算结果可能为正也可能为负:若发展速度大于1,则增长速度为正值,表示这种现象增长的程度;若发展速度小于1,则增长速度为负值,表示这种现象降低的程度,此时可称为降低速度。

增长速度是发展速度的派生指标。环比增长速度是在环比发展速度的基础上产生的,定基增长速度是在定基发展速度基础上产生的,两者之间没有直接关系,所以不能直接互相换算。如要进行换算,则要根据环比增长速度与环比发展速度、定基增长速度与定基发展速度的关系来确定。

(1) 环比增长速度与环比发展速度的关系。

环比增长速度 = 环比发展速度 - 1(或100%),即环比增长速度可表示为:

$$\frac{a_1}{a_0} - 1 \quad \frac{a_2}{a_1} - 1 \quad \frac{a_3}{a_2} - 1 \quad \cdots \quad \frac{a_n}{a_{n-1}} - 1$$

(2) 定基增长速度与定基发展速度的关系。

定基增长速度 = 定基发展速度 - 1(或100%),即定基增长速度可表示为:

$$\frac{a_1}{a_0} - 1 \quad \frac{a_2}{a_0} - 1 \quad \frac{a_3}{a_0} - 1 \quad \cdots \quad \frac{a_n}{a_0} - 1$$

四、增长1%的绝对值

速度指标用于反映社会现象发展或水平增长的相对程度,是一种相对数。由于相对数固有的抽象化特点,采用速度指标会把所对比的发展水平掩盖住。高速度并不意味着高水平,反而低速度的背后可能隐藏着高水平,仅仅看速度指标往往不易全面地认识现象的发展情况。为了了解增长速度带来的实际效果,常常要把增长速度与增长量联系起来,计算增长1%的绝对值。

增长1%的绝对值,是指在报告期水平与基期水平的比较中,报告期相对基期每增长1%所包含的绝对量。它是用逐期增长量与环比增长速度对比求得的。其计算公式为:

$$增长1\%的绝对值 = \frac{逐期增长量}{环比增长速度} = \frac{a_n - a_{n-1}}{\frac{a_n - a_{n-1}}{a_{n-1}} \times 100} = \frac{前期水平}{100}$$

从上述公式看,增长1%的绝对值等于前一期发展水平除以100。只要将前一期的发展水平的小数点向前移两位,即缩小至原来的1/100,就是增长1%的绝对值,这样,计算过程可以大大简化。

五、平均发展速度与平均增长速度

发展速度与增长速度仅仅表明社会经济现象在每一期的发展变化情况,要观察现象在某段时间内总的发展方向和程度,就需要计算平均发展速度与平均增长速度。

平均发展速度和平均增长速度在实际工作中起着重要的作用。这两个指标是编制国民经济计划、进行国民经济宏观调控的重要指标。

(一) 平均发展速度

平均发展速度是各期环比发展速度的序时平均数,也就是把全期的总发展速度平均化,以克服偶然因素的影响,说明现象平均发展变化的程度。

计算平均发展速度的方法主要有两种,即几何平均法和方程法。

1. 几何平均法

由于环比发展速度的连乘积等于定基发展速度,计算环比发展速度的序时平均数时,应采用几何平均法。

$$\frac{a_1}{a_0} \cdot \frac{a_2}{a_1} \cdot \frac{a_3}{a_2} \cdot \cdots \cdot \frac{a_n}{a_{n-1}} = \frac{a_n}{a_0}$$

设 x_i 为各期速度,$x_1 = \frac{a_1}{a_0}, x_2 = \frac{a_2}{a_1}, x_3 = \frac{a_3}{a_2}, \cdots, x_n = \frac{a_n}{a_{n-1}}$,则

$$x_1 \cdot x_2 \cdot x_3 \cdot \cdots \cdot x_i \cdot \cdots \cdot x_n = \frac{a_n}{a_0}$$

设 $\overline{X}$ 为平均发展速度,且 $x_1 = \overline{X}, x_2 = \overline{X}, x_3 = \overline{X}, \cdots, x_n = \overline{X}$,即各期以平均速度($\overline{X}$)发展,则

$$(\overline{X})^n = \frac{a_n}{a_0}$$

两边开 n 次方,得平均发展速度公式:

$$\overline{X} = \sqrt[n]{\frac{a_n}{a_0}}$$

根据所掌握资料的不同,平均发展速度的公式有所不同。

(1) 已知期初水平为 a_0,期末水平为 a_n 时:

$$\overline{X} = \sqrt[n]{\frac{a_n}{a_0}}$$

(2) 已知各期水平($a_0, a_1, a_2, \cdots, a_{n-1}, a_n$)时:

$$\overline{X} = \sqrt[n]{\frac{a_1}{a_0} \cdot \frac{a_2}{a_1} \cdot \cdots \cdot \frac{a_{n-1}}{a_{n-2}} \cdot \frac{a_n}{a_{n-1}}}$$

(3) 已知各期速度($x_1, x_2, \cdots, x_i, \cdots, x_n$)时:

$$\overline{X} = \sqrt[n]{x_1 \cdot x_2 \cdot \cdots \cdot x_i \cdot \cdots \cdot x_n}$$

(4) 已知总速度 R 时:

$$\overline{X} = \sqrt[n]{R}$$

(5) 当速度经过分组整理形成变量数列时,为了使计算简便,宜采用加权公式:

$$\overline{X} = \sqrt[f_1+f_2+\cdots+f_m]{x_1^{f_1} + x_2^{f_2} + \cdots + x_n^{f_m}}$$

式中:f_i 为第 i 组的次数;m 为组数。

(6) 已知翻番速度时,设 m 为翻番数,则

$$\overline{X} = \sqrt[m]{2}$$

【例 8-21】 已知资料如表 8-19 所示。要求：计算平均发展速度。

解 计算过程如图 8-13 所示。

	A	B	C	D	E	F	G	H
1	年份	2011	2012	2013	2014	2015	2016	2017
2	粮食产量	57121	58958	60194	60703	62214	61625	61491
3	环比发展速度		103.22%	102.10%	100.85%	102.49%	99.05%	99.78%
4	定基发展速度		103.22%	105.38%	106.27%	108.92%	107.89%	107.65%
5			=C2/B2						

图 8-13 平均发展速度计算过程

可用不同公式计算：

$$\overline{X} = \sqrt[n]{\frac{a_n}{a_0}} = \sqrt[6]{\frac{61\,491}{57\,121}} = 1.012\,4 = 101.24\%$$

$$\overline{X} = \sqrt[n]{x_1 \cdot x_2 \cdot \cdots \cdot x_i \cdot \cdots \cdot x_n}$$
$$= \sqrt[6]{103.22\% \times 102.10\% \times 100.85\% \times 102.49\% \times 99.05\% \times 99.78\%}$$
$$= 1.012\,4 = 101.24\%$$

$$\overline{X} = \sqrt[n]{R} = \sqrt[6]{107.65\%} = 1.012\,4 = 101.24\%$$

【例 8-22】 某流水生产线有前后衔接的五道工序。某日各工序产品的合格率分别为 95%、92%、90%、85%、80%，求整个流水生产线产品的平均合格率。

解 已知各工序产品合格率就是已知各期发展速度，求平均合格率就是求平均发展速度：

$$\overline{X} = \sqrt[5]{x_1 \cdot x_2 \cdot x_3 \cdot x_4 \cdot x_5}$$
$$= \sqrt[5]{95\% \times 92\% \times 90\% \times 85\% \times 80\%}$$
$$= 0.882\,4 = 88.24\%$$

采用几何平均法计算平均发展速度，其结果取决于最初水平和最后一期水平之比，中间各项均被抵消了，如果最初水平或最末水平出现极端数值，偏大或者偏小，计算的结果就会不符合实际，为了解决这个问题，可采用另一种方法计算平均发展速度，即方程法。

2. 方程法

采用方程法计算平均发展速度时，不仅考虑首尾两项，也考虑中间各期水平。基本思路是，从最初水平 a_0 出发，各期按平均速度 $\overline{X}$ 发展，按平均速度计算的理论各期水平之和与实际各期水平之和相等。公式推导如下。

设 a_0 为基期水平，$\overline{X}$ 为平均发展速度，各期以平均速度（$\overline{X}$）发展，经过 n 期最后到达 a_n，即

$$\frac{a_1}{a_0} = \overline{X}, \frac{a_2}{a_1} = \overline{X}, \frac{a_3}{a_2} = \overline{X}, \cdots, \frac{a_n}{a_{n-1}} = \overline{X}$$

各期理论水平如下：

第一期：$a_1 = a_0 \overline{X}$。

第二期：$a_2 = a_1 \overline{X} = a_0 \overline{X}^2$。

第三期:$a_3 = a_2\overline{X} = a_0\overline{X}^3$。

⋮

第 n 期:$a_n = a_{n-1}\overline{X} = a_0\overline{X}^n$。

将各期理论水平相加:$a_0\overline{X} + a_0\overline{X}^2 + a_0\overline{X}^3 + \cdots + a_0\overline{X}^n$。

将各期实际水平相加:$a_1 + a_2 + a_3 + a_4 + a_5 + a_6 + \cdots + a_n = \sum a$。

令两者相等,建立方程式:$a_0\overline{X} + a_0\overline{X}^2 + a_0\overline{X}^3 + \cdots + a_0\overline{X}^n = \sum a$。

经过整理:

$$\overline{X} + \overline{X}^2 + \overline{X}^3 + \cdots + \overline{X}^n = \frac{\sum a}{a_0}$$

此方程的正根就是平均发展速度,是计算平均增长速度的基础。

计算平均发展速度的目的在于计算平均增长速度。根据此方程,利用相关数据表,能够快速求得平均增长速度。

(二) 平均增长速度

平均增长速度,用以说明现象在一定时期内的平均增长变化程度,它是各期环比增长速度的序时平均数,但不能根据各期环比增长速度来计算。计算平均发展速度的方法有两种,计算平均增长速度的方法也有两种。

1. 水平法

水平法是指根据发展速度与增长速度之间的关系来计算。

设 $\overline{G}$ 为平均增长速度,$\overline{X}$ 为平均发展速度,则平均增长速度用公式表示为:

平均增长速度 = 平均发展速度 − 1(或100%)

$$\overline{G} = \overline{X} - 1$$

要计算平均增长速度,首先要计算平均发展速度,然后减去 1(或 100%)即可。

【例8-23】 某金融机构以复利计息。近12年来的年利率有4年为3%,2年为5%,2年为8%,3年为10%,1年为15%。求平均年利率。

解 此处年利率是个增长率,不能直接计算平均数,需要先转化为平均发展速度。各期发展速度为 103%、105%、108%、110%、105%。

计算平均发展速度:

$$\overline{X} = \sqrt[12]{(103\%)^4 \times (105\%)^2 \times (108\%)^2 \times (110\%)^3 \times (115\%)^1} = 106.85\%$$

计算平均年利率:

$$\overline{G} = \overline{X} - 100\% = 106.85\% - 100\% = 6.85\%$$

【例8-24】 某地区 2012—2017 年财政预算收入资料如表 8-20 所示。

表 8-20　某地区 2012—2017 年财政预算收入　　　　　　(单位:亿元)

年份	2012	2013	2014	2015	2016	2017
序号	a_0	a_1	a_2	a_3	a_4	a_5
预算收入	1 185	1 292	1 403	1 522	1 596	1 725

试计算平均增长率。

解 计算平均增长速度：

$$\overline{G} = \overline{X} - 1 = \sqrt[n]{\frac{a_n}{a_0}} - 1 = \sqrt[5]{\frac{1\,725}{1\,185}} - 1 = 1.078\,0 - 1 = 0.078\,0 = 7.80\%$$

2. 累计法

累计法也叫查表法，是指借助累计法平均增长速度查对表计算平均增长速度。其步骤如下。

第一步，判断速度是递增还是递减。

如果 $\dfrac{a_1 + a_2 + a_3 + \cdots + a_n}{n} = \dfrac{\sum a}{n} > a_0$，说明平均增长速度是递增的，应在累计法平均增长速度查对表中的递增部分查找。

如果 $\dfrac{a_1 + a_2 + a_3 + \cdots + a_n}{n} = \dfrac{\sum a}{n} \leqslant a_0$，说明平均增长速度递减的，应在累计法平均增长速度查对表中的递减部分查找。

第二步，计算各期水平之和与基期水平的百分比，即 $\dfrac{\sum a}{a_0} \times 100\%$，通过查表确定平均增长速度数值。

如果计算出的百分比能直接对应查对表中的数值，对应查到的数值就是平均增长速度。如果不能直接对应，可用插补法，求得平均增长速度，即找到与所计算得出的百分比最接近的两个数据及其对应的平均增长速度，按比例计算。

【例 8-25】 已知资料同例 8-24。要求：用累计法计算平均增长速度（保留两位小数）。

解 已知 $a_0 = 1\,185$，通过计算判断：

$$\frac{a_1 + a_2 + a_3 + \cdots + a_n}{n} = \frac{1\,292 + 1\,403 + 1\,522 + 1\,596 + 1\,725}{5} = 1\,507.6 > 1\,185$$

则为递增速度，应在查对表中的递增速度部分查找。

计算各期水平之和与基期水平的百分比：

$$\frac{a_1 + a_2 + a_3 + a_4 + a_5}{a_0} \times 100\% = \frac{1\,292 + 1\,403 + 1\,522 + 1\,596 + 1\,725}{1\,185} \times 100\%$$

$$= 636.12\%$$

累计法平均增长速度查对表（部分）如表 8-21 所示。636.12% 无法对应地在表 8-21 中查到，但可以找到最为接近的两个数据：一个是 635.47%，对应的平均每年增长速度是 8.1%；一个是 637.30%，对应的平均每年增长速度是 8.2%。这说明 636.12% 对应的平均每年增长速度应在 8.1%～8.2% 范围内，采用插补法计算：

$$\text{平均增长速度} = 8.1\% + \frac{636.12\% - 635.47\%}{637.30\% - 635.47\%} \times (8.2\% - 8.1\%)$$

$$= 8.14\%$$

表 8-21　累计法平均增长速度查对表(部分)

递增速度　　　　　　　　　　　　　　　　　　　　　　　　　　间隔期:1～5 年

平均每年增长/(%)	各年发展水平总和为基期的 %				
	1 年	2 年	3 年	4 年	5 年
8.1	108.10	224.96	351.29	487.85	635.47
8.2	108.20	225.27	351.94	489.00	637.30
8.3	108.30	225.59	352.62	490.19	639.18
8.4	108.40	225.91	353.29	491.37	641.05
8.5	108.50	226.22	353.95	492.54	642.91
8.6	108.60	226.54	354.62	493.71	644.76
8.7	108.70	226.86	355.30	494.91	646.67
8.8	108.80	227.17	355.96	496.08	648.53
8.9	108.90	227.49	356.63	497.26	650.41
9.0	109.00	227.81	357.31	498.47	652.33

显然水平法与累计法计算出的结果不一致,采用累计法更为精确,但计算烦琐。

3. 运用水平法与累计法时应注意的问题

平均增长速度的水平法和累计法在具体应用上各有要求,且应用场合和局限性各不相同,在计算平均增长速度时,具体选用哪一种方法,应根据以下原则来确定:

(1) 要根据统计研究目的来确定。

当研究目的在于重点考察最末一年增长水平时,可采用水平法;当研究目的在于重点考察整个时期增长水平时,可采用累计法。

(2) 要注意客观现象的特点。

当现象随着时间的推移比较稳定地逐年上升或逐年下降时,一般采用水平法;当现象的发展不是有规律地逐年上升或下降,而是忽高忽低,表现为升降交替时,一般采用累计法。例如,某些农产品受气候影响,产量极不稳定,有丰收年和歉收年之分。

(3) 要考虑资料是否完整。

用累计法计算平均增长速度,需要计算各期增长水平之和,不能缺少任何一期的资料,而且计算方法比较复杂。如果资料不完整或者计算工具不齐备,就会给计算带来困难,在这种情况下,即使是适用累计法的情形,也只能用水平法来计算平均增长速度。

项目习题与实训

任务一　认知动态数列

单项选择题

1. 构成时间数列的两个基本要素是(　　)。

A. 主词和宾词　　　　　　　　　　B. 变量和次数

C. 现象所属的时间及其统计指标数值　　D. 时间和次数

2. 下列指标中属于时点指标的是(　　)。

A. 商品库存量　　B. 商品销售量　　C. 平均每人销售额　　D. 商品销售额

3. 时间数列中,各项指标数值可以相加的是(　　)。

A. 时点数列　　B. 相对数时间数列　　C. 平均数时间数列　　D. 时期数列

任务二　动态数列的水平分析

一、单项选择题

1. 对时间数列进行动态分析的基础是(　　)。

A. 发展水平　　B. 发展速度　　C. 平均发展水平　　D. 增长速度

2. 下列时间数列中,属于平均数动态数列的是(　　)。

A. 年末总人口　　　　　　　　B. 出勤率

C. 人均消费水平　　　　　　　D. 人口自然增长率

3. 由间隔不等的时点数列计算平均发展水平,以(　　)为权数。

A. 时期长度　　B. 时点长度　　C. 指标值项数　　D. 间隔长度

4. 某企业银行存款余额4月初为80万元,5月初为150万元,6月初为210万元,7月初为160万元,则该企业第二季度的平均存款余额为(　　)。

A. 140万元　　B. 150万元　　C. 160万元　　D. 170万元

二、多项选择题

1. 将不同时期的发展水平加以平均而得到的平均数称为(　　)。

A. 序时平均数　　　　　　B. 动态平均数　　　　　　C. 静态平均数

D. 平均发展水平　　　　　E. 一般平均

2. 序时平均数是(　　)。

A. 根据同一时期标志总量和单位总量计算

B. 由变量数列计算

C. 说明某一现象的数值在不同时间的一般水平

D. 由动态数列计算

E. 反映总体各单位标志值的一般水平

3. 累计增长量(　　)。

A. 等于逐期增长量之和　　　　B. 等于逐期增长量之积

C. 等于逐期增长量之差　　　　D. 是报告期水平与某一固定基期水平之差

三、判断题

1. 由间隔相等的间断时点数列计算序时平均数时应采用首尾折半法。(　　)

2. 由间隔不等的间断时点数列计算序时平均数时应采用以间隔长短为权数的加权算术平均法。(　　)

四、计算题

1. 某超市1—4月商品销售额及销售员资料如表8-22所示。

表 8-22 商品销售额及销售员人数资料

月份	1	2	3	4
商品销售额 / 万元	300	350	280	250
月初销售员人数 / 人	40	45	40	42

计算：
(1) 第一季度该超市平均每月商品销售额；
(2) 第一季度平均销售员人数；
(3) 第一季度平均每个销售员的销售额；
(4) 第一季度平均每月每个销售员的销售额。

2.某企业月定额流动资金占有额统计资料如表 8-23 所示。

表 8-23 企业月定额流动资金占有额统计资料

月份	1	2	3	4	5	6	7	10	12
月初定额流动资金 / 万元	280	300	325	310	300	290	280	320	350

又知 12 月末的定额流动资金为 300 万元，分别计算该企业上半年、下半年和全年的定额流动资金平均占用额。

3.某企业月总产值与工人人数、劳动生产率统计资料如表 8-24 所示。

表 8-24 月总产值与工人人数、劳动生产率统计资料

月份	1	2	3	4
总产值 a / 万元	180	160	200	190
月初工人数 b / 人	60	58	62	60
劳动生产率 c /(万元 / 人)	3	2.76	3.23	3.17

计算：
(1) 第一季度月平均劳动生产率；
(2) 第一季度平均劳动生产率。

五、综合应用题

某公司财务部门提供的统计数据如表 8-25 所示。

表 8-25 财务部门提供的统计数据

月份	3	4	5	6
月末资金占用额 / 万元	240	256	280	296
利税总额 / 万元	26	29	34	38

请根据上述资料回答下列问题。
(1) 表 8-25 中的利税总额是（　　）。
A.定量数据　　　　B.定性数据　　　　C.观测数据　　　　D.实验数据
(2) 下列采用图形形式合适的是（　　）。
A.反映资金占用动态情况用直方图

B. 反映利税总额动态情况用折线图
C. 反映资金占用额与利税总额之间的关系用条形图
D. 反映资金占用额与利税总额之间的关系用散点图

(3) 表 8-25 中 4 个月利税总额的中位数是（　　）。
A. 26　　　　　B. 31.5　　　　　C. 29　　　　　D. 31.75

(4) 根据表 8-25 计算的资金利税率（　　）。

A. 5 月份为 $\dfrac{34}{280} \times 100\% = 12.14\%$

B. 5 月份为 $\dfrac{34}{(256+280)/2} \times 100\% = 12.69\%$

C. 第二季度月平均：$\dfrac{29+34+38}{240/2+256+280+296/2} \times 100\% = 12.56\%$

D. 第二季度月平均：$\dfrac{29+34+38}{256+280+296} \times 100\% = 12.14\%$

(5) 从利税总额动态序列来看，（　　）。
A. 可能包含季节变动　　　　B. 6 月份比 5 月份增长了 11.76%
C. 包含循环变动　　　　　　D. 第二季度月平均增长量为 4 万元

任务三　动态数列发展速度分析

一、单项选择题

1. 如果时间序列各项均为正数，且各逐期增长量相等，则（　　）。
A. 各期的环比增长速度保持不变　　B. 环比增长速度逐期上升
C. 环比增长速度逐期下降　　　　　D. 各期环比增长速度有升有降

2. 实际工作中计算年距发展速度和年距增长速度主要是（　　）。
A. 为了消除长期趋势的影响　　B. 为了消除季节变动的影响
C. 为了消除循环变动的影响　　D. 为了消除不规则变动的影响

3. 某校 2005 年学生人数比 2004 年增长了 8%，2006 年比 2005 年增长了 15%，2007 年比 2006 年增长了 18%，则 2004—2007 年学生人数共增长了（　　）。
A. 8% + 15% + 18%　　　　　　　B. 8% × 15% × 18%
C. (108% + 115% + 118%) − 1　　D. 108% × 115% × 118% − 1

4. 如果一个时间序列连续 3 期的环比增长速度为 18%、20% 和 25%，则三期的总增长速度为（　　）。
A. 18% × 20% × 25%　　　　　　B. 118% × 120% × 125% − 1
C. $\sqrt[3]{18\% \times 20\% \times 25\%}$　　　　D. $\sqrt[3]{118\% \times 120\% \times 125\%} - 1$

5. 已知各期环比增长速度为 7.1%、3.4%、3.6%、5.3%，则定基增长速度是（　　）。
A. 7.1% × 3.4% × 3.6% × 5.3%
B. 7.1% × 3.4% × 3.6% × 5.3% − 1
C. 107.1% × 103.4% × 103.6% × 105.3%

D. 107.1% × 103.4% × 103.6% × 105.3% − 1

6. 张三去年的月工资为 5 000 元,今年 6 月开始月工资涨为 5 500 元,当前的居民消费价格比上年同期下降 1%。若以去年价格水平衡量,则张三的实际工资为( )。
   A. 5 500 元　　　B. 5 555.56 元　　　C. 5 599 元　　　D. 5 445 元

7. 某地区出生人数呈下降趋势,2016 年与 2015 年相比降低 3%,2017 年又比 2016 年降低 5%,2018 年是 2017 年的 98%,则 2018 年与 2015 年相比,下降幅度为( )。
   A. 10.3%　　　B. 90.3%　　　C. 9.7%　　　D. 89.7%

二、多项选择题

1. 定基发展速度和环比发展速度的关系是( )。
   A. 相邻两个环比发展速度之商等于相应的定基发展速度
   B. 环比发展速度的连乘积等于定基发展速度
   C. 定基发展速度的连乘积等于环比发展速度
   D. 相邻两个定基发展速度之商等于相应的环比发展速度
   E. 以上都对

2. 增长 1% 的绝对值等于( )。
   A. 增加一个百分点所增加的绝对量
   B. 增加一个百分点所增加的相对量
   C. 前期水平除以 100
   D. 后期水平乘以 1%
   E. 环比增长量除以 100 再除以环比发展速度

3. 计算平均发展速度常用的方法有( )。
   A. 几何平均法(水平法)
   B. 调和平均法
   C. 方程法(累计法)
   D. 简单算术平均法
   E. 加权算术平均法

4. 增长速度( )。
   A. 等于增长量与基期水平之比
   B. 逐期增长量与报告期水平之比
   C. 累计增长量与前一期水平之比
   D. 等于发展速度 − 1
   E. 包括环比增长速度和定基增长速度

5. 某企业 2010 年总产值为 50 万元,2013 年为 100 万元,则 2013 年的总产值相对 2010 年( )。
   A. 增长了 50 万元　　　B. 增长了 100%　　　C. 增长了 50%
   D. 翻了一番　　　E. 翻了两番

6. 某地区近五年每年地区生产总值的增长率分别为 8%、7%、6.8%、6.9% 和 8.1%,则该地区生产总值( )。
   A. 五年总的增长速度为:8% × 7% × 6.8% × 6.9% × 8.1%
   B. 五年总的发展速度为:108% × 107% × 106.8% × 106.9% × 108.1%
   C. 五年的平均增长速度为:$\sqrt[5]{8\% \times 7\% \times 6.8\% \times 6.9\% \times 8.1\%} - 1$
   D. 五年的平均增长速度为:$\sqrt[5]{108\% \times 107\% \times 106.8\% \times 106.9\% \times 108.1\%} - 1$
   E. 五年的平均发展速度为:$\sqrt[5]{108\% \times 107\% \times 106.8\% \times 106.9\% \times 108.1\%}$

三、计算题

某年我国城市消费品零售额为 12 389 亿元,比上年增长 28.2%;农村消费品零售额为 8 209 亿元,比上半年增长 24.3%。忽略价格因素,实际分别增长 13% 和 6.8%。城乡消费品价格分别上涨了多少?

四、综合应用题

某地区 2008 年底常住人口为 12 000 人,2009 年底该地区常住人口为 13 200 人,人口出生率为 15‰,城镇人口比重为 40%。

请根据上述资料计算有关指标,从备选答案中选出正确答案。

(1) 该地区 2009 年人口发展速度为(　　)%。

A. 120　　　　　B. 110　　　　　C. 130　　　　　D. 90

(2) 该地区 2009 年的平均人口是(　　)人。

A. 12 048　　　B. 12 680　　　C. 12 600　　　D. 12 100

(3) 该地区 2009 年底的城镇人口数是(　　)人。

A. 5 280　　　B. 4 800　　　C. 5 040　　　D. 5 060

(4) 该地区 2009 年人口增长率为(　　)。

A. 10%　　　B. 11%　　　C. 12%　　　D. 9%

(5) 该地区 2009 年出生人口数是(　　)人。

A. 198　　　B. 180　　　C. 200　　　D. 189

项目九
动态趋势分析与预测

TONGJIXUE YUANLI

任务一　　动态趋势因素分析

一、动态趋势因素分析的意义

编制动态数列的目的,就是要通过对动态数列的分析研究,认识现象发展变化的趋势及其规律,为经营管理与决策提供依据,为进行统计预测提供必要条件。动态数列各期发展水平的高低,是许多因素共同作用的结果。

从影响的角度来看,有些因素属于基本因素,对事物的发展起决定性作用,会使事物的发展呈现一定的规律性;有些因素属于非基本因素,对事物的发展只起局部的非决定性作用。

从认识的角度来看,有些因素是可以预知和控制的,有些因素则是不可预知、不可控制的。

这些因素相互影响、相互作用,共同决定了现象的变化趋势。为了研究社会经济现象发展变化的规律,并据此预测未来,就需要对这些影响因素进行分类、甄别。

二、影响时间数列的因素

影响时间数列的因素按性质和作用分为四类,即长期趋势、季节变动、循环变动和不规则变动。

1. 长期趋势

长期趋势是指对现象数据形成的时间数列在相当长的一段时期内起作用的因素,表现为在较长时期内呈现出来的某种持续上升或持续下降的变动趋势。长期趋势往往是由某些固定的、内在因素造成的,是对现象的未来进行预测和推断的主要依据,代表着研究对象的总发展方向,通常以 T 表示。

2. 季节变动

季节变动是指现象由于受到自然条件或社会条件的影响而形成的,在一年内有规律的重复变动、重复出现的周期性波动。例如,农产品、时令商品的产量、销售量与价格等都会随四季温度的变化而变化。季节变动通常以 S 表示。

3. 循环变动

循环变动也称周期变动,是指现象在较长时间内,不是朝单一方向持续发展变动,而是上升、下降交替波动。例如经济危机,每隔若干年就会出现一次。循环变动通常以 C 表示。

4. 不规则变动

不规则变动是指变动没有规律,是由各种偶然的、突发的或不可预见的因素引起的变动。造成不规则变动的很大一部分原因是人的认识水平有限,无法掌握变动规律,在人们对变动规律具有充分认识后,不规则变动可变成规则变动。另外,不能列入上述三种变动的,也归入本类型。不规则变动通常以 I 表示。

三、影响因素的组合模型

按照引起动态数列变动的四种因素的相互关系,影响因素的组合模型分为加法模型和乘法模型。

1. 加法模型

在现象发展过程中,如果四种变动因素各自独立,互不影响,则现象是各种构成因素之和,即为加法模型:

$$Y = T + S + C + I$$

在加法模型中,各种因素都是绝对数,故能相加。

2. 乘法模型

在现象发展过程中,如果四种变动因素相互影响,一种因素决定着另外一种因素,同时又影响其他因素,则现象是各种构成因素的乘积,即为乘法模型:

$$Y = T \cdot S \cdot C \cdot I$$

在乘法模型中,除了长期趋势是绝对数外,其他因素都是以相对数的形式出现的。在实践中,有些现象中并非四种变动因素都存在,需要根据现象与因素之间的关系分别测定。

四、趋势线分析与预测的步骤与方法

趋势线分析与预测就是根据时间数列实际观察值,按其发展变化的趋势,给其配合方程,根据所配合的方程来进行外推预测。具体步骤如下:

第一步,搜集研究对象某一经济指标随时间变化而变化的资料,编制时间序列,对其中异常值(指由于特殊原因造成的与大多数值差异很大的值)进行调整。

第二步,确定现象变动的形态,有两种方法:一是绘图法,以时间为横轴、指标值为纵轴,画出时间数列的散点图或折线图,通过观察图形规律选择合适的趋势方程;二是指标判断法,即根据时间数列的分析指标进行确定。长期趋势变动的类型有直线型、抛物线型、指数曲线型等。

第三步,运用适当的方法,求出长期趋势模型的参数值。

第四步,根据趋势模型进行预测和决策。

在实际的趋势分析与预测中,经常需要为同一时间数列选择几种分析与预测的方法,进行比较,然后以一种方法为主,参考其他方法,得出结论。

任务二 线性趋势分析与预测

线性趋势,又称直线型趋势,是指现象长期趋势呈现为直线。如图 9-1 所示,即现象在一个相当长的时间内,随时间的变化而很有规律地变化,持续向上或向下发展变动,且逐期增长量大致相等。

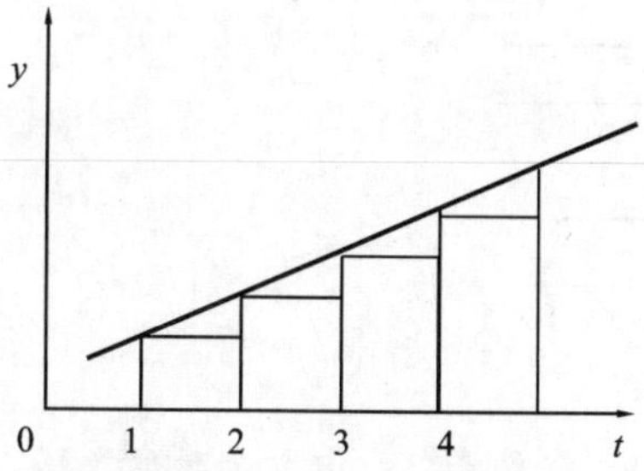

线性趋势用直角坐标系描绘出来时接近于一条直线。每增加或减少一个时间单位,现象也随之增加或减少一个单位,每一点处斜率几乎相等,趋近于一常数。这种只受一个因素变动影响的趋势分析,称为一元线性回归分析。

图 9-1 线性趋势示意图

一、时间数列的修匀方法

进行线性趋势分析主要分析、归纳、总结现象的长期趋势,当时间序列的数值受周期变动和不规则变动影响,起伏较大,不易显示出现象的发展趋势时,必须对原时间序列进行统计处理,消除或削弱这些因素的影响,这一统计处理过程一般称为修匀,目的在于使现象显示出发展方向与趋势,然后依趋势线进行分析与预测,是进行趋势分析与预测的基础。修匀常用的方法有时距扩大法、移动平均法等。

(一) 时距扩大法

当原时间数列中的某些指标数值忽上忽下、上下波动且规律不明显时,可将原来数列的时间间隔扩大,对数据进行合并或平均,形成一个新的时间数列,这一方法叫作时序扩大法,其作用在于通过合并或平均剔除那些非长期趋势的影响因素,从而使现象呈现出较明显的规律性。时距扩大法具体分为时距扩大总和法与时距扩大平均法。

1. 时距扩大总和法

时距扩大总和法,是将原数列的时间间隔扩大,若干期合并为一期,指标数值对应合并,适用于时期数列。

【例 9-1】 某企业 2013—2016 年的销售收入统计资料如图 9-2 所示。

	A	B	C	D	E
1	年份	第一季度	第二季度	第三季度	第四季度
2	2013	79	49	68	107
3	2014	97	64	83	134
4	2015	111	92	102	148
5	2016	133	105	128	164

图 9-2 销售收入统计资料(单位:万元)

要求:用时距扩大总和法进行修匀。

解 首先将数据按季度编制成时间数列,绘制折线图,如图 9-3 所示,然后观察数据是否有明显的趋势。如果趋势不是很明显,则要进行修匀。

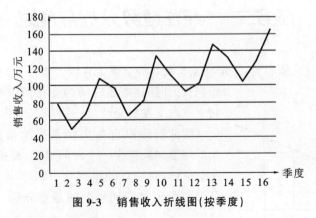

图 9-3 销售收入折线图(按季度)

总体来讲,销售收入随时间序列变化而增长,但规律不明显,需要修匀。由于是季度数据,数据明显随季节波动,为了消除这种波动,可将时间间隔由季度扩大为年,数值合并,如图 9-4 所示。

	A	B	C	D	E	F
1	年份	第一季度	第二季度	第三季度	第四季度	合计
2	2013	79	49	68	107	303
3	2014	97	64	83	134	378
4	2015	111	92	102	148	453
5	2016	133	105	128	164	530

图 9-4　销售收入时间序列间隔扩大为年并合并数值

根据计算结果绘制折线图，如图 9-5 所示。

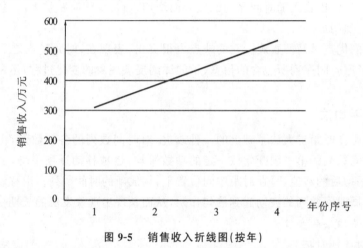

图 9-5　销售收入折线图（按年）

可以看出，经过修匀，各期数据发展方向一致，呈现出明显的上升趋势。

2. 时距扩大平均法

时距扩大平均法，是将原数列的时间间隔扩大，若干期合并为一期，指标数值平均，对时期、时点数列均适用。

【例 9-2】　将图 9-2 中资料数列时距扩大为一年，指标数值平均，计算结果如图 9-6 所示。

	A	B	C	D	E	F	G
1	年份	第一季度	第二季度	第三季度	第四季度	合计	平均每季度销售收入
2	2013	79	49	68	107	303	75.75
3	2014	97	64	83	134	378	94.5
4	2015	111	92	102	148	453	113.25
5	2016	133	105	128	164	530	132.5

图 9-6　季度平均销售收入计算结果

根据计算结果绘制折线图,如图 9-7 所示。

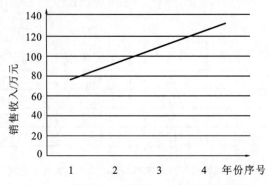

图 9-7 销售收入折线图(按各年平均每季度)

由此可以看出,销售收入随时间序列的发展而增加,通过采用时距扩大法,忽高忽低的现象被抽象化,趋势更加明显。

时距扩大法的优点是简便直观。它的缺点也很突出,表现在,时距扩大之后新序列的项数大大减少,丢失了原时间序列所包含的信息,不能详细反映现象的变化过程,不利于进一步深入分析。

(二) 移动平均法

移动平均法是在时距扩大法基础上的一种改进,对时间数列的各项数值,由简单平均改为移动平均。从时间数列的第一项开始按一定的项数平均,逐项移动逐项平均,从而计算出一系列移动平均数,平均后的数值,写在时距中间位置上,构成新的时间数列。由移动平均数形成的新的时间数列对原时间数列的波动起到修匀作用,从而呈现出现象发展的长期变动趋势。

1. 运用移动平均法的步骤

第一步,确定移动时距。

一般应选择奇数项进行移动平均,如三项、五项、七项,究竟做几项移动平均,要根据数列及现象的具体情况而定。一般来说,时距项数越多,移动平均数动态数列的修匀程度越大。如果现象的发展具有一定的周期性,应以周期长度作为移动间隔的长度。例如,原动态数列由月份或季度资料形成,而且现象有季节变动,时距项数以十二项或四项为宜。

第二步,计算各移动平均数值,并将其编制成新时间数列。

移动项数为 $k(1<k<n)$ 的移动平均数为:

$$\bar{a}_i = \frac{a_i + a_{i+1} + \cdots + a_{k+i-1}}{k}$$

如三项移动平均数为:

$$\bar{a}_1 = \frac{a_1 + a_2 + a_3}{3}, \bar{a}_2 = \frac{a_2 + a_3 + a_4}{3}, \bar{a}_3 = \frac{a_3 + a_4 + a_5}{3}, \cdots, \bar{a}_{n-2} = \frac{a_{n-2} + a_{n-1} + a_n}{3}$$

第三步,偶数项移动平均后需要再进行一次二项移动平均,以移正其位置。

【例 9-3】 已知资料如图 9-2 所示,采用移动平均法进行修匀。

解 销售收入是按季度登记的,四季度为一个周期循环,故采用四项移动平均,且偶数项移动平均后还需要对一次移动平均后的结果再进行一次二项移动平均。列表计算,过程如图 9-8 所示。

年份	季度	序列	销售收入	四项平均	逐期增长量	四项平均后再二项平均	逐期增长量
	第一季度	1	79			=(E4+E6)/2	
2013	第二季度	2	49				
	第三季度	3	68	75.75	=E6-E4	78	=G7-G5
	第四季度	4	107	80.25	4.5	82.125	4.125
	第一季度	5	97	84	3.75	85.875	3.75
2014	第二季度	6	64	87.75	3.75	91.125	5.25
	第三季度	7	83	94.5	6.75	96.25	5.125
	第四季度	8	134	98	3.5	101.5	5.25
	第一季度	9	111	105	7	107.375	5.875
2015	第二季度	10	92	109.75	4.75	111.5	4.125
	第三季度	11	102	113.25	3.5	116	4.5
	第四季度	12	148	118.75	5.5	120.375	4.375
	第一季度	13	133	122	3.25	125.25	4.875
2016	第二季度	14	105	128.5	6.5	130.25	5.25
	第三季度	15	128	132.5	4		
	第四季度	16	164				

图 9-8 销售收入列表计算(移动平均法修匀)(单位:万元)

2. 运用移动平均法时应注意的事项

第一,移动平均的项数不宜过大。时距项数越大,移动平均法对原时间数列的修匀作用越强。移动平均后形成的新数列的项数要比原数列的项数少。

新时间数列项数 = 原时间数列项数 − 移动平均项数 + 1

按奇数项移动时,新数列首尾各减少 $\dfrac{k-2}{2}$ 项;按偶数项移动时,首尾各减 $\dfrac{k}{2}$ 项,所以移动平均会使原数列失去部分信息,而且移动平均项数越大,失去的信息越多。采用移动平均法修匀与原趋势线的对比示例如图 9-9 所示。

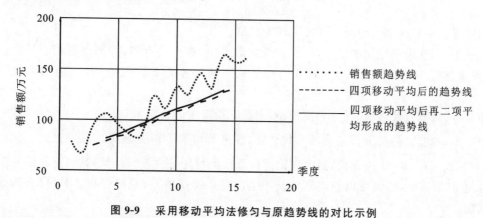

图 9-9 采用移动平均法修匀与原趋势线的对比示例

第二,时距项数应根据研究现象的特点决定,当数列包含季节变动时,移动平均时距项数应与季节变动长度一致,采用 4 项或 12 项,以消除季节变动的影响。移动平均时距项数 k 为奇数时,移动次数也为奇数;移动平均时距项数 k 为偶数时,移动次数也为偶数,使平均值对准某一时期。

第三,只有当原数列的基本趋势为线性时,由移动平均数构成的新数列才能与原数列的基本趋势吻合。当原数列的基本趋势为非线性时,派生数列与原数列有较大差异,不能如实反映现象固有的发展趋势。

二、线性趋势分析与预测方法

线性趋势分析的原理是,时间数列经过修匀以后,其基本趋势已经表现出来,此时需要用一个数学关系式将时间与趋势值的关系表达出来,这一过程就叫拟合方程或配合方程。

线性趋势的特征是现象在发展变化过程中,不仅方向相同,增减量也相同。

设 a 为最初水平,b 为平均增长量,t 为时序,则

$$a_1 - a_0 \approx a_2 - a_1 \approx a_3 - a_2 \approx \cdots \approx a_t - a_{t-1} = b$$

即当现象的逐期增长量大致相同时,该现象的发展趋势就是直线型。

直线型趋势预测模型一般为:

$$\hat{y}_t = a + bt$$

测定线性趋势的方法常用的有半数平均预测法、最小平方法、简捷法、加权法等。

(一) 半数平均预测法

半数平均预测法(也称半数平均法)是将呈直线趋势的时间数列分为项数相等的前后两部分,分别求其平均数,得到两个点,在坐标中绘出这两个点并连接两点,便得到一条趋势直线,将这两点坐标值代入预测模型方程求解,根据方程向外延伸来预测未来可能达到的数值。

半数平均法的原理是两点决定一条直线,做法就是将呈直线趋势的时间数列一分为二,分别求时序和指标值的平均数($(\overline{t_1}, \overline{y_1})$,$(\overline{t_2}, \overline{y_2})$)并代入直线方程,组成一个二元一次方程组。

采用半数平均法要求数据项数必须是偶数,如果是奇数,则舍去首项(因为它距离预测期最远,影响最小);同时要求数据项数不能太少,否则趋势不明显。

半数平均法的检验标准是,实际观察值 y_t 与计算的趋势值 $\hat{y}_t$ 的离差之和等于零,即

$$\sum (y_t - \hat{y}_t) = 0$$

利用半数平均法进行预测一般需要四个步骤。

第一步,判断现象变动的形态,计算或绘制散点图,观察散点图,判断逐期增长量方向是否一致,数量是否相等,只有方向一致且增长量大致相等才是直线型趋势,才能用半数平均法预测。

第二步,计算有关数值,建立预测模型,求数学模型中的待定系数。

第三步,检验。趋势方程是否具有代表性,要进行检验。根据判定标准 $\sum (y_t - \hat{y}_t) \approx 0$,将 $t(t=1,2,3,\cdots,n)$ 代入方程,得出理论值将观察值与理论值进行比较,其离差和应为 0,即使不为 0,也应足够小,小到可以忽略不计。不会出现系统性偏差,趋势方程才是可用的,预测才是准确的。

第四步,预测。确定预测期排在第几期,代入趋势方程计算即可。

【例 9-4】 已知资料如图 9-2 所示,要求利用半数平均法拟合趋势方程,并验证 2016 年第

三季度销售收入额。

解 将经过两次移动平均的销售收入(见图 9-8)重新排序,观察逐期增长量,如图 9-10 所示。

年份	季度	时序 t	平均销售收入 y_t	逐期增长量 $y_t - y_{t-1}$
2013	第三季度	1	78	
2013	第四季度	2	82.125	4.13
2014	第一季度	3	85.875	3.75
2014	第二季度	4	91.125	5.25
2014	第三季度	5	96.25	5.13
2014	第四季度	6	101.5	5.25
2015	第一季度	7	107.375	5.88
2015	第二季度	8	111.5	4.13
2015	第三季度	9	116	4.50
2015	第四季度	10	120.375	4.38
2016	第一季度	11	125.25	4.88
2016	第二季度	12	130.5	5.25

图 9-10 重排时序并观察逐期增长量

经过两次移动平均后,逐期增长量大体接近,判断为直线型趋势。

设直线方程为 $\hat{y}_t = a + bt$,将数列分为前半部分、后半部分,如图 9-11 所示,分别求平均数。

年份	季度	时序 t	平均销售收入 y_t
2013	第三季度	1	78.00
2013	第四季度	2	82.13
2014	第一季度	3	85.88
2014	第二季度	4	91.13
2014	第三季度	5	96.25
2014	第四季度	6	101.5
合 计		21	534.88
2015	第一季度	7	107.38
2015	第二季度	8	111.50
2015	第三季度	9	116.00
2015	第四季度	10	120.38
2016	第一季度	11	125.25
2016	第二季度	12	130.50
合 计		57	711.00

图 9-11 将数列分成两半

前半部分时序和指标值的平均数:

$$\bar{t}_1 = \frac{21}{6} = 3.5 \quad \bar{y}_1 = \frac{534.88}{6} = 89.15$$

后半部分时序和指标值的平均数：
$$\bar{t}_2 = \frac{57}{6} = 9.5 \quad \bar{y}_2 = \frac{711}{6} = 18.5$$

将$(\bar{t}_1, \bar{y}_1), (\bar{t}_2, \bar{y}_2)$代入直线方程$\hat{y}_t = a + bt$，得

$$\begin{cases} 89.15 = a + 3.5b \\ 18.5 = a + 9.5b \end{cases}$$

解方程得$b = 4.89, a = 72.02$，则

$$\hat{y}_t = 72.02 + 4.89t$$

编制计算表检验，如图9-12所示。

	A	B	C	D	E	F
1	年份	季度	时序t	平均销售收入 y_t	$\hat{y}_t = 72.02 + 4.89t$	$y_t - \hat{y}_t$
2	2013	第三季度	1	78.00	76.91	1.09
3		第四季度	2	82.13	81.81	0.32
4	2014	第一季度	3	85.88	86.70	-0.82
5		第二季度	4	91.13	91.59	-0.47
6		第三季度	5	96.25	96.48	-0.23
7		第四季度	6	101.50	101.38	0.12
8	2015	第一季度	7	107.38	106.27	1.11
9		第二季度	8	111.50	111.16	0.34
10		第三季度	9	116.00	116.05	-0.05
11		第四季度	10	120.38	120.95	-0.57
12	2016	第一季度	11	125.25	125.84	-0.59
13		第二季度	12	130.50	130.73	-0.23
14	合计		78	1245.875	1245.875	0

图9-12 编制计算表检验

从图9-12中可以看出，$\sum(y_t - \hat{y}_t) = 0$，故判断方程有效，可以用来预测。

2016年第三季度排在第13期，即$t = 13$，代入方程得

$$\hat{y}_{13} = 72.02 + 4.89 \times 13 = 135.62$$

与图9-2中所给数据"128"非常接近。

(二) 最小平方法

最小平方法，又称最小二乘法，是广泛采用的一种趋势分析与预测的方法。其预测思路是，"实践是检验真理的唯一标准"，任何理论都必须和实际相吻合，尤其预测理论更应如此。

在时间序列分析中，对于表现为直线趋势的现象，采用不同的方法，可以拟合出不同的趋势方程，画出不同的直线。那么，哪一个方程最优呢？显然是根据最小平方法确定的方程，因为采用最小平方法可令实际值（观察值）与理论值（趋势值）的离差平方和最小，也就是总体误差最小，吻合程度最高。

用公式表示：

$$\sum(y_t - \hat{y}_t)^2 = 最小值$$

当现象表现为直线型趋势时,设直线趋势方程为 $\hat{y}_t = a + bt$,代入上式得

$$\sum (y_t - a - bt)^2 = 最小值$$

此式为二次曲线(抛物线),具有最小值,a、b 为待定参数,也就是说,当 a、b 为某值时,实际值与理论值之间的误差是最小的。二次曲线求最小值的方法是求导数,且导数等于 0。其过程和一元线性回归趋势分析相同,只不过自变量由 x 变为时序 t。推导过程如下。

设 $Q = \sum (y_t - a - bt)^2$,分别给 a、b 求导数。由于 $Q = \sum (y_t - a - bt)^2$,为复合函数,要分别给 Q 和 a,Q 和 b 求导。

令 $Q' = \left(\sum (y_t - a - bt)^2 \right)' = 0$,给 a 求导结果为:

$$\frac{\partial Q}{\partial a} = \sum 2(y_t - a - bt)(-1) = 0$$

给 b 求导结果为:

$$\frac{\partial Q}{\partial b} = \sum 2(y_t - a - bt)(-t) = 0$$

联立成方程组:

$$\begin{cases} \sum 2(y_t - a - bt)(-1) = 0 \\ \sum 2(y_t - a - bt)(-t) = 0 \end{cases}$$

简化为:

$$\begin{cases} \sum y_t = na + b \sum t & (1) \\ \sum t y_t = a \sum t + b \sum t^2 & (2) \end{cases}$$

这样,组成一个二元一次方程组,将已知资料代入,可解出 a 和 b,再代入 $\hat{y}_t = a + bt$,趋势方程就形成了。

此方程组最大的优点在于容易使人记住。在记忆时,可以参照 $\hat{y}_t = a + bt$,给等式两边各项同时加求和符号就可以得到(1)式,再给(1)式两边同时乘以 t 就可以得到(2)式。由于解此方程组时,数据比较大,有一定困难,也可以进一步进行简化:

$$\because \sum y_t = na + b \sum t, \therefore a = \frac{\sum y_t - b \sum t}{n} = \frac{\sum y_t}{n} + b \frac{\sum t}{n} = \bar{y}_t - b\bar{t}$$

将 $a = \dfrac{\sum y_t - b \sum t}{n}$ 代入(2)式,得

$$\sum t y_t = \left(\frac{\sum y_t - b \sum t}{n} \right) \sum t + b \sum t^2$$

$$\Rightarrow \sum t y_t = \frac{\sum t \sum y_t - b (\sum t)^2}{n} + b \sum t^2$$

$$\Rightarrow n \sum t y_t = \sum t \sum y_t - b (\sum t)^2 + nb \sum t^2$$

$$\Rightarrow n\sum ty_t - \sum t \sum y_t = nb\sum t^2 - b\left(\sum t\right)^2$$

$$\Rightarrow n\sum ty_t - \sum t \sum y_t = b\left[n\sum t^2 - \left(\sum t\right)^2\right]$$

$$\Rightarrow b = \frac{n\sum ty_t - \sum t \sum y_t}{n\sum t^2 - \left(\sum t\right)^2}$$

这样,又组成一个新的方程组:

$$\begin{cases} b = \dfrac{n\sum ty_t - \sum t \sum y_t}{n\sum t^2 - \left(\sum t\right)^2} \\ a = \dfrac{\sum y_t - b\sum t}{n} \end{cases}$$

【例 9-5】 已知资料如图 9-2 所示。采用最小平方法求趋势方程并验证 2016 年第三季度销售收入额。

解 该销售收入呈直线型趋势变动,设直线方程为 $\hat{y}_t = a + bt$。

方程组为:

$$\begin{cases} \sum y_t = na + b\sum t \\ \sum ty_t = a\sum t + b\sum t^2 \end{cases}$$

欲求 a、b,需要计算 $\sum y_t$、n、$\sum t$、$\sum ty_t$、$\sum t^2$,计算过程如图 9-13 所示。

年份	季度	时序 t	平均销售收入 y_t	t^2	ty_t
2013	第三季度	1	78.00	1	78.00
	第四季度	2	82.13	4	164.25
2014	第一季度	3	85.88	9	257.63
	第二季度	4	91.13	16	364.50
	第三季度	5	96.25	25	481.25
	第四季度	6	101.50	36	609.00
2015	第一季度	7	107.38	49	751.63
	第二季度	8	111.50	64	892.00
	第三季度	9	116.00	81	1044.00
	第四季度	10	120.38	100	1203.75
2016	第一季度	11	125.25	121	1377.75
	第二季度	12	130.50	144	1566.00
合	计	78	1245.88	650	8789.75

图 9-13 采用最小平方法计算过程

将 $\sum y_t = 1\,245.88$,$n = 12$,$\sum t = 78$,$\sum ty_t = 8\,789.75$,$\sum t^2 = 650$ 代入方程组:

$$\begin{cases} 1\,245.88 = 12a + 78b \\ 8\,789.75 = 78a + 650b \end{cases}$$

求得

$$\begin{cases} b = 4.84 \\ a = 72.39 \end{cases}$$

将 $a = 72.39$,$b = 4.84$ 代入直线方程 $\hat{y}_t = a + bt$,得 $\hat{y}_t = 72.39 + 4.84t$。

检验过程如图 9-14 所示。从图 9-14 中可以看出，$\sum(y_t - \hat{y}_t) = 0$，故判断方程有效，可以用来预测。

年份	季度	时序 t	平均销售收入 y_t	t^2	$t \cdot y_t$	$\hat{y}_t = 72.39 + 4.84t$	$y_t - \hat{y}_t$
2013	第三季度	1	78.00	1	78.00	77.22	0.78
2013	第四季度	2	82.13	4	164.25	82.06	0.06
2014	第一季度	3	85.88	9	257.63	86.90	-1.02
2014	第二季度	4	91.13	16	364.50	91.73	-0.61
2014	第三季度	5	96.25	25	481.25	96.57	-0.32
2014	第四季度	6	101.50	36	609.00	101.40	0.10
2015	第一季度	7	107.38	49	751.63	106.24	1.13
2015	第二季度	8	111.50	64	892.00	111.08	0.42
2015	第三季度	9	116.00	81	1044.00	115.91	0.09
2015	第四季度	10	120.38	100	1203.75	120.75	-0.37
2016	第一季度	11	125.25	121	1377.75	125.59	-0.34
2016	第二季度	12	130.50	144	1566.00	130.42	0.08
合计		78	1245.88	650	8789.75	1245.88	0

图 9-14　检验趋势方程（最小平方法）

2016 年第三季度排在第 13 期，即 $t=13$，代入方程：

$$\hat{y}_{13} = 72.39 + 4.84 \times 13 = 135.26$$

与图 9-2 中所给数据"128"非常接近。

（三）简捷法

在人工计算直线趋势方程时，为了简化计算过程，还可以采用简捷法求解参数。在趋势方程中，t 代表时间，是没有实际经济含义的变量，在分析过程中只起到一个符号的作用，可以进行适当处理。简捷法是最小平方法的变形，具体分为两种情况。

（1）当时间数列项数为奇数时，进行位移，以中间一项时序为 0，排序为 $\cdots,-3,-2,-1,0,1,2,3,\cdots$。这样，由于序号对称，$\sum t = 0$，则原方程组可以简化为：

$$\begin{cases} \sum y_t = na \\ \sum t y_t = b \sum t^2 \end{cases}$$

（2）当时间数列项数为偶数时，原点应为中间两项的中点，排序为 $\cdots,-5,-3,-1,1,3,5,\cdots$，序号对称，在求和过程中，相互抵消，即 $\sum t = 0$，原方程组也可以简化为：

$$\begin{cases} \sum y_t = na \\ \sum t y_t = b \sum t^2 \end{cases}$$

【例 9-6】 已知资料如图 9-2 所示，利用简捷法拟合趋势方程，并验证 2016 年第三季度销售收入额。

解　第一种解法：原数列是偶数项，去掉首项，变为奇数项，重新排序。

设直线方程为 $\hat{y}_t = a + bt$，方程组为：

$$\begin{cases} \sum y_t = na \\ \sum ty_t = b\sum t^2 \end{cases}$$

计算过程如图 9-15 所示。

	A	B	C	D	E	F
1	年份	季度	时序 t	平均销售收入 y_t	t^2	$t \cdot y_t$
2	2013	第四季度	-5	82.13	25	-410.63
3		第一季度	-4	85.88	16	-343.50
4	2014	第二季度	-3	91.13	9	-273.38
5		第三季度	-2	96.25	4	-192.50
6		第四季度	-1	101.50	1	-101.50
7		第一季度	0	107.38	0	0.00
8	2015	第二季度	1	111.50	1	111.50
9		第三季度	2	116.00	4	232.00
10		第四季度	3	120.38	9	361.13
11	2016	第一季度	4	125.25	16	501.00
12		第二季度	5	130.50	25	652.50
13	合计		0.00	1167.88	110.00	536.63

图 9-15 简捷法计算过程(总项数为奇数)

将 $\sum y_t = 1\,167.88$,$n=11$,$\sum ty_t = 536.63$,$\sum t^2 = 110$ 代入方程组:

$$\begin{cases} 1\,167.88 = 11a \\ 536.63 = 110b \end{cases}$$

解方程得

$$\begin{cases} a = 106.17 \\ b = 4.88 \end{cases}$$

代入直线方程 $\hat{y}_t = a + bt$,得 $\hat{y}_t = 106.17 + 4.88t$。

检验过程如图 9-16 所示。从图 9-16 中可以看出,$\sum (y_t - \hat{y}_t) = 0$,故判断方程有效。

	A	B	C	D	E	F	G	H
1	年份	季度	时序 t	平均销售收入 y_t	t^2	$t \cdot y_t$	$\hat{y}_t = 106.17+4.88t$	$y_t - \hat{y}_t$
2	2013	第四季度	-5	82.13	25	-410.63	81.78	0.35
3		第一季度	-4	85.88	16	-343.50	86.66	-0.78
4	2014	第二季度	-3	91.13	9	-273.38	91.54	-0.41
5		第三季度	-2	96.25	4	-192.50	96.41	-0.16
6		第四季度	-1	101.50	1	-101.50	101.29	0.21
7		第一季度	0	107.38	0	0.00	106.17	1.20
8	2015	第二季度	1	111.50	1	111.50	111.05	0.45
9		第三季度	2	116.00	4	232.00	115.93	0.07
10		第四季度	3	120.38	9	361.13	120.81	-0.43
11	2016	第一季度	4	125.25	16	501.00	125.68	-0.43
12		第二季度	5	130.50	25	652.50	130.56	-0.06
13	合计		0.00	1167.88	110.00	536.63	1167.88	0

图 9-16 检验趋势方程(简捷法,总项数为奇数)

2016 年第三季度排在第 6 期,即 $t=6$,代入方程:

$$\hat{y}_6 = 106.17 + 4.88 \times 6 = 135.44$$

第二种解法:原数列是偶数项,不做任何处理。

设直线方程为 $\hat{y}_t = a + bt$,方程组为:

$$\begin{cases} \sum y_t = na \\ \sum t y_t = b \sum t^2 \end{cases}$$

相关参数计算过程如图 9-17 所示。

	A	B	C	D	E	F
1	年份	季度	时序 t	平均销售收入 y_t	t^2	$t \cdot y_t$
2	2013	第三季度	-11	78.00	121	-858.00
3		第四季度	-9	82.13	81	-739.13
4	2014	第一季度	-7	85.88	49	-601.13
5		第二季度	-5	91.13	25	-455.63
6		第三季度	-3	96.25	9	-288.75
7		第四季度	-1	101.50	1	-101.50
8	2015	第一季度	1	107.38	1	107.38
9		第二季度	3	111.50	9	334.50
10		第三季度	5	116.00	25	580.00
11		第四季度	7	120.38	49	842.63
12	2016	第一季度	9	125.25	81	1127.25
13		第二季度	11	130.50	121	1435.50
14	合计		0	1245.88	572	1383.13

图 9-17　简捷法计算过程（总项数为偶数）

将 $\sum y_t = 1\,245.88, n=12, \sum t y_t = 1\,383.13, \sum t^2 = 572$ 代入方程：

$$\begin{cases} 1\,245.88 = 12a \\ 1\,383.13 = 572b \end{cases}$$

解得

$$\begin{cases} a = 103.82 \\ b = 2.42 \end{cases}$$

$$\hat{y}_t = a + bt = 103.82 + 2.42t$$

检验过程如图 9-18 所示。从图 9-18 中可以看出，$\sum (y_t - \hat{y}_t) = 0$，故判断方程有效。

	A	B	C	D	E	F	G	H
							G2　fx =103.82+2.42*C2	
1	年份	季度	时序 t	平均销售收入 y_t	t^2	$t \cdot y_t$	$\hat{y}_t = 103.82 + 2.42t$	$y_t - \hat{y}_t$
2	2013	第三季度	-11	78.00	121	-858.00	77.22	0.78
3		第四季度	-9	82.13	81	-739.13	82.06	0.06
4	2014	第一季度	-7	85.88	49	-601.13	86.90	-1.02
5		第二季度	-5	91.13	25	-455.63	91.73	-0.61
6		第三季度	-3	96.25	9	-288.75	96.57	-0.32
7		第四季度	-1	101.50	1	-101.50	101.40	0.10
8	2015	第一季度	1	107.38	1	107.38	106.24	1.13
9		第二季度	3	111.50	9	334.50	111.08	0.42
10		第三季度	5	116.00	25	580.00	115.91	0.09
11		第四季度	7	120.38	49	842.63	120.75	-0.37
12	2016	第一季度	9	125.25	81	1127.25	125.59	-0.34
13		第二季度	11	130.50	121	1435.50	130.42	0.08
14	合计		0	1245.88	572	1383.13	1245.88	0

图 9-18　检验趋势方程（简捷法，总项数为偶数）

2016 年第三季度排在第 13 期，即 $t = 13$，代入方程：

$$\hat{y}_{13} = 103.82 + 2.42 \times 13 = 135.26$$

与图 9-2 中所给数据"128"非常接近。

运用简捷法，解方程较为简化，但排序反而复杂。

（四）加权法

利用半数平均法和最小平方法进行外推预测的缺点是将近期数据与远期数据同等对待，加权法(加权配合直线方程法)则可以弥补这一缺点。加权法认为,各期数值对未来判断的影响是不同的,距预测期越近,影响越大,应给予较大的权重;反之,影响越小,给予的权重要小一些。

根据直线方程有两个参数的特点,从时间数列首尾分别取 $n/2$ 项,其权数由近至远分别取 $\cdots,5,4,3,2,1$,计算出首尾两段的加权平均数,即求得 $(\bar{t}_1,\bar{y}_1)$,$(\bar{t}_2,\bar{y}_2)$,作为直线上的两点代入趋势方程,组成一个二元一次方程组,再计算出 a、b,代入直线方程,最后利用方程预测。

用加权法求解直线方程参数的公式如下。

设 z 为权数,两点坐标为 $(\bar{t}_1,\bar{y}_1)$,$(\bar{t}_2,\bar{y}_2)$,则

$$\bar{t}_1=\frac{\sum tz}{\sum z},\bar{y}_1=\frac{\sum y_t z}{\sum z}$$

$$\bar{t}_2=\frac{\sum tz}{\sum z},\bar{y}_2=\frac{\sum y_t z}{\sum z}$$

将两点坐标数据代入直线方程 $\hat{y}_t=a+bt$,可得联立方程组:

$$\begin{cases}\bar{y}_1=a+b\bar{t}_1\\ \bar{y}_2=a+b\bar{t}_2\end{cases}$$

解出 a 和 b,再代入 $\hat{y}_t=a+bt$,趋势方程就形成了。

【例 9-7】 已知资料如图 9-2 所示,要求利用加权法拟合趋势方程,并验证 2016 年第三季销售收入额。

解 设直线方程为 $\hat{y}_t=a+bt$,方程组为:

$$\begin{cases}\bar{y}_1=a+b\bar{t}_1\\ \bar{y}_2=a+b\bar{t}_2\end{cases}$$

计算过程如图 9-19 所示。

	A	B	C	D	E	F	G
1	年份	季度	时序 t	销售收入 y_t	权数 z	$t \cdot z$	$y_t \cdot z$
2	2013	第三季度	1	78.00	1	1	78.00
3		第四季度	2	82.13	2	4	164.25
4		第一季度	3	85.88	3	9	257.63
5	2014	第二季度	4	91.13	4	16	364.50
6		第三季度	5	96.25	5	25	481.25
7		第四季度	6	101.50	6	36	609.00
8		小 计			21	91	1954.63
9		第一季度	7	107.38	1	7	107.38
10	2015	第二季度	8	111.50	2	16	223.00
11		第三季度	9	116.00	3	27	348.00
12		第四季度	10	120.38	4	40	481.50
13	2016	第一季度	11	125.25	5	55	626.25
14		第二季度	12	130.50	6	72	783.00
15		小 计			21	217	2569.13
16		合 计		1245.88			

图 9-19 加权法计算过程

$$\bar{t}_1 = \frac{\sum tz}{\sum z} = \frac{91}{21} = 4.33, \bar{y}_1 = \frac{\sum y_t z}{\sum z} = \frac{1\,954.63}{21} = 93.08$$

$$\bar{t}_2 = \frac{\sum tz}{\sum z} = \frac{217}{21} = 10.33, \bar{y}_2 = \frac{\sum y_t z}{\sum z} = \frac{2\,569.13}{21} = 122.34$$

将 (4.33, 93.08), (10.33, 122.34) 代入方程组：

$$\begin{cases} 93.08 = a + 4.33b \\ 122.34 = a + 10.33b \end{cases}$$

解方程得 $a = 71.94, b = 4.88$，则趋势方程为 $\hat{y}_t = 71.94 + 4.88t$。

检验过程如图 9-20 所示。从图 9-20 中可以看出，$\sum(y_t - \hat{y}_t) = 2.14$ 仍然比较小，故判断方程有效，可以用来预测。

	A	B	C	D	E	F	G	H	I
1	年份	季度	时序 t	销售收入 y_t	权数 z	$t \cdot z$	$y_t \cdot z$	$\hat{y}_t = 71.94 + 4.88t$	$y_t - \hat{y}_t$
2	2013	第三季度	1	78.00	1	1	78.00	76.82	1.18
3		第四季度	2	82.13	2	4	164.25	81.70	0.43
4	2014	第一季度	3	85.88	3	9	257.63	86.57	-0.70
5		第二季度	4	91.13	4	16	364.50	91.45	-0.33
6		第三季度	5	96.25	5	25	481.25	96.33	-0.08
7		第四季度	6	101.50	6	36	609.00	101.21	0.29
8	小 计				21	91	1954.63		
9	2015	第一季度	7	107.38	1	7	107.38	106.08	1.29
10		第二季度	8	111.50	2	16	223.00	110.96	0.54
11		第三季度	9	116.00	3	27	348.00	115.84	0.16
12		第四季度	10	120.38	4	40	481.50	120.71	-0.34
13	2016	第一季度	11	125.25	5	55	626.25	125.59	-0.34
14		第二季度	12	130.50	6	72	783.00	130.47	0.03
15	小 计				21	217	2569.13		
16	合 计			1245.88				1243.73	2.14

图 9-20 检验趋势方程（加权法）

2016 年第三季度排在第 13 期，即 $t = 13$，代入方程：

$$\hat{y}_{13} = 71.94 + 4.88 \times 13 = 135.34$$

与图 9-2 中所给数据"128"非常接近。

任务三 曲线趋势分析与预测

当引起现象发展变化的因素不只是一个，而是多个时，现象的长期趋势不是线性的，而是由许多条线段连接而成的曲线，这种趋势线称为多项式曲线，又称非线性趋势线，一般方程为：

$$\hat{y}_t = a + bt + ct^2 + \cdots + mt^n$$

多项式曲线有很多种，这里主要介绍抛物线趋势线和指数曲线趋势线。

一、抛物线趋势分析与预测

抛物线又称二次曲线，是指现象随时间的推移不是直线上升或直线下降，而是出现先升后降，或先降后升的趋势，其时间数列的折线图上有明显的拐点，则该时间数列为抛物线型。一般来讲，一个弯为二次曲线，两个拐弯为三次曲线，依次类推。抛物线趋势的数学特征是：时间数列中的二级增长量（即逐期增长量的逐期增长量）大体相同。

二次曲线趋势方程：

$$\hat{y}_t = a + bt + ct^2$$

抛物线有三个待定参数，分别是 a、b 和 c，需要建立三个标准方程，联立成方程组。抛物线趋势分析与预测可采用两种方法：一种是最小平方法（及简捷法）；另一种是三点法。

（一）最小平方法

利用最小平方法对抛物线拟合趋势方程的原理和对直线基本相同。所不同的是，抛物线有三个待定参数，要建三个方程，且要求趋势值与实际观察值的离差平方和具有最小值，即

$$\sum (y_t - \hat{y}_t)^2 = 最小值$$

设抛物线趋势方程为 $\hat{y}_t = a + bt + ct^2$，将 $\hat{y}_t = a + bt + ct^2$ 代入 $\sum (y_t - \hat{y}_t)^2$，得

$$\sum (y_t - a - bt - ct^2)^2 = 最小值$$

此式仍为二次曲线，具有最小值；a,b,c 为待定参数。推导如下。

设 $Q = \sum (y_t - a - bt - ct^2)^2$，分别对 a,b,c 求导数。令 $Q' = (\sum (y_t - a - bt - ct^2)^2)' = 0$，求导过程如下：

$$\frac{\partial Q}{\partial a} = \sum 2(y_t - a - bt - ct^2)(-1) = 0$$

$$\frac{\partial Q}{\partial b} = \sum 2(y_t - a - bt - ct^2)(-t) = 0$$

$$\frac{\partial Q}{\partial c} = \sum 2(y_t - a - bt - ct^2)(-t^2) = 0$$

联立成方程组：

$$\begin{cases} \sum y_t = na + b\sum t + c\sum t^2 \\ \sum ty_t = a\sum t + b\sum t^2 + c\sum t^3 \\ \sum t^2 y_t = a\sum t^2 + b\sum t^3 + c\sum t^4 \end{cases}$$

这样，组成一个三元一次方程组，将资料代入，解出 a、b 和 c，再代入抛物线方程，趋势方程就形成了。

【例 9-8】 某产品某年 1—9 月销售量统计资料如表 9-1 所示。

表 9-1　某产品 1—9 月销售量统计资料　（单位：万吨）

月份 t	1	2	3	4	5	6	7	8	9
销售量 y	25	30	36	45	58	60	55	48	42

要求：利用最小平方法建立预测模型并预测 10 月份销售量。

解　从表 9-1 中看出，随时间变化，销售量由低到高再到低，有一个明显的拐点，判断为呈抛物线趋势。

设抛物线方程为 $\hat{y}_t = a + bt + ct^2$，则方程组为：

$$\begin{cases} \sum y_t = na + b\sum t + c\sum t^2 \\ \sum ty_t = a\sum t + b\sum t^2 + c\sum t^3 \\ \sum t^2 y_t = a\sum t^2 + b\sum t^3 + c\sum t^4 \end{cases}$$

根据方程组要求计算的内容列表,计算过程如图 9-21 所示。

月份	时序 t	y_t	ty_t	t^2	$t^2 y_t$	t^3	t^4
1	1	25	25	1	25	1	1
2	2	30	60	4	120	8	16
3	3	36	108	9	324	27	81
4	4	45	180	16	720	64	256
5	5	58	290	25	1450	125	625
6	6	60	360	36	2160	216	1296
7	7	55	385	49	2695	343	2401
8	8	48	384	64	3072	512	4096
9	9	42	378	81	3402	729	6561
合计	45	399	2170	285	13968	2025	15333

图 9-21 最小平方法参数计算过程(抛物线趋势)

已知 $n=9$,将图 9-21 中的计算结果代入方程组:

$$\begin{cases} 399 = 9a + 45b + 285c \\ 2170 = 45a + 285b + 2025c \\ 13968 = 285a + 2025b + 15333c \end{cases}$$

解方程得 $a=4.93, b=16.46, c=-1.35$,则抛物线方程为:

$$\hat{y}_t = 4.93 + 16.46t - 1.35t^2$$

检验过程如图 9-22 所示。通过计算,$\sum(y_t - \hat{y}_t) = 0$,且绘制理论值与实际值比较图(见图 9-23)发现,理论值与实际值变动趋势基本吻合,则方程有效,可以用来预测。

月份	时序 t	y_t	ty_t	t^2	$t^2 y_t$	t^3	t^4	$\hat{y}_t$	$y_t - \hat{y}_t$
1	1	25	25	1	25	1	1	20.03	4.97
2	2	30	60	4	120	8	16	32.42	-2.42
3	3	36	108	9	324	27	81	42.11	-6.11
4	4	45	180	16	720	64	256	49.09	-4.09
5	5	58	290	25	1450	125	625	53.36	4.64
6	6	60	360	36	2160	216	1296	54.92	5.08
7	7	55	385	49	2695	343	2401	53.78	1.22
8	8	48	384	64	3072	512	4096	49.92	-1.92
9	9	42	378	81	3402	729	6561	43.36	-1.36
合计	45	399	2170	285	13968	2025	15333	399	0

图 9-22 检验抛物线方程(最小平方法)

10 月份销售量排在第 10 期,$t=10$,代入方程:

$$\hat{y}_{10} = 4.93 + 16.46 \times 10 - 1.35 \times 10^2 = 34.10$$

即可预测 10 月份销售量为 34.10 万吨。

(二)简捷法

解最小平方法中的方程组时,数据比较大,项数比较多,可以进一步进行简化。当数列项数

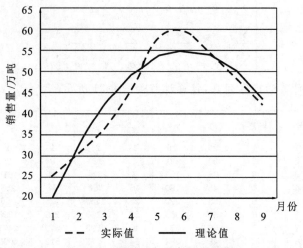

图9-23 理论值与实际值比较图

n 为奇数时,令 $t=\cdots,-3,-2,-1,0,1,2,3,\cdots$;当数列项数 n 为偶数时,令 $t=\cdots,-5,-3,-1,1,3,5,\cdots$。由此可使 $\sum t=0$,$\sum t^3=0$,原方程组可简化为:

$$\begin{cases} \sum y_t = na + c\sum t^2 \\ \sum ty_t = b\sum t^2 \\ \sum t^2 y_t = a\sum t^2 + c\sum t^4 \end{cases}$$

【例9-9】 已知资料如表9-1所示。要求:采用简捷法建立预测模型并预测10月份销售量。

解 按简捷法要求排序并计算。

设抛物线方程为 $\hat{y}_t = a + bt + ct^2$,方程组为:

$$\begin{cases} \sum y_t = na + c\sum t^2 \\ \sum ty_t = b\sum t^2 \\ \sum t^2 y_t = a\sum t^2 + c\sum t^4 \end{cases}$$

计算过程如图9-24所示。

月份	时序 t	y_t	ty_t	t^2	$t^2 y_t$	t^4
1	-4	25	-100	16	400	256
2	-3	30	-90	9	270	81
3	-2	36	-72	4	144	16
4	-1	45	-45	1	45	1
5	0	58	0	0	0	0
6	1	60	60	1	60	1
7	2	55	110	4	220	16
8	3	48	144	9	432	81
9	4	42	168	16	672	256
合计	0	399	175	60	2243	708

图9-24 简捷法参数计算过程

将 $n=9$,$\sum y_t=399$,$\sum t^2=60$,$\sum ty_t=175$,$\sum t^2y_t=2243$,$\sum t^4=708$ 代入抛物线方程组：

$$\begin{cases} 399=9a+60c \\ 175=60b \\ 2243=60a+708c \end{cases}$$

解方程组得 $a=53.36$,$b=2.92$,$c=-1.35$,代入 $\hat{y}_t=a+bt+ct^2$ 得

$$\hat{y}_t=53.36+2.92t-1.35t^2$$

检验过程如图9-25所示。$\sum(y_t-\hat{y}_t)=0$,且理论值与实际值变动趋势基本吻合,方程有效,可以用来预测。

月份	时序t	y_t	ty_t	t^2	t^2y_t	t^4	$\hat{y}_t=53.36+2.92t-1.35t^2$	$y_t-\hat{y}_t$
1	-4	25	-100	16	400	256	20.03	4.97
2	-3	30	-90	9	270	81	32.42	-2.42
3	-2	36	-72	4	144	16	42.11	-6.11
4	-1	45	-45	1	45	1	49.09	-4.09
5	0	58	0	0	0	0	53.36	4.64
6	1	60	60	1	60	1	54.92	5.08
7	2	55	110	4	220	16	53.78	1.22
8	3	48	144	9	432	81	49.92	-1.92
9	4	42	168	16	672	256	43.36	-1.36
合计	0	399	175	60	2243	708		0

图 9-25 检验抛物线方程(简捷法)

10月份销售量排在第5期,$t=5$,代入方程：

$$\hat{y}_5=53.36+2.92\times5-1.35\times5^2=34.10$$

即可预测10月份销售量为34.10万吨。

(三) 三点法

用三点法来估计抛物线方程预测模型的基本思路是,在抛物线上选取具有代表性的三个点来求预测模型的三个待定参数。

这三点的选择方法是:将时间数列平均分为三部分,分别进行加权,计算平均数,代入抛物线方程 $\hat{y}_t=a+bt+ct^2$,求出 a,b,c。具体步骤如下。

第一步:确定项数。时间数列总项数必须是3的倍数,如果不是,舍弃最初部分,然后重新排序。

第二步:分组。将原时间数列平均分为相等的三部分,即第一部分为 $y_1,y_2,\cdots,y_i$,第二部分为 $y_{i+1},y_{i+2},\cdots,y_k$,第三部分为 $y_{k+1},y_{k+2},\cdots,y_n$。

第三步:对每一部分的时序(t)与观察值(y_t)分别计算加权平均数,权数 z 应由前到后分别取

$$\frac{1}{\sum z} \quad \frac{2}{\sum z} \quad \frac{3}{\sum z} \quad \cdots \quad \frac{z-1}{\sum z} \quad \frac{z}{\sum z}$$

设 A、B、C 分别代表三点,坐标分别为 $A(\overline{t_1},\overline{y_1})$,$B(\overline{t_2},\overline{y_2})$,$C(\overline{t_3},\overline{y_3})$,则计算过程如下。

A 点坐标 $(\overline{t_1}, \overline{y_1})$：

$$\overline{t_1} = \frac{\sum_{t=1}^{i} tz}{\sum z} = \frac{1\times 1 + 2\times 2 + \cdots + n\times z}{1+2+\cdots+z}$$

$$\overline{y_1} = \frac{\sum_{t=1}^{i} yz}{\sum z} = \frac{y_1\times 1 + y_2\times 2 + \cdots + y_i\times z}{1+2+\cdots+z}$$

B 点坐标 $(\overline{t_2}, \overline{y_2})$：

$$\overline{t_2} = \frac{\sum_{t=i+1}^{k} tz}{\sum z} = \frac{t_{i+1}\times 1 + t_{i+2}\times 2 + \cdots + t_k\times z}{1+2+\cdots+z}$$

$$\overline{y_2} = \frac{\sum_{t=i+1}^{k} yz}{\sum z} = \frac{y_{i+1}\times 1 + y_{i+2}\times 2 + \cdots + y_k\times z}{1+2+\cdots+z}$$

C 点坐标 $(\overline{t_3}, \overline{y_3})$：

$$\overline{t_3} = \frac{\sum_{t=k+1}^{n} tz}{\sum z} = \frac{(k+1)\times 1 + (k+2)\times 2 + \cdots + n\times z}{1+2+\cdots+z}$$

$$\overline{y_3} = \frac{\sum_{t=k+1}^{n} yz}{\sum z} \quad \frac{y_{k+1}\times 1 + y_{k+2}\times 2 + \cdots + y_n\times z}{1+2+\cdots+z}$$

将 A、B、C 三点的坐标值代入抛物线方程 $\hat{y}_t = a + bt + ct^2$，联立方程组：

$$\begin{cases} \overline{y_1} = a + b\overline{t_1} + \overline{t_1}^2 c \\ \overline{y_2} = a + b\overline{t_2} + \overline{t_2}^2 c \\ \overline{y_3} = a + b\overline{t_3} + \overline{t_3}^2 c \end{cases}$$

求出 a、b、c；再将 a、b、c 的值代入 $\hat{y}_t = a + bt + ct^2$，建立趋势方程，利用这个方程就可以进行预测了。

【例 9-10】 某食品销售量受季节变动影响较大，1—9 月销售量资料如表 9-2 所示。

表 9-2　某食品 1—9 月销售量资料　　　　　　　　　　（单位：吨）

月份 t	1	2	3	4	5	6	7	8	9
销售量	98	75	57	42	30	20	12	21	33

要求：利用三点法判断趋势并预测 10 月份的销售量。

解　绘制销售量变动示意图，如图 9-26 所示。

从图 9-26 可以看出，销售量从 1 月到 7 月是下降的，从 7 月到 9 月是上升的，由降到升有明显的拐点，初步判断为抛物线趋势。

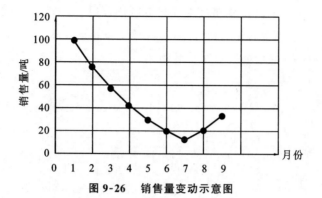

图 9-26 销售量变动示意图

设:抛物线方程为 $\hat{y}_t = a + bt + ct^2$。

总项数为 9,是 3 的倍数,将原数列均分为三部分,重新排序,计算过程如图 9-27 所示。

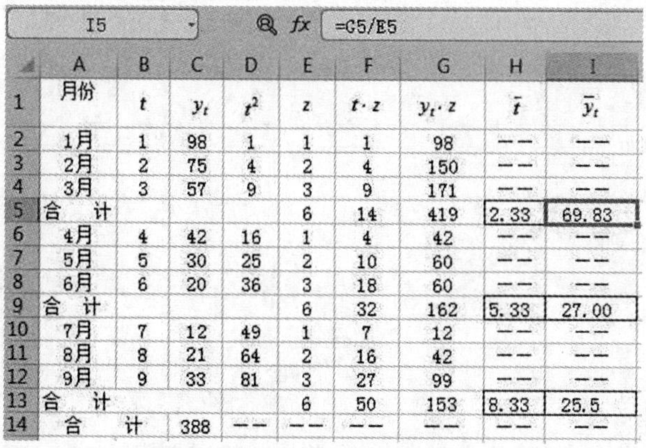

图 9-27 三点法参数计算过程(3 项)

A、B、C 三点的加权平均数为:

$$\overline{t_1} = \frac{\sum tz}{\sum z} = \frac{14}{6} = 2.33 \quad \overline{y_1} = \frac{\sum yz}{\sum z} = \frac{419}{6} = 69.83$$

$$\overline{t_2} = \frac{\sum tz}{\sum z} = \frac{32}{6} = 5.33 \quad \overline{y_2} = \frac{\sum yz}{\sum z} = \frac{162}{6} = 27$$

$$\overline{t_3} = \frac{\sum tz}{\sum z} = \frac{50}{6} = 8.33 \quad \overline{y_3} = \frac{\sum yz}{\sum z} = \frac{153}{6} = 25.5$$

代入抛物线方程 $\hat{y}_t = a + bt + ct^2$,联立方程组:

$$\begin{cases} 69.83 = a + 2.33b + 2.33^2 c \\ 27 = a + 5.33b + 5.33^2 c \\ 25.5 = a + 8.33b + 8.33^2 c \end{cases}$$

解方程得 $a = 131.72, b = -31.88, c = 2.30$,代入 $\hat{y}_t = a + bt + ct^2$ 得

$$\hat{y}_t = 131.72 - 31.88t + 2.30t^2$$

检验过程如图 9-28 所示。将各期理论值与实际值绘图进行比较，如图 9-29 所示，可以看出，两者基本一致（毕竟两者受的影响因素不同，实际观察值除受长期因素影响以外，还受其他因素影响）。由此可知，方程有效，可以用来预测。

I5 fx =G5/E5

	A	B	C	D	E	F	G	H	I	J	K
1	月份	t	y_t	t^2	z	$t \cdot z$	$y_t \cdot z$	$\overline{t}$	$\overline{y_t}$	$\hat{y}_t$	$y_t - \hat{y}_t$
2	1月	1	98	1	1	1	98	--	--	102.14	-4.14
3	2月	2	75	4	2	4	150	--	--	77.14	-2.14
4	3月	3	57	9	3	9	171	--	--	56.74	0.26
5	合　计				6	14	419	2.33	69.83		
6	4月	4	42	16	1	4	42	--	--	40.93	1.07
7	5月	5	30	25	2	10	60	--	--	29.72	0.28
8	6月	6	20	36	3	18	60	--	--	23.09	-3.09
9	合　计				6	32	162	5.33	27.00		
10	7月	7	12	49	1	7	12	--	--	21.06	-9.06
11	8月	8	21	64	2	16	42	--	--	23.63	-2.63
12	9月	9	33	81	3	27	99	--	--	30.78	2.22
13	合　计				6	50	163	8.33	25.5		
14	合　计		388	--	--	--	--	--	--	405.24	-17.24

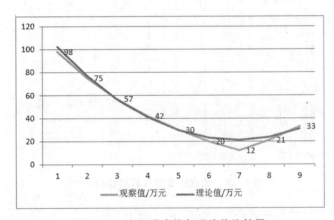

图 9-28　检验抛物线方程(三点法,3 项)

图 9-29　实际观察值与理论值比较图

10 月份销售量排在第 10 期，则 $t = 10$，代入方程：

$$\hat{y}_{10} = 131.72 - 31.88 \times 10 + 2.30 \times 10^2 = 42.53$$

即可预测第 10 期销售量为 42.53 吨。

采用三点法，每部分为三项或五项的居多，也最为常用，为了简化方程组求解过程，将每部分取三项或五项数据的作为特例，表达式也有所不同。只要计算出 $\overline{y_1}, \overline{y_2}, \overline{y_3}$，不用解方程组，直接能够推出 a, b, c 的值。推导过程如下。

1. 每部分取三项数据时

设 $\overline{y_1} = R, \overline{y_2} = S, \overline{y_3} = T$，分别代表首、中、尾三部分的加权平均数，$n = 9$，$z$ 为权数（$z = 1, 2, 3, \sum z = 6$），则三点坐标 $(\overline{t_1}, R)$，$(\overline{t_2}, S)$，$(\overline{t_3}, T)$ 为：

$$\overline{t_1} = \frac{\sum_{t=1}^{3} tz}{\sum z} = \frac{1 \times 1 + 2 \times 2 + 3 \times 3}{1 + 2 + 3} = \frac{14}{6} = \frac{7}{3}, R = \frac{\sum_{t=1}^{3} yz}{\sum z} = \frac{y_1 \times 1 + y_2 \times 2 + y_3 \times 3}{1 + 2 + 3}$$

$$\overline{t_2} = \frac{\sum\limits_{t=4}^{6}tz}{\sum z} = \frac{4\times1+5\times2+6\times3}{1+2+3} = \frac{32}{6} = \frac{16}{3}, S = \frac{\sum\limits_{t=4}^{6}yz}{\sum z} = \frac{y_4\times1+y_5\times2+y_6\times3}{1+2+3}$$

$$\overline{t_3} = \frac{\sum\limits_{t=7}^{9}tz}{\sum z} = \frac{7\times1+8\times2+9\times3}{1+2+3} = \frac{50}{6} = \frac{25}{3}, T = \frac{\sum\limits_{t=7}^{9}yz}{\sum z} = \frac{y_7\times1+y_8\times2+y_9\times3}{1+2+3}$$

由于 $\overline{t_1}, \overline{t_2}, \overline{t_3}$ 为常数，将 $(\frac{7}{3}, R), (\frac{16}{3}, S), (\frac{25}{3}, T)$ 代入抛物线方程 $\hat{y}_t = a+bt+ct^2$：

$$\begin{cases} R = a + \frac{7}{3}b + \frac{49}{9}c \\ S = a + \frac{16}{3}b + \frac{256}{9}c \\ T = a + \frac{25}{3}b + \frac{625}{9}c \end{cases}$$

可变形得

$$\begin{cases} c = \frac{2(R+T-2S)}{(n-3)^2} \\ b = \frac{T-R}{n-3} - \frac{3n+5}{3}c \\ a = R - \frac{7}{3}b - \frac{49}{9}c \end{cases}$$

【例 9-11】 以图 9-27 所示数据为例进行计算。

已知 $R = 69.83, S = 27, T = 25.5$，则

$$\begin{cases} c = \frac{2(R+T-2S)}{(n-3)^2} = \frac{2(69.83+25.5-2\times27)}{(9-3)^2} = 2.30 \\ b = \frac{T-R}{n-3} - \frac{3n+5}{3}c = \frac{25.5-69.83}{9-3} - \frac{3\times9+5}{3}\times2.30 = -31.88 \\ a = R - \frac{7}{3}b - 6c = 69.83 - \frac{7}{3}\times(-31.88) - \frac{49}{9}\times2.30 = 131.72 \end{cases}$$

代入 $\hat{y}_t = a+bt+ct^2$：

$$\hat{y}_t = 131.72 - 31.88t + 2.30t^2$$

与此前结果一致。

2. 每部分取五项数据时

设 $\overline{y_1} = R, \overline{y_2} = S, \overline{y_3} = T$，分别代表首、中、尾三段的加权平均数，$n=15$，$z$ 为权数（$z=1,2,3,4,5, \sum z = 15$），则三点坐标 $(\overline{t_1}, R), (\overline{t_2}, S), (\overline{t_3}, T)$ 为：

$$\begin{cases} \overline{t_1} = \dfrac{\sum\limits_{t=1}^{5} tz}{\sum z} = \dfrac{1\times 1 + 2\times 2 + 3\times 3 + 4\times 5 + 5\times 5}{1+2+3+4+5} = \dfrac{11}{3} \\ R = \dfrac{\sum\limits_{t=1}^{5} yz}{\sum z} = \dfrac{y_1\times 1 + y_2\times 2 + y_3\times 3 + y_4\times 4 + y_5\times 5}{1+2+3+4+5} \end{cases}$$

$$\begin{cases} \overline{t_2} = \dfrac{\sum\limits_{t=6}^{10} tz}{\sum z} = \dfrac{6\times 1 + 7\times 2 + 8\times 3 + 9\times 4 + 10\times 5}{1+2+3+4+5} = \dfrac{26}{3} \\ S = \dfrac{\sum\limits_{t=6}^{10} yz}{\sum z} = \dfrac{y_6\times 1 + y_7\times 2 + y_8\times 3 + y_9\times 4 + y_{10}\times 5}{1+2+3+4+5} \end{cases}$$

$$\begin{cases} \overline{t_3} = \dfrac{\sum\limits_{t=11}^{15} tz}{\sum z} = \dfrac{11\times 1 + 12\times 2 + 13\times 3 + 14\times 4 + 15\times 5}{1+2+3+4+5} = 41 \\ T = \dfrac{\sum\limits_{t=11}^{15} yz}{\sum z} = \dfrac{y_{11}\times 1 + y_{12}\times 2 + y_{13}\times 3 + y_{14}\times 4 + y_{15}\times 5}{1+2+3+4+5} \end{cases}$$

由于 $\overline{t_1},\overline{t_2},\overline{t_3}$ 为常数,将 $(\dfrac{11}{3},R),(\dfrac{26}{3},S),(41,T)$ 代入 $\hat{y}_t = a + bt + ct^2$:

$$\begin{cases} R = a + \dfrac{11}{3}b + \dfrac{121}{9}c \\ S = a + \dfrac{26}{3}b + \dfrac{676}{9}c \\ T = a + 41b + 1\,681c \end{cases}$$

可变形得

$$\begin{cases} c = \dfrac{2(R+T-2S)}{(n-5)^2} \\ b = \dfrac{T-R}{n-5} - \dfrac{3n+7}{3}c \\ a = R - \dfrac{11}{3}b - 15c \end{cases}$$

【例 9-12】 某地区 2001—2015 某农产品销售量统计资料如图 9-30 所示。

要求:判断趋势,利用三点法拟合趋势方程并预测 2016 年销售量。

解　　绘制销售量变动图,如图 9-31 所示。

设抛物线方程为:

$$\hat{y}_t = a + bt + ct^2$$

年份	序号	销售量	逐期增长量	二级增长量
2001	1	42	——	——
2002	2	45	3	——
2003	3	51	6	3
2004	4	60	9	3
2005	5	72	12	3
2006	6	86	14	2
2007	7	102	16	2
2008	8	120	18	2
2009	9	140	20	2
2010	10	163	23	3
2011	11	188	25	2
2012	12	215	27	2
2013	13	244	29	2
2014	14	276	32	3
2015	15	310	34	2

图 9-30 某农产品销售量统计资料(单位:万吨)

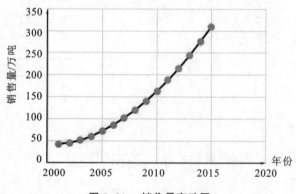

图 9-31 销售量变动图

参数计算过程如图 9-32 所示。

$n=15$,三点的加权平均数为:

$$R = \frac{\sum_{t=1}^{5} yz}{\sum z} = \frac{885}{15} = 59 \quad S = \frac{\sum_{t=6}^{10} yz}{\sum z} = \frac{2\,025}{15} = 135 \quad T = \frac{\sum_{t=11}^{15} yz}{\sum z} = \frac{4\,004}{15} = 266.93$$

将以上已知数值代入方程组:

$$\begin{cases} c = \dfrac{2(R+T-2S)}{(n-5)^2} = \dfrac{2\times(59+266.93-2\times135)}{(15-5)^2} = 1.12 \\ b = \dfrac{T-R}{n-5} - \dfrac{3n+7}{3}c = \dfrac{266.93-59}{15-5} - \dfrac{3\times15+7}{3}\times1.12 = 1.4 \\ a = R - \dfrac{11}{3}b - 15c = 59 - \dfrac{11}{3}\times1.4 - 15\times1.12 = 37.08 \end{cases}$$

代入 $\hat{y}_t = a + bt + ct^2$ 得

$$\hat{y}_t = 37.08 + 1.4t + 1.12t^2$$

	A	B	C	D	E	F	G
1	年份	时序t	销售量y_t	权数z	tz	yz	
2	2001	1	42	1	1	42	
3	2002	2	45	2	4	90	
4	2003	3	51	3	9	153	
5	2004	4	60	4	16	240	
6	2005	5	72	5	25	360	
7	合计			15	55	885	59
8	2006	6	86	1	6	86	
9	2007	7	102	2	14	204	
10	2008	8	120	3	24	360	
11	2009	9	140	4	36	560	
12	2010	10	163	5	50	815	
13	合计			15	130	2025	135
14	2011	11	188	1	11	188	
15	2012	12	215	2	24	430	
16	2013	13	244	3	39	732	
17	2014	14	276	4	56	1104	
18	2015	15	310	5	75	1550	
19	合计			15	205	4004	267

图 9-32 三点法参数计算过程(5 项)

检验过程如图 9-33 所示。

	A	B	C	D	E	F
1	年份	时序t	销售量y_t	t^2	$\hat{y}_t = 37.08 + 1.4t + 1.12t^2$	$y_t - \hat{y}_t$
2	2001	1	42	1	39.60	2.40
3	2002	2	45	4	44.36	0.64
4	2003	3	51	9	51.35	−0.35
5	2004	4	60	16	60.59	−0.59
6	2005	5	72	25	72.06	−0.06
7	2006	6	86	36	85.77	0.23
8	2007	7	102	49	101.71	0.29
9	2008	8	120	64	119.89	0.11
10	2009	9	140	81	140.32	−0.32
11	2010	10	163	100	162.97	0.03
12	2011	11	188	121	187.87	0.13
13	2012	12	215	144	215.00	0.00
14	2013	13	244	169	244.37	−0.37
15	2014	14	276	196	275.98	0.02
16	2015	15	310	225	309.82	0.18
17	合计		2114	— —	2111.65	2.35

图 9-33 检验趋势方程(三点法,5 项)

从图 9-33 中可以看出,偏差极小,趋势方程有效,可以用来预测。

2016 年销售量排在第 16 期,即 $t=16$,代入方程计算:

$$\hat{y}_{16} = 37.08 + 1.4 \times 16 + 1.12 \times 16^2 = 345.90$$

2016 年销售量预测为 345.90 万吨。

二、指数曲线趋势分析与预测

如果时间数列中环比发展速度大体相同,则该数列所反映的现象的发展趋势为指数曲线型,该数列呈等比数列特征。

指数曲线预测模型为:

$$\hat{y}_t = ab^t$$

式中:a 为最初水平;b 为平均发展速度;t 为时序。

进行指数曲线趋势分析,必须先将指数形式转换为直线形式。

对 $\hat{y}_t = ab^t$ 等号两边取对数:

$$\log \hat{y}_t = \log(ab^t)$$

$$\log \hat{y}_t = \log a + t \cdot \log b$$

设 $\log \hat{y}_t = Y'_t$,$\log a = A$,$\log b = B$,则指数曲线方程变化为:

$$Y'_t = A + Bt$$

利用最小平方法建立方程组:

$$\begin{cases} \sum Y'_t = nA + B \sum t \\ \sum tY'_t = A \sum t + B \sum t^2 \end{cases}$$

先求出 A、B 的值,再用计算反对数的方法求出 a、b 的值,从而建立指数趋势方程,进行预测。

【例 9-13】 某企业 2010—2018 年销售额统计资料如图 9-34 所示。

	A	B	C
1	年份	序号	销售额
2	2010	1	8
3	2011	2	11
4	2012	3	15
5	2013	4	21
6	2014	5	28
7	2015	6	37
8	2016	7	50
9	2017	8	68
10	2018	9	94

图 9-34 销售额统计资料(单位:亿元)

要求:预测 2019 年的销售额。

解 首先判断趋势,选择预测模型。

计算环比发展速度或环比增长速度,如图 9-35 所示,从计算结果可以看出,环比速度大体相近。绘制销售额变化图,如图 9-36 所示。

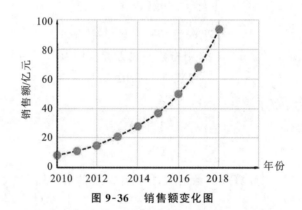

	A	B	C	D	E
1	年份	时序 t	销售额 y_t	环比发展速度	环比增长速度
2	2010	1	8	—	—
3	2011	2	11	137.50%	37.50%
4	2012	3	15	136.36%	36.36%
5	2013	4	21	140.00%	40.00%
6	2014	5	28	133.33%	33.33%
7	2015	6	37	132.14%	32.14%
8	2016	7	50	135.14%	35.14%
9	2017	8	68	136.00%	36.00%
10	2018	9	94	138.24%	38.24%

图 9-35 计算环比发展速度和环比增长速度

图 9-36 销售额变化图

通过图 9-36 可以看出,随着时间推移,增长加速,销售量变化曲线向上弯曲,综合判断为指数曲线型趋势。

设指数曲线预测模型为 $\hat{y}_t = ab^t$,两边取对数:

$$\log \hat{y}_t = \log(ab^t) \Rightarrow \log \hat{y}_t = \log a + t \log b$$

设 $\log \hat{y}_t = Y'_t$,$\log a = A$,$\log b = B$,则 $Y'_t = A + Bt$。

采用最小平方法建立方程组:

$$\begin{cases} \sum Y'_t = nA + B \sum t \\ \sum tY'_t = A \sum t + B \sum t^2 \end{cases}$$

相关参数计算过程如图 9-37 所示。

将 $n=9$,$\sum t = 45$,$\sum Y'_t = 12.9628$,$\sum tY'_t = 72.759$,$\sum t^2 = 285$ 代入方程组:

$$\begin{cases} \sum Y'_t = nA + B \sum t \\ \sum tY'_t = A \sum t + B \sum t^2 \end{cases} \Rightarrow \begin{cases} 12.9628 = 9A + 45B \\ 72.759 = 45A + 285B \end{cases}$$

图 9-37 指数曲线方程参数计算过程

年份	时序 t	销售额 y_t	$Y_t' = \log y_t$	$t \cdot Y_t'$	t^2
2010	1	8	0.9031	0.9031	1
2011	2	11	1.0414	2.0828	4
2012	3	15	1.1761	3.5283	9
2013	4	21	1.3222	5.2889	16
2014	5	28	1.4472	7.2358	25
2015	6	37	1.5682	9.4092	36
2016	7	50	1.6990	11.8928	49
2017	8	68	1.8325	14.6601	64
2018	9	94	1.9731	17.7582	81
合计	45	332	12.9628	72.7590	285

解方程组得 $B=0.1324, A=0.7782$。再由 A、B 的值推出 a、b 的值：

$$A = \log a = 0.7782 \Rightarrow a = 6$$
$$B = \log b = 0.1324 \Rightarrow b = 1.3565$$

将 a、b 代入指数方程：

$$\hat{y}_t = 6 \times 1.3565^t$$

检验：编制计算表对观察值与趋势值进行比较，如图 9-38 所示。

从图 9-38 中可以看出，偏差极小，趋势方程有效，可以用来预测。

2019 年应属于第 10 期，即 $t=10$，代入方程：

$$\hat{y}_t = ab^t = 6 \times 1.3565^{10} = 126.59$$

即 2019 年预计可以实现的销售额为 126.59 亿元。

年份	时序 t	销售额 y_t	$Y_t' = \log y_t$	$t \cdot Y_t'$	t^2	$\hat{y}_t = ab^t = 6 \times 1.3565^t$	$y_t - \hat{y}_t$
2010	1	8	0.9031	0.9031	1	8.1400	−0.1400
2011	2	11	1.0414	2.0828	4	11.0419	−0.0419
2012	3	15	1.1761	3.5283	9	14.9784	0.0216
2013	4	21	1.3222	5.2889	16	20.3182	0.6818
2014	5	28	1.4472	7.2358	25	27.5617	0.4383
2015	6	37	1.5682	9.4092	36	37.3876	−0.3876
2016	7	50	1.6990	11.8928	49	50.7163	−0.7163
2017	8	68	1.8325	14.6601	64	68.7969	−0.7969
2018	9	94	1.9731	17.7582	81	93.3231	0.6789
合计	45	332	12.9628	72.7590	285	332.2642	−0.2642

图 9-38 检验指数曲线趋势方程

任务四　指数平滑预测法

平滑预测法是一种短期预测方法，适用于没有明显趋势、比较平稳的时间数列，根据时间数列的态势具有稳定性或规则性的特点，通过对过去资料进行调整，推测未来。它只宜用于对未来一期进行预测，而不宜用于远期的预测。平滑预测法包含移动平均法和指数平滑预测法。

一、移动平均法

移动平均法是一种简单平滑预测方法，根据时间数列逐项移动，依次计算包含一定项数的平均数，并据此对预测对象进行预测。其实质上是利用预测期之前各期观察值的加权平均数，对不同时期的数据给予不同的权重，分析出预测值。

移动平均法能有效地消除预测趋势中的随机波动，分为简单移动平均法与加权移动平均法。

（一）简单移动平均法

简单移动平均法是以原有时间数列为基础，按照一定项数计算简单移动平均数，以距离预测期最近的移动平均数作为预测期的预测值。

设 n 为移动平均的项数，t 为时序，时间数列为：

$$y_1, y_2, y_3, \cdots, y_{t-n+1}, \cdots, y_{t-2}, y_{t-1}, y_t$$

则预测值为：

$$\hat{y}_{t+1} = \frac{y_{t-n+1} + \cdots + y_{t-2} + y_{t-1} + y_t}{n}$$

移动平均的项数根据原有数列本身的规律进行判断。

【例 9-14】　某企业农产品 2006—2018 年销售量统计资料如图 9-39 所示。

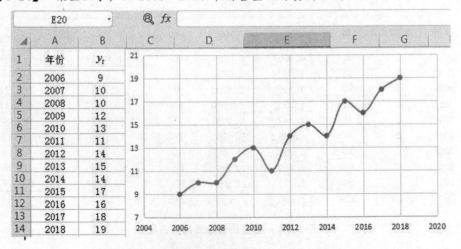

图 9-39　2006—2018 年销售量统计资料（单位：吨）

要求:按三项移动平均,用简单移动平均法,预测2019年销售量。

解　计算过程如图9-40所示。各期理论值计算方法:

$$\hat{y}_4 = \frac{y_1 + y_2 + y_3}{3}$$

$$\hat{y}_5 = \frac{y_2 + y_3 + y_4}{3}$$

……

	A	B	C	D	E
1	年份	t	y_t	时间编号	三项移动平均
2	2006	1	9	t-10	
3	2007	2	10	t-9	
4	2008	3	10	t-8	
5	2009	4	12	t-7	9.67
6	2010	5	13	t-6	10.67
7	2011	6	11	t-5	11.67
8	2012	7	14	t-4	12.00
9	2013	8	15	t-3	12.67
10	2014	9	14	t-2	13.33
11	2015	10	17	t-1	14.33
12	2016	11	16	t-0	15.33
13	2017	12	18	t-1	15.67
14	2018	13	19	t	17.00

图9-40　简单移动平均法计算过程(3项)

按三项简单移动平均计算,2019年销售量预测值为:

$$\hat{y}_{14} = \frac{y_{13} + y_{12} + y_{11}}{3} = \frac{19 + 18 + 16}{3} = 17.67$$

即可预测2019年销售量为17.67吨。

简单移动平均法将距离预测期远近不同的数值同等看待,认为每一期数据对预测期是一样重要的,采用此方法预测的数据有一定的滞后性。

(二) 加权移动平均法

加权移动平均法认为,各期数值对未来判断的影响是不同的,距离预测期越近,影响越大,应给予较大的权重;反之,影响越小,给予的权重要小一些,也就是新数据给较大的权重,旧数据给较小的权重,这样克服了简单移动平均法对各期数据相同对待的缺陷。

设权数为$z(z = n, n-1, \cdots, 2, 1)$,则预测期为:

$$\hat{y}_{t+1} = \frac{y_t z_n + y_{t-1} z_{n-1} + \cdots + y_{t-n+1} z}{\sum z}$$

【例9-15】 已知资料如图9-39所示,采用加权移动平均法,按三项移动平均计算并预测2019年的销售量。

解　按三项移动平均,权数z分别取3、2、1,各期理论值计算方法:

$$\hat{y}_4 = \frac{y_3 \times 3 + y_2 \times 2 + y_1 \times 1}{3 + 2 + 1}$$

$$\hat{y}_5 = \frac{y_4 \times 3 + y_3 \times 2 + y_2 \times 1}{3 + 2 + 1}$$

……

计算过程如图 9-41 所示。

年份	t	y_t	时间编号	三项移动平均	三项加权移动平均
2006	1	9	t-10		
2007	2	10	t-9		
2008	3	10	t-8		
2009	4	12	t-7	9.67	9.83
2010	5	13	t-6	10.67	11.00
2011	6	11	t-5	11.67	12.17
2012	7	14	t-4	12.00	11.83
2013	8	15	t-3	12.67	12.83
2014	9	14	t-2	13.33	14.00
2015	10	17	t-1	14.33	14.33
2016	11	16	t-0	15.33	15.67
2017	12	18	t-1	15.67	16.00
2018	13	19	t	17.00	17.17

图 9-41 加权移动平均法计算过程(3 项)

2019 年销售量预计为：

$$\hat{y}_{2019} = \hat{y}_{14} = \frac{y_{13} \times 3 + y_{12} \times 2 + y_{11} \times 1}{3 + 2 + 1}$$

$$= \frac{19 \times 3 + 18 \times 2 + 16 \times 1}{6} = 18.17$$

即可预测 2019 年销售量为 18.17 吨。

由此可见，在增长趋势下，采用加权移动平均法比简单移动平均法预测的数值要大。

二、指数平滑预测法

指数平滑预测法是在移动平均法的基础上，经过改进而形成的，充分考虑了同期趋势值与实际观察值之间的差异，趋势值体现现象的共性，是由现象属性决定的，实际值则是现象在本质的基础上受到具体条件影响的最终结果。采用指数平滑预测法时，根据外界条件对现象影响的大小，对趋势值与实际观察值取不同的权重，以体现两者对下一期预测的影响不同。以下介绍一次指数平滑预测法。

当时间数列无明显的趋势时，可用一次指数平滑预测法。一次指数平滑预测法是以预测期的前一期为基础，对该期的实际观察值与预测值，分别给予一定的权重，进行加权平均，作为预测期的预测值。

设 $S_t^{(1)}$ 为第 t 期的一次指数平滑值，y_t 为观察期的实际发生值，$\hat{y}_t$ 为观察期的理论值，α 为加权系数，又称平滑系数（$0 \leq \alpha \leq 1$），则

$$\hat{y}_{t+1} = \alpha y_t + (1-\alpha)\hat{y}_t$$

上式可以变形:

$$\hat{y}_{t+1} = \alpha y_t + (1-\alpha)\hat{y}_t$$
$$= \alpha y_t + \hat{y}_t - \alpha \hat{y}_t$$
$$= \hat{y}_t + \alpha(y_t - \hat{y}_t)$$

即

下期预测值＝本期预测值＋平滑系数×(本期实际值－本期预测值)

一般来说,下期预测值介于本期实际值与本期预测值之间。一次指数平滑预测法可以理解为:预测期预测值等于前一期的预测值加上前一期的预测误差的调整值。

【例 9-16】 某产品销售量的平滑系数 $\alpha=0.6$,2016 年实际销售量为 18 吨,预测销售量为 15.5 吨,则 2017 年预测销售量计算如下:

$$2017 \text{ 年预测销售量} = S_{2016}^{(1)} = 18 \times 0.6 + (1-0.6) \times 15.5 = 17(\text{吨})$$

为了更清楚地理解指数平滑预测法的实质,将一次指数平滑预测法公式展开如下:

$$\hat{y}_{t+1} = \alpha y_t + (1-\alpha)\hat{y}_t$$
$$\hat{y}_t = \alpha y_{t-1} + (1-\alpha)\hat{y}_{t-1}$$
$$\hat{y}_{t-1} = \alpha y_{t-2} + (1-\alpha)\hat{y}_{t-2}$$
$$\vdots$$
$$\hat{y}_2 = \alpha y_1 + (1-\alpha)\hat{y}_1$$

自下而上依次代入并整理:

$$\hat{y}_{t+1} = \alpha[y_t + (1-\alpha)y_{t-1} + (1-\alpha)^2 y_{t-2} + (1-\alpha)^3 y_{t-3} + (1-\alpha)^4 y_{t-4} + \cdots + (1-\alpha)^{t-1} y_1] + (1-\alpha)^t \hat{y}_1$$

由于 $0 \leqslant \alpha \leqslant 1, t \to \infty$ 时,$(1-\alpha)^t \to 0$,$(1-\alpha)^t$ 的值随 t 的增大而减小,以指数形式递减。由此可见,指数平滑预测法是对观察值的加权平均。

利用指数平滑预测法进行预测必须解决两个关键问题:

首先是定义初始值。一般将 y_1 作为第一期的预测值,即 $\hat{y}_1 = y_1$。当原数列的项数较多($n > 15$)时,可以选用 y_1 或 y_0 作为初始值。如果原数列的项数较少($n < 15$),可以选取最初几期(一般为前三期)的平均数作为初始值。

其次是 α 的取值大小。α 取不同的值,计算的指数平滑值相对原始数据的平滑程度不同。一般根据时间序列的发展趋势和预测者的经验判断 α 的取值。

(1) 当时间序列呈现较稳定的水平(趋势)时,说明现象水平受外界影响小,应选较小的 α 值,一般可在 0.1～0.2 范围内取值。

(2) 当时间序列有波动,但长期趋势变化不大时,可选稍大的 α 值,常在 0.2～0.4 范围内取值。

(3) 时间序列波动很大,长期趋势变化幅度较大,呈现明显且迅速的上升或下降趋势,说明现象水平受外界影响大,宜选择较大的 α 值,如可在 0.6～0.8 范围内取值,以使预测模型灵敏度提高,能迅速跟上数据的变化。

(4) 当时间序列数据呈明显上升(或下降)的发展趋势时,α 应取较大的值,为 0.6～1。

若根据以上原则仍不能解决 α 的取值问题,则采用测试法:首先根据具体时间序列情况,参照经验判断法，大致确定 α 的取值范围；然后取几个 α 值进行测试，比较不同 α 值下的预测标准误差，选取预测误差最小的 α 值。

【例 9-17】 已知某产品最近 11 个月的销售量统计资料如表 9-3 所示。

表 9-3 某产品销售量统计资料

时序	1	2	3	4	5	6	7	8	9	10	11
销售量	10	15	8	20	10	16	18	20	22	24	20

要求：利用指数平滑预测法预测第 12 个月的销售量。

解 观察资料，由于各期数据上下波动较大，趋势不明显，且为短期预测，初始值取最初的三个数据的平均值。为了分析平滑系数 α 的特点，采用测试法，分别取 $\alpha=0.5$，$\alpha=0.1$，$\alpha=0.3$ 计算一次指数平滑值。

初始值计算：

$$S_0^{(1)}=\frac{10+15+8}{3}=\frac{33}{3}=11$$

以 $\alpha=0.5$ 为例：

$$S_1^{(1)}=\alpha y_1+(1-\alpha)S_0^{(1)}=0.5\times10+(1-0.5)\times11=10.5$$

$$S_2^{(1)}=\alpha y_2+(1-\alpha)S_1^{(1)}=0.5\times15+(1-0.5)\times10.5=12.8$$

其他通过 Excel 计算，如图 9-42 所示。

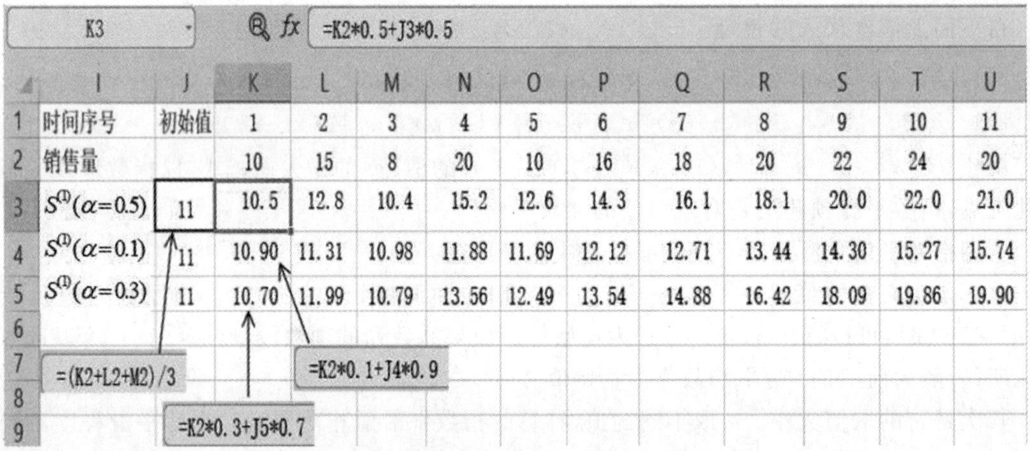

	I	J	K	L	M	N	O	P	Q	R	S	T	U
1	时间序号	初始值	1	2	3	4	5	6	7	8	9	10	11
2	销售量		10	15	8	20	10	16	18	20	22	24	20
3	$S^{(1)}(\alpha=0.5)$	11	10.5	12.8	10.4	15.2	12.6	14.3	16.1	18.1	20.0	22.0	21.0
4	$S^{(1)}(\alpha=0.1)$	11	10.90	11.31	10.98	11.88	11.69	12.12	12.71	13.44	14.30	15.27	15.74
5	$S^{(1)}(\alpha=0.3)$	11	10.70	11.99	10.79	13.56	12.49	13.54	14.88	16.42	18.09	19.86	19.90

图 9-42 指数平滑预测法计算过程

根据计算结果，$\alpha=0.5$，$\alpha=0.1$，$\alpha=0.3$ 时，第 11 期的指数平滑值分别为 21，15.74，19.9，可结合具体情况，选择其中一个作为第 12 个月的销售量。

从上面的计算结果可以看出，初始值与 α 的取值对计算结果影响很大。

【例 9-18】 已知资料如图 9-39 所示，试采用一次指数平滑预测法预测 2019 年的销售量。

解 首先，定义初始值。由于 $n=13<15$，取前三期的平均数作为初始值：

$$\hat{y}_1=\frac{9+10+10}{3}=9.67$$

其次，用测试法确定系数 α。该时间序列呈现明显上升的发展趋势且有波动，取值应为 0.6～

1,分别用 $\alpha=0.6,\alpha=0.7,\alpha=0.8,\alpha=0.9$ 进行测试,选取平均误差(标准差)最小的 α 值为 α 的最终取值。

计算过程如图 9-43 所示。

年份	y_t	α=0.6			α=0.7		α=0.8		α=0.9	
		$\hat{y}_t$	$y_t-\hat{y}_t$	$(y_t-\hat{y}_t)^2$	$\hat{y}_t$	$(y_t-\hat{y}_t)^2$	$\hat{y}_t$	$(y_t-\hat{y}_t)^2$	$\hat{y}_t$	$(y_t-\hat{y}_t)^2$
初始值		9.67			9.67		9.67		9.67	
2006	9	9.267	-0.267	0.071	9.200	0.040	9.133	0.018	9.067	0.004
2007	10	9.707	0.293	0.086	9.760	0.058	9.827	0.030	9.907	0.009
2008	10	9.883	0.117	0.014	9.928	0.005	9.965	0.001	9.991	0.000
2009	12	11.153	0.847	0.717	11.378	0.386	11.593	0.166	11.799	0.040
2010	13	12.261	0.739	0.546	12.514	0.237	12.719	0.079	12.880	0.014
2011	11	11.504	-0.504	0.255	11.454	0.206	11.344	0.118	11.188	0.035
2012	14	13.002	0.998	0.996	13.236	0.583	13.469	0.282	13.719	0.079
2013	15	14.201	0.799	0.639	14.471	0.280	14.694	0.094	14.872	0.016
2014	14	14.080	-0.080	0.006	14.141	0.020	14.139	0.019	14.087	0.008
2015	17	15.832	1.168	1.364	16.142	0.736	16.428	0.327	16.709	0.085
2016	16	15.933	0.067	0.005	16.043	0.002	16.086	0.007	16.071	0.005
2017	18	17.173	0.827	0.684	17.413	0.345	17.617	0.147	17.807	0.037
2018	19	18.269	0.731	0.534	18.524	0.227	18.723	0.076	18.881	0.014
合计				5.92		3.12		1.37		0.35

图 9-43 测试法确定平滑系数 α 取值的计算过程

通过以上测试,根据 $\sum(y_t-\hat{y}_t)^2=$ 最小值的原则取 $\alpha=0.9$,则预测模型应为:

$$\hat{y}_{t+1}=0.9y_t+(1-0.9)\hat{y}_t$$

预测 2019 年销售量为:

$$\hat{y}_{2019}=0.9y_{2018}+(1-0.9)\hat{y}_{2018}=19\times0.9+18.881\times(1-0.9)=18.99$$

任务五 季节变动分析与预测

一、季节变动分析及其意义

(一) 季节变动的概念

季节变动是由于受到自然因素和社会条件的影响,现象在一年之内随季节更换形成的有规律的变动,以及与季节无关的类似的变动。

在现实生活中,季节变动是一种极为普遍的现象。例如,许多农副产品的价格、产量都因季节更替会在一年内出现波动;商业部门的许多商品的销售量也会随着气候变化而形成有规律的周期性变动,如图 9-44 所示。

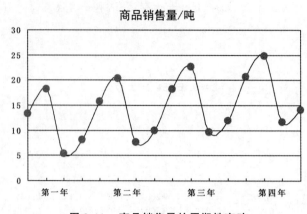

图 9-44　商品销售量的周期性变动

季节变动具有三个特点：一是季节变动每年重复进行，是一种规律性很强的变动；二是季节变动按照一定的周期进行；三是每个周期变化强度大体相同。

季节变动是周期性变动中的重要一种，分析季节变动的原理和方法，是分析其他周期性变动的基础。

（二）分析季节变动的意义

（1）研究季节变动的目的在于了解季节变动对人们经济生活的影响，以便更好地组织生产和安排生活。

（2）通过分析和测定过去的季节变动规律，配合适当的季节变动模型，根据季节变动规律，结合长期趋势，可进行经济预测，为决策提供依据。

（3）通过测定季节变动规律，可消除时间序列中的季节因素，为分析其他因素打下基础。

二、测定季节变动的方法

测定季节变动的方法很多，按是否考虑长期趋势的影响，可分为两种：一是按月（或季）平均季节指数法；二是移动平均趋势剔除法。

（一）按月（或季）平均季节指数法

如果仅观察季节因素对时间数列的影响，而不考虑长期趋势和循环变动的影响，可以通过计算季节指数，反映季节变动的程度。

季节指数是反映季节变动的相对数。通过对若干年内的资料数据进行计算，分别求出同月份（或季度）的平均数与总的月（或季度）平均数，然后对比得出各月份（或季度）的季节指数，指数越大，说明季节变动程度越大。

利用按月（或季）平均季节指数法测定季节变动，一般按下列步骤进行：

（1）搜集并整理资料。为了较准确地观察季节变动情况，一般需要有三年以上的各月份（或季度）的动态数列资料。

（2）按月份（或季度）计算出各年同月份（或季度）的平均水平。

（3）计算所有月份（或季度）的总平均数。

(4) 计算月(季节)指数：

$$月(季节)指数 = \frac{同月(季节)平均数}{总平均数}$$

(5) 预测。根据季节指数和已知某年一个月或几个月的实际值，就可以采用该方法预测该年其他各月或各季的数值。

【**例 9-19**】 某企业 2018 年 1—3 月某种冷饮销售量分别为 35 万吨、43 万吨、55 万吨，要求销售负责人预测该企业 2018 年 6 月份、7 月份、8 月份的销售量。销售负责人查阅了近五年各月该冷饮的销售情况，如图 9-45 所示。该如何预测？

	A	B	C	D	E	F	G	H	I	J	K	L	M
1	年份	月份											
		1	2	3	4	5	6	7	8	9	10	11	12
2	2013	21	26	37	56	81	101	115	107	86	60	41	32
3	2014	23	30	39	61	73	95	112	115	98	76	55	41
4	2015	26	32	43	62	78	100	119	118	102	80	58	44
5	2016	27	35	45	66	80	106	128	121	106	84	61	48
6	2017	30	38	50	75	88	127	140	126	120	86	65	50

图 9-45 某种冷饮近五年各月销售情况(单位:万吨)

解 第一步，计算同月份平均数：

$$1 月份平均数 = \frac{21+23+26+27+30}{5} = 25.4$$

其余月份平均数计算方法相同。

第二步，计算总平均数：

$$总平均数 = \frac{4\,345}{60} = 72.42$$

第三步，计算月(季节)指数。

$$一月指数 = \frac{25.4}{72.42} \times 100\% = 35.1\%$$

其余月份月指数计算方法相同。

计算过程如图 9-46 所示。

第四步，进行预测。假定按最近五年资料测定的月(季节)指数在 2018 年仍然有效，则

某月(或季度)预测值 = 2018 年全年总平均数 × 该月(或季度)的季节指数

$$2018 年全年总平均数 = \frac{35+43+55}{35.1\% + 44.5\% + 59.1\%} = \frac{133}{138.64\%} = 95.93$$

2018 年 6 月份销量 = 95.93 × 146.1% = 140

2018 年 7 月份销量 = 95.93 × 169.6% = 163

2018 年 8 月份销量 = 95.93 × 162.1% = 156

年份	\multicolumn{12}{c}{月份}	合计
	1	2	3	4	5	6	7	8	9	10	11	12	
2013	21	26	37	56	81	101	115	107	86	60	41	32	763
2014	23	30	39	61	73	95	112	115	98	76	55	41	818
2015	26	32	43	62	78	100	119	118	102	80	58	44	862
2016	27	35	45	66	80	106	128	121	106	84	61	48	907
2017	30	38	50	75	88	127	140	126	120	86	65	50	995
合 计	127	161	214	320	400	529	614	587	512	386	280	215	4345
同月平均	25.4	32.2	42.8	64.0	80.0	105.8	122.8	117.4	102.4	77.2	56.0	43.0	72.42
季节指数(%)	35.1	44.5	59.1	88.4	110.5	146.1	169.6	162.1	141.4	106.6	77.3	59.4	

图 9-46 采用按月(或季)平均季节指数法计算过程

(二) 移动平均趋势剔除法

当现象存在向上的长期趋势时,用平均法会使每年前面季节的季节指数有所降低,后面季节的季节指数有所抬高。当现象存在向下的长期趋势时,用平均法会使每年前面季节的季节指数有所抬高,后面季节的季节指数有所降低。因此,当现象存在长期趋势时,常用移动平均趋势剔除法计算季节指数。

用移动平均趋势剔除法计算季节指数,需要用移动平均法进行修匀。由于现象在发展过程中存在长期趋势、循环变动、季节变动与不规则变动,即 $Y=T\times C\times S\times I$,在计算季节指数时需要修匀,将长期趋势、循环变动、不规则变动等因素的影响从时间数列的各项实际数值中剔除掉,使预测结果更切合实际。其步骤如下:

第一步,使用移动平均法剔除季节变动因素和不规则变动因素,求出长期趋势。

在我国一般不考虑循环变动。设 $C=1$,原数列 $Y=T\times C\times S\times I=T\times S\times I$,由四个因素变为三个因素。

$$T=\frac{Y}{S\times I}=\frac{T\times S\times I}{S\times I}$$

具体做法是,通过计算12个月的移动平均数(如是季节资料,则计算四个季度的移动平均数),得到长期趋势(T)。由于12为偶数,该数列的各项数值不能与相应的月份对齐,要再计算相邻两个移动平均数的平均数,移正平均数的位置。

第二步,剔除长期趋势(T),求出季节变动因素和不规则变动因素。

$$\frac{Y}{T}=\frac{T\times S\times I}{T}=S\times I$$

第三步,计算同月平均数(S)、总平均数($\overline{S}$)与季节指数,计算方法与按月(或季)平均季节指数法相同。

第四步,进行预测。

由于不规则变动因素无法控制,不能剔除,但是,经过移动平均和同月平均,不规则变动因素也被平均化了，影响大为减弱。

【例 9-20】　已知某企业 2018 年 1—3 月某种冷饮销售量分别为 35 万吨、43 万吨、55 万吨，假定销售负责人只找到了近三年(2015—2017 年) 资料(见图 9-47)，利用移动平均趋势剔除法预测 2018 年 4—12 月的销售量。

A	B	C	D	E	F	G	H	I	J	K	L	M
年份	月份											
	1	2	3	4	5	6	7	8	9	10	11	12
2015	26	32	43	62	78	100	119	118	102	80	58	44
2016	27	35	45	66	80	106	128	121	106	84	61	48
2017	30	38	50	75	88	127	140	126	120	86	65	50

图 9-47　2015—2017 年某种冷饮销售资料(单位:万吨)

解　计算过程如图 9-48 所示。

	A	B	C	D	E	F	G	H	I
1	年份	月份	Y_t	12项移动平均	T	$S=\frac{Y_t}{T}\times100\%$	$S(\%)$	季节指数 $=S/\bar{S}$	预测值
2		1	26	=(C2+C3+C4+C5+C6+C7+C9+C11+C13+C15+C17+C19)/12					
3		2	32						
4		3	43		=(D8+D10)/2				
5		4	62			=C9/E9*100			
6		5	78						
7		6	100						
8				71.83					
9		7	119		71.88	165.56			
10				71.92					
11	2015	8	118		72.04	163.80			
12				72.17			=(F21+F45)/2		
13		9	102		72.25	141.18			
14				72.33					
15		10	80		72.50	110.34		=G21/$H$45	
16				72.67					
17		11	58		72.75	79.73			=H21*92.28
18				72.83					
19		12	44		73.08	60.21			
20				73.33					
21		1	27		73.71	36.63	37.03	0.3683	33.98
22				74.08					
23		2	35		74.21	47.16	47.07	0.4682	43.20
24				74.33					
25		3	45		74.50	60.40	60.81	0.6049	55.81
26	2016			74.67					
27		4	66		74.83	88.20	89.65	0.8916	82.28
28				75.00					
29		5	80		75.13	106.48	106.52	1.0595	97.77
30				75.25					
31		6	106		75.42	140.55	146.94	1.4615	134.87
32				75.58					
33		7	128		75.71	169.07	167.32	1.6642	153.62
34				75.83					
35		8	121		75.96	159.29	161.55	1.6068	148.32
36				76.08					
37		9	106		76.29	138.94	140.06	1.3931	128.59
38	2016			76.50					
39		10	84		76.88	109.26	109.80	1.0922	100.81
40				77.25					
41		11	61		77.58	78.63	79.18	0.7875	72.70
42				77.92					
43		12	48		78.79	60.92	60.57	0.6024	55.61
44				79.67					
45		1	30		80.17	37.42			
46				80.67					
47		2	38		80.88	46.98			
48				81.08					
49		3	50		81.67	61.22			
50				82.25					
51		4	75		82.33	91.10			
52				82.42					
53	2017	5	88		82.58	106.56			
54				82.75					
55		6	127		82.83	153.33			
56				82.92					
57		7	140						
58		8	126						
59		9	120						
60		10	86					=G63/12	
61		11	65						
62		12	50						
63	合　计						1206.48	100.54	

图 9-48　移动平均趋势剔除法计算过程

假定按最近三年资料测定的季节指数在 2018 年仍然有效,则

某月(或季度)预测值＝2018 年全年总平均数×该月(或季度)的季节指数

$$2018\ 年全年平均数 = \frac{\frac{35+43+55}{3}}{\frac{36.83\%+46.82\%+60.49\%}{3}}$$

$$= \frac{35+43+55}{36.83\%+46.82\%+60.49\%}$$

$$= 92.28$$

2018 年 6 月份销售量＝92.28×146.15％＝134.87
2018 年 7 月份销售量＝92.28×166.42％＝153.62
2018 年 8 月份销售量＝92.28×160.68％＝148.32

经过计算,2018 年销售量预测如图 9-49 所示。

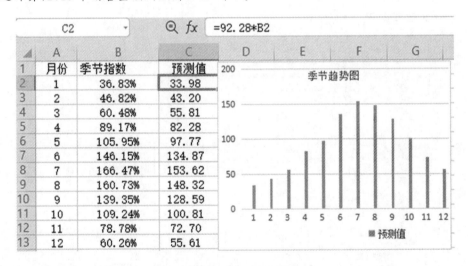

图 9-49　2018 年销售量预测

由图 9-49 可见,每年 6—9 月份为销售旺季,是全年销售的关键。

采用按月(或季)平均季节指数法简单、易于理解,但没有考虑长期趋势和偶然因素,预测数据明显偏高;而采用移动平均趋势剔除法进行预测,则剔除了长期趋势,更为准确。

项目习题与实训

任务一　动态趋势因素分析

一、单项选择题

1.事物的发展变化是多种因素共同作用的结果,其中(　　)是根本的因素,反映现象的变动趋势。

A. 长期趋势　　　　B. 季节变动　　　　C. 循环变动　　　　D. 不规则变动

2. 在时间序列加法模型中,各种影响因素之间(　　);要测定某种影响因素的变动只需从原时间序列中(　　)。

A. 保持着相互依存的关系;除去其他影响因素的变动

B. 保持着相互依存的关系;减去其他影响因素的变动

C. 相互独立;除去其他影响因素的变动

D. 相互独立;减去其他影响因素的变动

3. 在时间序列乘法模型中(　　)。

A. 假定 T、S、C、I 四种变动因素相互独立

B. 假定 T、S、C、I 四种变动因素相互影响

C. 假定 T、S、C 三种变动因素相互独立

D. 假定 T、S、C 三种变动因素相互影响

二、多项选择题

1. 时间序列分解较常用的模型有(　　)。

A. 加法模型　　　　　B. 乘法模型　　　　　C. 直线模型

D. 指数模型　　　　　E. 多项式模型

2. 时间数列的影响因素可分解为(　　)。

A. 长期趋势　　　B. 季节变动　　　C. 循环变动　　　D. 不规则变动

任务二　线性趋势分析与预测

一、填空题

1. 时间数列中的_____大体相等时,可配合直线方程。

2. 采用移动平均法时,移动平均项数越多,数列所表现的长期趋势_____。

3. 半数平均法的数学依据是_____。

4. 采用偶数项移动平均时必须进行_____移动平均。

5. 用半数平均法修匀时间数列时,如果所给时间数列为奇数项,则可把时间数列的_____项舍去。

二、单项选择题

1. 在测定长期趋势时,移动平均法是对原数列进行逐项移动平均得到一个新的时间数列。通过移动平均能够削弱或消除原数列中(　　)。

A. 长期偶然性因素的影响　　　　　B. 短期偶然性因素的影响

C. 短期必然性因素的影响　　　　　D. 长期必然性因素的影响

2. 现有五年内各个季度的资料,用四项移动平均对其进行修匀,则修匀后的时间数列项数为(　　)。

A. 12　　　　　　B. 16　　　　　　C. 17　　　　　　D. 18

3. 用移动平均法修匀时间数列时,在确定移动平均的项数时( )。

A. 必须使移动平均项数为奇数　　　B. 必须考虑现象有无周期性变动

C. 不必须考虑现象有无周期性变动　D. 可以考虑也可以不考虑有无周期性变动

4. 半数平均法适用于( )。

A. 呈直线趋势的现象　　　　　　　B. 呈二次曲线趋势的现象

C. 呈指数曲线趋势的现象　　　　　D. 呈三次曲线趋势的现象

5. 用最小平方法配合直线趋势方程,如果 $y=a+bx$ 中 b 为负值,则这条直线( )。

A. 呈上升趋势　　B. 呈下降趋势　　C. 趋势不升不降　　D. 趋势无法确定

三、多项选择题

1. 测定长期趋势的方法有( )。

A. 时距扩大法　　　　B. 移动平均法　　　　C. 半数平均法

D. 最小平方法　　　　E. 趋势剔除法

2. 在直线趋势方程 $y=a+bt$ 中,参数 b 表示( )。

A. 趋势值　　　　　　　　　　　　B. 趋势线的截距

C. 趋势线的斜率　　　　　　　　　D. 当 t 变动一个单位时 y 平均增减的数值

E. 当 $t=0$ 时,y 的数值

四、综合应用题

某地 2001 年至 2010 年粮食单产统计资料如表 9-4 所示。请据此进行分析,在备选答案中选取正确答案。

表 9-4　粮食单产统计资料

年　份	时间变量 t	产量 x_i/(千克/亩)
2001	1	230
2002	2	236
2003	3	241
2004	4	246
2005	5	252
2006	6	257
2007	7	262
2008	8	276
2009	9	281
2010	10	286

(1) 根据表 9-4 中的数据,可以画出的散点图为( )。

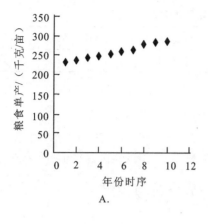

A.

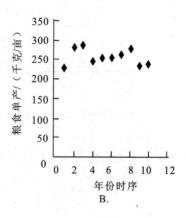

B.

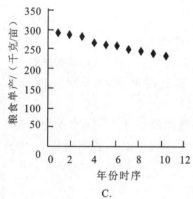

C.

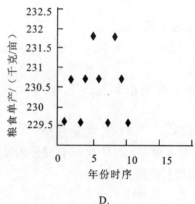

D.

(2)根据上述散点图,可以假定趋势线为( )。
A.斜率为正的直线　　　　　　B.斜率为负的直线
C.波浪形曲线　　　　　　　　D.不能确定形式的线

(3)假定趋势方程是 $\hat{y}=a+bt$,式中符号含义正确的是( )。
A. $\hat{y}$ 是粮食单产的预测值　　　　B. t 是年份的时间变量
C. a 是趋势线的起点值　　　　　　D. b 是趋势线的斜率

(4)最小平方法的准则是( )。
A.趋势线穿过的散点最多
B.所有散点与趋势线的距离之和 $y_t - \hat{y}_t$ 最小
C.所有散点与趋势线的距离的平方和 $(y_t - \hat{y}_t)^2$ 最小
D.大部分散点与趋势线的距离平方和最小

(5)根据已知资料和趋势方程,可以按( )的步骤进行预测。
A.先求出 a 的数值再计算 b 的数值
B.先求出 b 的数值再计算 a 的数值
C.将 a、b 数值代入公式,对该地粮食单产进行预测
D.将 a、b 数值代入公式,同时对该地粮食单产及总产量进行预测

五、计算题

某地区 2001—2015 年总产值统计资料如表 9-5 所示。

表 9-5 总产值统计资料　　　　　　　　　　　　　　　　　　（单位：亿元）

年份	2001	2002	2003	2004	2005	2006	2007	2008	2009	2010	2011	2012	2013	2014	2015
总产值	10	12	14	12	12	15	17	19	17	17	20	22	24	22	22

要求：

(1) 分别利用三项移动平均法和五项移动平均法进行修匀。

(2) 绘制趋势图。

(3) 利用最小平方法配合直线趋势方程，并预测 2017 年该地区总产值。

任务三　　曲线趋势分析与预测

一、单项选择题

1. 若时间数列的变化有一个明显的拐点，则其趋势线为（　　）。

　　A. 直线　　　　　　B. 抛物线　　　　　　C. 指数曲线　　　　　　D. 多次曲线

2. 若时间数列的环比增长速度大致相同，那么时间数列所反映的现象的发展趋势是（　　）。

　　A. 直线型　　　　　B. 抛物线型　　　　　C. 指数曲线型　　　　　D. 多次曲线型

3. 用指数方程 $\hat{y}_t = ab^t$ 来拟合现象的长期趋势时，若 $b = 1.2$，表明现象（　　）。

　　A. 每期增长速度为 120%

　　B. 每期增长量为 1.2 个单位

　　C. 累计增长量为 1.2 个单位

　　D. 平均发展速度为 120%

二、计算题

1. 某地区 2008—2016 年某农产品产量统计资料如表 9-6 所示。试利用三点法配合趋势方程并预测 2017 年产量。

表 9-6 某地区某农产品产量统计资料　　　　　　　　　　　　　　（单位：万吨）

年份	2008	2009	2010	2011	2012	2013	2014	2015	2016
产量	54.5	64.1	76.4	92.3	110.7	132.2	156.8	183.6	214
逐期增长量	—	9.6	12.3	15.9	18.4	21.5	24.6	26.8	30.4
二级增长量	—	—	2.7	3.6	2.5	3.1	3.1	2.2	3.6

2. 某市 2011—2018 年常住人口统计资料如表 9-7 所示。

表 9-7 2011—2018 年常住人口统计资料　　　　　　　　　　　　　（单位：万人）

年份	2011	2012	2013	2014	2015	2016	2017	2018
人口	410	426.4	443.7	461.35	479.85	499.05	518.88	540

要求：

(1) 根据资料判断趋势线类型并拟合趋势方程。

(2) 预测 2019 年常住人口。

任务四　指数平滑预测法

一、单项选择题

1. 指数平滑预测法只宜于对未来（　　）进行预测。
   A. 短期或一期　　B. 多期　　C. 中、长期　　D. 长、短期
2. 在分析长期趋势时，指数平滑预测法对移动平均法做了改进，它对时间序列（　　）。
   A. 由远及近采取逐步衰减性质的加权处理
   B. 由近及远采取逐步衰减性质的加权处理
   C. 用等权的方法进行加权处理
   D. 用一个大于 1 的平滑系数相乘进行处理
3. 采用指数平滑预测法时，如果时间数列变化剧烈，应当选择（　　）的平滑系数 α。
   A. 较小　　B. 较大　　C. 中间　　D. 无法确定
4. 采用指数平滑预测法进行预测时，数据资料（　　）是成果预测的关键。
   A. 全面性　　B. 远期观察资料　　C. 结构的稳定性　　D. 特殊性

二、多项选择题

1. 对社会经济现象进行预测的前提条件是（　　）。
   A. 预测对象必须具有相对的稳定性
   B. 有系统、准确、大量的资料
   C. 预测者要熟悉预测对象领域
   D. 预测者具备一定的理论知识，掌握科学的预测方法
2. 关于平滑系数 α，说法准确是（　　）。
   A. 其取值是预测质量的关键　　B. α 越接近 0，各期数据的作用缓慢减弱
   C. $-1 < \alpha < 1$　　D. $0 \leq \alpha \leq 1$
3. 趋势预测分析法包括（　　）。
   A. 算术平均法　　B. 加权平均法　　C. 指数平滑法
   D. 回归直线法　　E. 移动平均法

三、计算题

某种产品销售量数据变化的平滑系数为 0.4，2015 年实际销售量为 51 万箱，预测销售量为 53 万箱。试运用指数平滑预测法预测 2016 年的销售量。

任务五　季节变动分析与预测

一、单项选择题

1. 对季度数据序列，用移动平均法测定其长期趋势时，采用（　　）移动平均。
   A. 6 项　　B. 2 项　　C. 4 项　　D. 12 项
2. 欲测定季节变动，根据时间序列乘法模型的原理，需要从时间序列中（　　）。
   A. 减去长期趋势和循环变动

B. 减去长期趋势、循环变动和不规则变动

C. 除去长期趋势和循环变动

D. 除去长期趋势、循环变动和不规则变动

3. 若无季节变动,则季节指数 C 应( )。

A. 为 0　　　　　　　　　　　　B. 为 1

C. 大于 1　　　　　　　　　　　D. 小于 1

4. 元宵的销售一般在元宵节前后达到旺季,这一季度的季节指数将( )。

A. 大于 400%　　　　　　　　　B. 等于 100%

C. 小于 100%　　　　　　　　　D. 大于 100%

二、多项选择题

移动平均趋势剔除法对于包含四个因素(T、S、C、I)的时间数列,以原数列各项数值 y_t 除以移动平均值 T(移动平均的项数与季节周期相等)后所得比率 $\dfrac{y_t}{T}$( )。

A. 消除了长期趋势和不规则变动因素

B. 消除了长期趋势和循环变动因素

C. 消除了季节变动和不规则变动因素

D. 包含了季节变动和不规则变动因素

E. 包含了季节变动和循环变动因素

三、判断题

季节波动仅仅是指现象受自然因素的影响而发生的一种有规律的变动。（　　）

四、计算题

某公司某类商品 2011—2015 年各季度的销售额如表 9-8 所示。

表 9-8　2011—2015 年各季度某类商品的销售额　　　　　　　　　　（单位:万元）

年份	季度				年合计
	1	2	3	4	
2011	137 920	186 742	274 561	175 433	774 656
2012	142 814	198 423	265 419	183 521	790 177
2013	131 002	193 987	247 556	169 847	742 392
2014	157 436	200 144	283 002	194 319	834 901
2015	149 827	214 301	276 333	185 204	825 665

要求：

(1) 利用加权平均法预测 2016 年全年以及 2016 年各季度的销售额。

(2) 假如 2016 年第一季度、第二季度的实际销售额分别是 168 596 万元、223 045 万元,试预测 2016 年第三季度、第四季度的销售额。

项目十
统计指数

TONGJIXUE YUANLI

任务一　认知统计指数

一、统计指数的概念

统计指数是研究现象变动和进行因素分析的基本参数,产生于18世纪中叶,当时,欧洲已成为世界经济中心,大量金银涌入欧洲,引起物价飞涨,为了反映物价变动,将变化后的物价与变化前的物价进行比较,得到的相对数被称为统计指数(简称指数)。随着指数理论与应用的发展,指数逐渐被运用于社会经济的许多方面,如消费品价格指数、生活费用价格指数、生产资料价格指数、股票价格指数、房地产价格指数、黄金价格指数等。

指数的概念有广义与狭义之分。广义指数的意义是,凡是反映社会经济现象数量变动的相对数都为指数。广义指数仅仅是一个框架,没有具体内容,需要和具体内容结合,形成狭义的指数的概念。

指数是通过比较研究现象数量变动的。从对象上讲,根据所研究现象数量是否具有可加性,可将总体分为简单总体和复杂总体;凡是总体中的单位数或标志值可以直接相加,能够计算出总量的为简单总体;否则为复杂总体。从研究内容上讲,现象的变动既包括现象在时间上的变动(动态指数),也包括现象在空间上的变动(静态指数)。因此,广义的指数,既包括简单总体的变动,也包括复杂总体的综合变动;既包括动态指数,也包括静态指数。狭义的指数仅指复杂现象总体数量上的变动。

在统计学中,指数理论主要研究狭义指数的编制方法。

二、统计指数的种类

(一)按所研究对象的分类不同,可分为个体指数、总指数和类指数

1. 个体指数

个体指数是说明社会经济现象中单项事物变动情况的相对数。例如,用指数的方法研究个体商品的销售量变化、价格变化,以及个别产品的单位成本变化等。常用的个体指数有个体数量指数、个体物价指数和个体单位成本指数。

(1)个体数量指数。

指数通常用 K 表示,个体指数通常用小写 k 表示,数量用 q 表示,个体数量指数表示为 k_q。基期数量用 q_0 表示,报告期数量用 q_1 表示,则 k_q 用公式表示为:

$$k_q = \frac{q_1}{q_0}$$

(2)个体物价指数。

价格通常用 p 表示,基期价格用 p_0 表示,报告期价格用 p_1 表示,个体物价指数一般用 k_p 表示,用公式表示为:

$$k_p = \frac{p_1}{p_0}$$

(3) 个体单位成本指数。

个体单位成本用 z 表示,基期成本用 z_0 表示,报告期成本用 z_1 表示,个体单位成本指数用 k_z 表示,用公式表示为:

$$k_z = \frac{z_1}{z_0}$$

价格和单位成本都属于相对数,因此个体单位成本指数在性质上和个体物价指数是相同的。

【例 10-1】 某商店三种商品甲、乙、丙销售量和销售价格资料如表 10-1 所示。

表 10-1 某商店商品销售量和销售价格资料

商品名称	计量单位	销售量		价格/元	
		基期 q_0	报告期 q_1	基期 p_0	报告期 p_1
甲	千克	100	120	3	4
乙	米	80	84	6	5
丙	套	10	9	10	12
合计	—	—	—	—	—

要求:三种商品的个体销售量指数与个体价格指数。

解 三种商品的个体销售量指数计算如下:

$$k_{q甲} = \frac{q_{1甲}}{q_{0甲}} = \frac{120}{100} \times 100\% = 120\%$$

$$k_{q乙} = \frac{q_{1乙}}{q_{0乙}} = \frac{84}{80} \times 10\% = 105\%$$

$$k_{q丙} = \frac{q_{1丙}}{q_{0丙}} = \frac{9}{10} \times 10\% = 90\%$$

从计算结果来看,甲和乙的销售量在报告期和在基期相比分别增长了 20% 和 5%,丙则下降了 10%。

三种商品的个体价格指数计算如下:

$$k_{p甲} = \frac{p_{1甲}}{p_{0甲}} = \frac{4}{3} \times 100\% = 133.33\%$$

$$k_{p乙} = \frac{p_{1乙}}{p_{0乙}} = \frac{5}{6} \times 100\% = 83.33\%$$

$$k_{p丙} = \frac{p_{1丙}}{p_{0丙}} = \frac{12}{10} \times 100\% = 120\%$$

甲商品和丙商品的价格在报告期和在基期相比分别增长了 33.33% 和 20%,乙则下降了 16.67%。

2. 总指数

总指数是反映复杂总体的综合变动情况的动态相对数,表明多种不同产品(或商品)的数量、价格、成本等指标在不同时间上的比较。如果例 10-1 中要计算该商店的销售量指数,就必须将该商店内的所有商品作为一个整体来处理,以说明总的变化情况,该商店的销售量指数就是总指数。

3. 类指数

除了个体指数和总指数之外,还有一种介于这两者之间的指数,称为类指数,它是将指数法和统计分组法结合运用而产生的一种指数,是用来说明总体中某一类或某一组现象变动的相对数。例如,零售物价指数分为食品类物价指数、衣着类物价指数、日用品类物价指数等。

(二) 按所研究对象的性质不同,可分为数量指标指数和质量指标指数

一个复杂总体的总量指标,可以分解为一个数量指标和一个质量指标,也就是说,分析一个总量指标的变动要从数量和质量两个角度分别考察。

1. 数量指标指数

数量指标指数是反映数量变动情况的相对数,数量指标一般都是绝对数,如产量(销量)指数、职工人数指数、货运量指数等。

2. 质量指标指数

质量指标指数是反映质量指标变动情况的相对数,质量指标一般都是相对数,如价格指数、平均工资指数、单位成本指数等。

(三) 按计算过程中对比时所采用的基期不同,可分为定基指数和环比指数

1. 定基指数

凡是以某一固定时期作为基期的指数称为定基指数。定基指数反映现象总体的长期变化及动态发展过程。

2. 环比指数

凡是以前一期作为基期的指数称为环比指数。环比指数反映现象总体逐期变化的情况。

(四) 按所反映现象的时间不同,可分为动态指数和静态指数

1. 动态指数

由两个不同时期的经济现象变量值对比而形成的相对数称为动态指数。它反映的是同类现象在不同时间发展变化的情况。

2. 静态指数

静态指数是指同一时间条件下,不同空间的同一经济变量的不同数值对比而形成的相对数。此外,同一空间范围内实际指标与计划指标相对比而形成的相对数也称为静态指数。

任务二 综合指数

一、综合指数的含义及种类

综合指数是总指数的基本形式,是在个体指数的基础上发展起来的,反映复杂总体的综合变动情况的相对数,常用 K 表示。

复杂总体是由性质不同的多种事物所组成的总体,由于每个事物性质不同,不能直接简单相加,也就是无法综合,需要引入一个媒介将不能相加的变量指标转化为可相加的总量指标,然

后才能进行对比。因此,编制综合指数,首先需要解决综合的问题,即需要将不能直接相加、对比的指标过渡到可以相加、对比的指标,也就是将复杂总体转化为简单总体。

在经济现象分析中,鉴于价值指标具有广泛的综合性,在价值指标下,不同种类的商品价值是可以相加、对比的,因此一般将不能直接相加、对比的指标过渡到价值指标。

例如,要计算某个商店的销售量指数与价格指数,首先必须知道这个商店报告期与基期销售的总数量与价格水平。一个商店所销售的商品种类很多,每一种商品的经济用途、计量单位、规格、型号等不同,价格也不相同,无法将不同实物单位的商品相加,也就无法得出销售总数量与总的价格水平。此时,需要将销售量与价格都过渡到价值指标,以价值指标反映数量变动的大小及价格的升降。

单个商品数量、价格与价值三者之间的关系如下:

$$数量 \times 价格 = 价值$$

将数量指标过渡到价值指标,是给数量指标乘以价格,即

$$数量 \xrightarrow{\times 价格} 价值$$

将价格过渡到价值指标,是给价格乘以数量,即

$$价格 \xrightarrow{\times 数量} 价值$$

这里,商品数量作为数量指标的代表,价格作为质量指标的代表。

将数量指标过渡为价值指标的质量指标与将质量指标过渡为价值指标的数量指标称为同度量因素,也称为权数。

同度量因素就是指能使各种不同性质的、不能直接相加的数量指标或质量指标过渡到性质相同、可以直接相加的质量指标或数量指标的度量因素。同度量因素仅仅起桥梁的作用,是一个将两个指标联结起来的过渡性指标,过渡后的指标不能有同度量因素的影子,不能因为有同度量因素而改变数值的大小。

由于指数是由两个不同时期的总量指标进行对比而得到的,分子、分母只能选择同一期的度量因素。同度量因素面临固定在哪个时期的问题,根据同度量因素固定在基期和固定在报告期的不同,可将指数分为两类。

1. 拉斯贝尔指数

拉斯贝尔指数由德国经济学家拉斯贝尔于 1864 年提出,简称拉氏指数,是把同度量因素固定在基期。

拉氏数量指标指数(基期质量指标作为同度量因素):

$$K_q = \frac{\sum q_1 p_0}{\sum q_0 p_0}$$

拉氏质量指标指数(基期数量指标作为同度因素):

$$K_p = \frac{\sum p_1 q_0}{\sum p_0 q_0}$$

拉氏数量指标指数,其优点是将价格固定在基期,使指数的计算不受价格变动的影响,能够确切地反映数量指标的变动。

拉氏质量指标指数有明显的缺点,使用基期产量作为同度量因素,使得价格指数只能限制在基期产品的范围内,不能完整地反映报告期的全部产品,不符合同度量因素的要求。

2.派许指数

派许指数由德国经济学家派许于 1874 年提出,也称派氏指数,是把同度量因素固定在报告期。

派氏数量指标指数(报告期质量指标作为同度量因素):

$$K_q = \frac{\sum q_1 p_1}{\sum q_0 p_1}$$

派氏质量指标指数(报告期数量指数作为同度量因素):

$$K_p = \frac{\sum p_1 q_1}{\sum p_0 q_1}$$

派氏数量指标指数,由于把价格固定在报告期,就不单纯反映产量的变动,还反映了价格变动的影响,不符合同度量的要求。

派氏质量指标指数,由于把产量固定在报告期,虽然也反映了产量变动对价格指数的影响,但是它使指数在分析绝对经济效果($\sum p_1 q_1 - \sum p_0 q_1$)时具有较明确的现实意义,表明了因价格变动而使报告期产值增加(或减少)的绝对额。该公式应用较为普遍。

二、综合指数的编制

研究发现,拉氏数量指标指数和派氏质量指标指数构成了一个完整的指数体系,从而形成了今天人们编制指数的方法:在编制数量指标指数时,以质量指标作为同度量因素且将其固定在基期;在编制质量指标综合指数时,以数量指标作为同度量因素且将其固定在报告期。

(一)数量指标指数的编制

第一步,根据指数定义,数量指标指数是报告期数量比基期数量,即 $K_q = \dfrac{q_1}{q_0}$。

第二步,根据数量指标指数的编制原则,以基期的质量指标作为同度量因素,也就是分子、分母同乘以基期价格,即 $K_q = \dfrac{q_1 \times p_0}{q_0 \times p_0}$。其中,分母是基期的数量乘以基期的价格,为基期的销售额;分子是报告期的数量乘以基期的价格,是一个现实中并不存在的过渡性指标。

第三步,先综合,后比较。分别计算分子、分母总量,然后将分子、分母总量进行比较,以反映数量综合变动的程度,即 $K_q = \dfrac{\sum q_1 \times p_0}{\sum q_0 \times p_0} \times 100\%$。

第四步,令分子与分母相减,计算变动的绝对额,以反映由于数量变动而产生的价值差异,即 $\sum q_1 \times p_0 - \sum q_0 \times p_0 = p_0 (\sum q_1 - \sum q_0)$。

第五步,将计算结果用文字说明。

【例 10-2】 以表 10-1 为已知资料,假设该商店只销售这三种商品,要求计算该商店销售量指数。

解 计算该商店销售量指数,该商店所有商品都要纳入计算,甲、乙、丙三种商品计量单位不同,无法直接相加,故该指数属于综合指数,需要过渡为价值指标;销售量是数量指标,根据编制数量指标指数的原则,以基期价格作为同度量因素。计算过程如表 10-2 所示。

表 10-2 某商店销售量指数计算过程

商品名称	计量单位	销售量		价格/元		销售额/元	
		基期	报告期	基期	报告期	基期	过渡性指标
		q_0	q_1	p_0	p_1	$q_0 p_0$	$q_1 p_0$
甲	千克	100	120	3	4	300	360
乙	米	80	84	6	5	480	504
丙	套	10	9	10	12	100	90
合计	—	—	—	—	—	880	954

销售量指数 $K_q = \dfrac{\sum q_1 p_0}{\sum q_0 p_0} \times 100\% = \dfrac{954}{880} \times 100\% = 108.41\%$。

绝对增长额计算:

$$\sum q_1 p_0 - \sum q_0 p_0 = 954 - 880 = 74$$

该商店报告期的商品销售量和基期相比有所增长,使销售额增长了 8.41%,由于销售量增加而增加的销售额为 74 元。

(二) 质量指标指数的编制

第一步,根据指数定义,列出质量指标指数的基本形式,即 $K_p = \dfrac{p_1}{p_0}$。

第二步,根据质量指标指数的编制原则,以报告期的数量指标作为同度量因素,分子、分母同乘以报告期数量,即 $K_p = \dfrac{q_1 \times p_1}{q_1 \times p_0}$(注意排序一般按先数量、后质量的原则)。其中,分子是报告期的数量乘以报告期的价格,为报告期的销售额;分母是报告期数量乘以基期的价格,是一个现实中并不存在的过渡性指标。

第三步,先综合,后比较。分别计算分子、分母总量,然后将分子、分母总量进行比较,以反映质量综合变动的程度,即 $K_p = \dfrac{\sum q_1 \times p_1}{\sum q_1 \times p_0} \times 100\%$。

第四步,令分子与分母相减,计算变动的绝对额,以反映由于质量(价格)变动而产生的价值差异,即 $\sum q_1 \times p_1 - \sum q_1 \times p_0 = (\sum p_1 - \sum p_0) q_1$。

第五步,将计算结果用文字说明。

【例 10-3】 以表 10-1 为已知资料,编制该商店价格指标指数。

解 甲、乙、丙三种商品计量单位不同,价格不同。价格是一个质量指标,不能直接相加,需要过渡为价值指标;根据质量指标指数的编制原则,以报告期数量作为同度量因素。计算过程如表 10-3 所示。

表 10-3 某商店价格指标指数计算过程

商品名称	计量单位	销售量		价格/元		销售额/元	
		基期	报告期	基期	报告期	报告期	过渡性指标
		q_0	q_1	p_0	p_1	$q_1 p_1$	$q_1 p_0$
甲	千克	100	120	3	4	480	360
乙	米	80	84	6	5	420	504
丙	套	10	9	10	12	108	90
合计	—	—	—	—	—	1 008	954

价格指标指数 $K_p = \dfrac{\sum q_1 p_1}{\sum q_1 p_0} \times 100\% = \dfrac{1\ 008}{954} \times 100\% = 105.66\%$。

绝对增加额计算：

$$\sum q_1 p_1 - \sum q_1 p_0 = 1\ 008 - 954 = 54$$

该商店报告期的商品价格和基期相比有所上涨，使销售额增长了 5.66%，价格上升使销售额增加了 54 元。

综合指数反映多种产品或商品所组成的复杂现象总体的动态变动，它要求有全面的统计资料，只适用于较小的范围、商品品种较少的情况。

任务三 平均数指数

一、平均数指数的含义

平均数指数是总指数的另一种形式。为解决复杂总体各组成要素不能直接相加、不能对比的问题，平均数指数是先计算个体指数，然后将个体指数加权平均来计算总指数。

平均数指数是综合指数的一种变形，当掌握的资料不能直接通过综合指数形式计算时，可以用平均数指数形式计算。平均数指数与其相应的综合指数具有完全相同的经济意义和计算结果。

二、平均数指数的种类

（一）加权算术平均数指数

加权算术平均数指数是数量指标指数的变形，常用 $\overline{K}_q$ 表示。

在数量指标指数 $K_q = \dfrac{\sum q_1 p_0}{\sum q_0 p_0}$ 公式中，分子中的 q_1 与分母中的 q_0 不同期，需要将 q_1 变为和分母同时期（基期）。个体数量指数 $k_q = \dfrac{q_1}{q_0} \Rightarrow q_1 = k_q q_0$，代入数量指标指数公式，即

$$\overline{K}_q = \frac{\sum q_1 p_0}{\sum q_0 p_0} = \frac{\sum k_q q_0 p_0}{\sum q_0 p_0} = \sum k_q \frac{q_0 p_0}{\sum q_0 p_0}$$

数量指标指数经过变形以后,变为以个体数量指数为变量,以基期价值指标为权数的加权算术平均数的形式。

【例10-4】 以表10-1为已知资料。要求:采用加权算术平均数指数的方法编制数量指标指数。

解 采用加权算术平均数指数的方法编制数量指标指数,首先需要计算个体数量指数,然后进行加权。计算过程如表10-4所示。

表10-4 加权算术平均数指数计算过程

商品名称	计量单位	销售量 基期 q_0	销售量 报告期 q_1	价格/元 基期 p_0	价格/元 报告期 p_1	销售量个体指数 $k_q = \frac{q_1}{q_0} \times 100\%$	基期销售额/元 $q_0 p_0$	基期比率 $\frac{q_0 p_0}{\sum q_0 p_0} \times 100\%$
甲	千克	100	120	3	4	120%	300	34.09%
乙	米	80	84	6	5	105%	480	54.55%
丙	套	10	9	10	12	90%	100	11.36%
合计	—	—	—	—	—	—	880	100.00%

加权算术平均数指数计算:

$$\overline{K}_q = \frac{\sum k_q p_0 q_0}{\sum p_0 q_0} = \frac{120\% \times 300 + 105\% \times 480 + 90\% \times 100}{880} \times 100\% = 108.41\%$$

或者

$$\overline{K}_q = \sum k_q \frac{q_0 p_0}{\sum q_0 p_0} = 120\% \times 34.09\% + 105\% \times 54.55\% + 90\% \times 11.36\% = 108.41\%$$

绝对变动额计算:

$$\sum k_q p_0 q_0 - \sum p_0 q_0 = (120\% \times 300 + 105\% \times 480 + 90\% \times 100) - 880$$
$$= 954 - 880 = 74$$

计算结果与利用综合指数方法计算的结果相同。

(二) 加权调和平均数指数

加权调和平均数指数是质量指标指数的变形,常用 $\overline{K}_p$ 表示。

在质量指标指数 $K_p = \frac{\sum q_1 p_1}{\sum q_1 p_0}$ 公式中,分母中的 p_1 与分子中的 p_0 不同期,需要将 p_0 变为和分子同时期(报告期)。个体质量指数 $k_p = \frac{p_1}{p_0} \Rightarrow p_0 = \frac{p_1}{k_p}$,代入质量指标指数公式,即

$$\overline{K}_p = \frac{\sum q_1 p_1}{\sum q_1 p_0} = \frac{\sum q_1 p_1}{\sum \frac{1}{k_p} q_1 p_1} \times 100\%$$

质量指标指数经过变形以后,变为以个体质量指数为变量,以报告期价值指标为权数的加权调和平均数的形式。

【例 10-5】 以表 10-1 为已知资料。要求:采用加权调和平均数指数的方法编制价格指标指数。

解 采用加权调和平均数指数的方法编制质量指标指数,首先需要计算个体价格指数,然后进行加权。计算过程如表 10-5 所示。

表 10-5 加权调和平均数指数计算过程

商品名称	计量单位	销售量 基期 q_0	销售量 报告期 q_1	价格/元 基期 p_0	价格/元 报告期 p_1	价格个体指数 $k_p = \frac{p_1}{p_0} \times 100\%$	报告期销售额/元 $q_1 p_1$	报告期比率 $\frac{q_1 p_1}{\sum q_1 p_1} \times 100\%$
甲	千克	100	120	3	4	133.33%	480	47.62%
乙	米	80	84	6	5	83.33%	420	41.67%
丙	套	10	9	10	12	120%	108	10.71%
合计	—	—	—	—	—	—	880	100.00%

加权调和平均数指数计算:

$$\overline{K}_p = \frac{\sum q_1 p_1}{\sum \frac{1}{k_p} \cdot q_1 p_1} = \frac{120 \times 4 + 84 \times 5 + 9 \times 12}{\frac{480}{133.33\%} + \frac{420}{83.33\%} + \frac{108}{120\%}} = 105.66\%$$

绝对变动额计算:

$$\sum q_1 p_1 - \sum \frac{1}{k_p} \cdot p_1 q_1 = 1\,008 - 954 = 54$$

计算结果与利用综合指数方法计算的结果相同。

通过以上计算分析,虽然平均数指数与综合指数计算结果相同,但是它们之间是有区别的,体现在:

(1) 在解决复杂总体不能直接同度量问题时的思路不同。综合指数是通过引进同度量因素,先计算出总体的总量,然后进行对比,即"先综合,后对比";而平均数指数是在个体指数的基础上计算总指数,即"先对比,后综合"。

(2) 在运用资料的条件上不同。综合指数需要研究总体的全面资料,对起综合作用的同度量因素的资料要求比较严格,一般应采用与指数化指标有明确经济联系的指标,且应有一一对应的、全面的实际资料,如计算产品实物量综合指数,必须一一掌握各产品的实际价格资料。平均数指数则既适用于全面的资料,也适用于非全面的资料。在较大范围内或商品品种较多的情况下,个体指数计算只选择一部分代表性产品。权数资料可以是范围更广的资料或是利用实际总值资料进行计算得来的(并且不必计算过渡性指标),充分体现了灵活、方便及广泛适用的特性。

综合指数只能采用实际资料作为同度量因素来编制;变为平均数指数以后,权数的选择可以有多种方法,既可用实际总值指标计算,也可用比重指标计算。在权数资料无法取得或无法确定时,还可以根据对经济现象的分析,通过编制经验权数取得或确定。

三、固定权数平均指数

固定权数平均指数指在计算平均数指数时,使用固定权数对个体指数或类指数进行加权平均计算得到的一种总指数。其相关计算分为用固定权数计算加权算术平均数指数和用固定权数计算加权调和平均数指数两种。

(一) 用固定权数计算加权算术平均数指数

在加权算术平均数指数公式 $\overline{K}_q = \sum k_q \dfrac{q_0 p_0}{\sum q_0 p_0}$ 中,当权数不是综合指数中的 $q_0 p_0$,而是某个固定权数 W_i 时,通过这一公式计算出的总指数称为固定权数加权算术平均数指数。

设 $q_0 p_0 = W_j$,个体数量指数为 K_i,则 $\overline{K}_q = \sum K_i \times \dfrac{q_0 p_0}{\sum p_0 q_0} = \dfrac{\sum K_i W_j}{\sum W_i}$。

权数 $\dfrac{W_j}{\sum W_i}$ 是一个结构相对数,很多现象的结构具有稳定性,在较长时间内变化很小,因此可经过调整计算以比重形式固定下来。在一段时间内不做变动并固定使用的权数,称为固定权数,用 W 表示。固定权数加权算术平均数指数的一般表达式为:

$$\overline{K} = \sum KW$$

用固定权数计算的加权算术平均数指数与综合指数不存在变形关系,两者计算结果不一致。

现以某市居民消费指数为例,介绍我国物价指数的编制方法。

物价指数是国家统计部门定期公布的重要指标之一,国家统计局指定采用加权算术平均数指数公式来计算物价指数,即

$$\overline{K}_p = \sum k_p W$$

我国编制居民消费指数的商品分成八大类,是全国统一的。在每一大类中分成若干中类,每一中类中又分若干小类,每一小类中再分代表商品。大类、中类、小类中的各部分零售额比重之和等于100%。这样,首先需要取得代表规格品的报告期与基期的价格资料,计算个体指数。然后,个体指数的加权平均数便是小类指数;各小类的加权算术平均数指数便是中类指数;各中类的加权算术平均数指数为大类指数。最后,各大类的加权算术平均数指数就是消费物价总指数。

某市居民消费商品资料及物价指数计算过程如图 10-1 所示。

编制消费物价总指数的步骤为:

(1) 计算各个代表规格品的个体零售价格指数。例如,大米的个体价格指数为:

$$K_p = \dfrac{p_1}{p_0} = \dfrac{2.64}{2.50} = 105.60\%$$

(2) 把各代表规格品个体物价指数乘上相应的权数后相加,计算其算术平均数,即得小类指数。例如,细粮小类指数为:

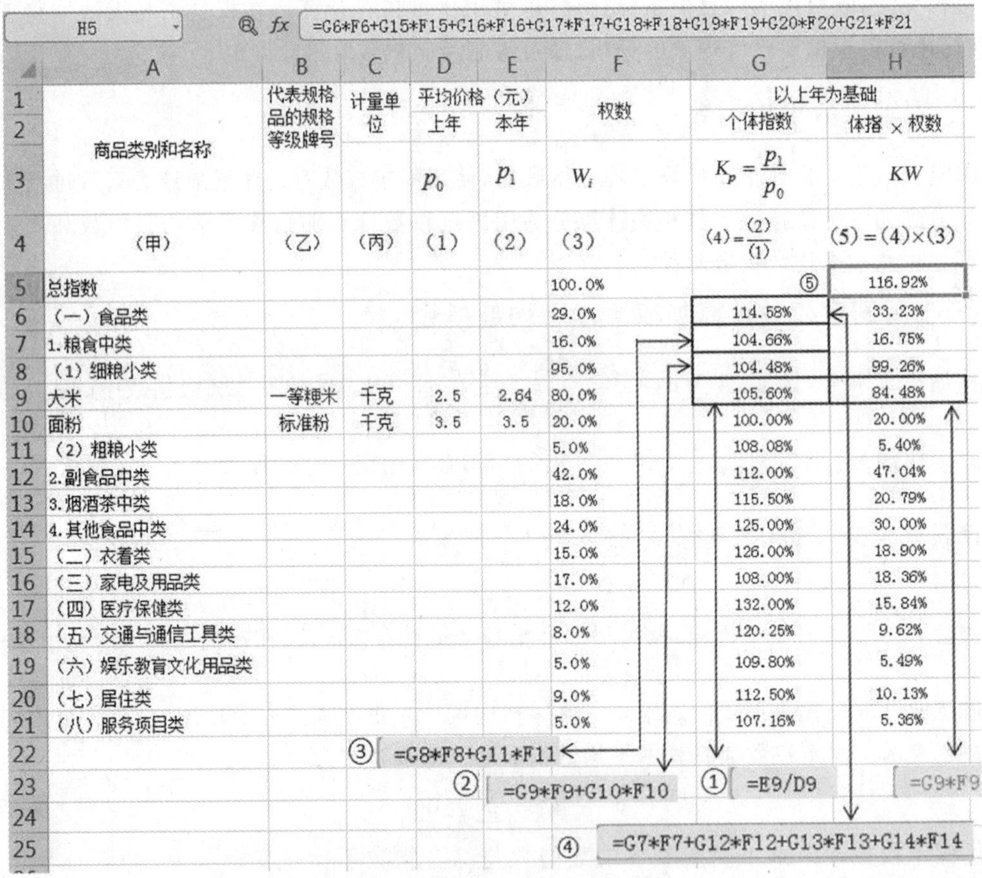

	A	B	C	D	E	F	G	H
1	商品类别和名称	代表规格品的规格等级牌号	计量单位	平均价格（元）		权数	以上年为基础	
2				上年	本年		个体指数	体指 × 权数
3				p_0	p_1	W_i	$K_p=\frac{p_1}{p_0}$	KW
4	（甲）	（乙）	（丙）	（1）	（2）	（3）	$(4)=\frac{(2)}{(1)}$	(5)＝(4)×(3)
5	总指数					100.0%	⑤	116.92%
6	（一）食品类					29.0%	114.58%	33.23%
7	1.粮食中类					16.0%	104.66%	16.75%
8	（1）细粮小类					95.0%	104.48%	99.26%
9	大米	一等粳米	千克	2.5	2.64	80.0%	105.60%	84.48%
10	面粉	标准粉	千克	3.5	3.5	20.0%	100.00%	20.00%
11	（2）粗粮小类					5.0%	108.08%	5.40%
12	2.副食品中类					42.0%	112.00%	47.04%
13	3.烟酒茶中类					18.0%	115.50%	20.79%
14	4.其他食品中类					24.0%	125.00%	30.00%
15	（二）衣着类					15.0%	126.00%	18.90%
16	（三）家电及用品类					17.0%	108.00%	18.36%
17	（四）医疗保健类					12.0%	132.00%	15.84%
18	（五）交通与通信工具类					8.0%	120.25%	9.62%
19	（六）娱乐教育文化用品类					5.0%	109.80%	5.49%
20	（七）居住类					9.0%	112.50%	10.13%
21	（八）服务项目类					5.0%	107.16%	5.36%

图 10-1　某市居民消费商品资料及物价指数计算过程

$$\overline{K}_p=\frac{\sum k_p p_0 q_0}{\sum p_0 q_0}=\sum K_p W=105.60\%\times 80\%+100\%\times 20\%=104.48\%$$

(3) 把各个小类指数分别乘上相应的权数后相加，计算其算术平均数，即得中类指数。例如，粮食中类指数为：

$$\overline{K}_p=104.48\%\times 95\%+108.08\%\times 5\%=104.66\%$$

(4) 把各中类指数乘上相应的权数后相加，计算其算术平均数，即得大类指数。例如，食品类大类指数为：

$$\begin{aligned}\overline{K}_p&=104.66\%\times 16\%+112\%\times 42\%+115.5\%\times 18\%+125\%\times 24\%\\&=114.58\%\end{aligned}$$

(5) 把各大类指数乘上相应的权数后相加，计算其算术平均数，即得到消费物价总指数：

$$\begin{aligned}\overline{K}_p=&114.58\%\times 29\%+126\%\times 15\%+108\%\times 17\%+132\%\times 12\%+120.25\%\times 8\%\\&+109.80\%\times 5\%+112.5\%\times 9\%+107.16\%\times 5\%\\=&116.92\%\end{aligned}$$

在实际工作中，职工生活费用指数、商品零售物价指数等也是采用加权算术平均数指数公式来计算的。

(二) 用固定权数计算加权调和平均数指数

在加权调和平均数指数公式 $K_p = \dfrac{\sum q_1 p_1}{\sum \dfrac{1}{k_p} q_1 p_1} \times 100\%$ 中,当权数不是综合指数中的 $q_1 p_1$,而是某种固定权数 W 时,加权调和平均数指数的一般表达式为:

$$K = \dfrac{\sum W}{\sum \dfrac{1}{K} W}$$

用固定权数计算的加权调和平均数指数在国内外统计工作中得到广泛应用,如我国农副产品收购价格指数等。此类经济指数的编制往往基于重点产品或代表产品的个体指数,权数则根据实际资料做进一步推算确定。

现以某省农副产品收购价格总指数为例,说明其编制方法。价格属于质量指标,农副产品收购统计资料可以提供各类农副产品的收购额和各代表规格品的价格,因此,农副产品收购价格指数的计算一般采用加权调和平均数指数公式,即

$$\overline{K}_p = \dfrac{\sum q_1 p_1}{\sum \dfrac{1}{K_p} \cdot q_1 p_1}$$

某省农副产品收购统计资料及收购价格指数的计算过程如图 10-2 所示。

	A	B	C	D	E	F	G	H	I
1	商品类别和名称	代表规格品规格与等级	计量单位	平均价格(元)		个体指数	类指数	收购金额(万元)	
2				上年 p_0	本年 p_1	$K_p = \dfrac{p_1}{p_0}$		$q_1 p_1$	$\dfrac{1}{K_p} q_1 p_1$
3	(甲)	(乙)	丙	(1)	(2)	(3)=(2)÷(1)		(4)	(5)=(4)÷(3)
4	总指数		④		115.14%			1596559	1386610
5	(一)粮食类					=H6/I6	125%	243850	195080
6	(二)经济作物类						112.29%	112285	100000
7	1.棉花	7/8细绒	千克	8	8.7	108.75%		45675	42000
8	2.麻	甲级青麻	千克	6.4	7.2	112.50%		20250	18000
9	3.烤烟	中部六级	千克	5.6	7	125.00%		15000	12000
10	4.芝麻	白95成	千克	2.5	2.8	112.00%		31360	28000
11	(三)木材类						127.50%	11475	9000
12	(四)工业用油漆类				①	=E8/D8	119%	23800	20000
13	(五)禽畜产品类						118.54%	195591	165000
14	(六)蚕丝类				③	=H7/I7	136.58%	95606	70000
15	(七)干鲜水果类						113.36%	151619	133750
16	(八)干鲜茶及调味品类						110.50%	163540	148000
17	(九)土特产品类						106.80%	240300	225000
18	(十)药材类						107.35%	145996	136000
19	(十一)水产品类						115%	212497	184780
22				=H8+H9+H10+H11				② =H8/F8	
23			=H6+H7+H12+H13+H14+H15+H16+H17+H18+H19+H20						
24							=I8+I9+I10+I11		
25			=I6+I7+I12+I13+I14+I15+I16+I17+I18+I19+I20						

图 10-2 某省农副产品收购统计资料及收购价格指数计算过程

编制农副产品收购价格总指数的步骤为：

(1) 计算各类代表规格品的个体物价指数。例如，棉花的个体物价指数为：

$$K_p = \frac{p_1}{p_0} = \frac{8.7}{8.0} = 108.75\%$$

(2) 用报告期的收购总额除以各代表规格品的个体物价指数，即得到按照基期价格计算的收购金额。例如，棉花按照基期价格计算的收购金额为：

$$p_0 q_1 = \frac{1}{K_p} \times p_1 q_1 = \frac{45\ 675}{108.75\%} = 42\ 000$$

(3) 计算各类商品的价格指数。例如，经济作物类的价格指数为：

$$\overline{K}_p = \frac{\sum q_1 p_1}{\sum \frac{1}{K} \cdot q_1 p_1} = \frac{112\ 285}{\frac{45\ 675}{108.75\%} + \frac{20\ 250}{112.50\%} + \frac{15\ 000}{125.00\%} + \frac{31\ 360}{112.00\%}} = 112.29\%$$

(4) 计算该省农副产品收购价格总指数：

$$\overline{K}_p = \frac{\sum q_1 p_1}{\sum \frac{1}{K_p} \cdot q_1 p_1}$$

$$= \frac{243\ 850 + 112\ 285 + 11\ 475 + 23\ 800 + \cdots + 145\ 996 + 212\ 497}{\frac{243\ 850}{125.00\%} + \frac{112\ 285}{112.29\%} + \frac{11\ 475}{127.50\%} + \frac{23\ 800}{119.00\%} + \cdots + \frac{145\ 996}{107.35\%} + \frac{212\ 497}{115.00\%}}$$

$$= \frac{1\ 596\ 559}{1\ 386\ 610} = 115.14\%$$

平均数指数除作为综合指数的变形加以应用外，一般只能通过总指数意义表明复杂总体的变动方向和程度，而不能用于对现象进行因素分析。

任务四　指数体系及因素分析

一、指数体系的概念

(一) 指数体系的建立

在统计分析中，将在经济上有联系、在数量上保持一定关系的三个或三个以上的指数构成的整体，称为指数体系。指数体系是建立在指标体系的基础上的，价值指标可以分解为数量指标和质量指标的乘积，从指数角度看，这种关系依然存在。例如：

销售额＝销售量×价格　　⇒　　销售额指数＝销售量指数×价格指数

总成本＝产量×单位成本　　⇒　　总成本指数＝产量指数×单位成本指数

这样，销售额指数、销售量指数和价格指数就构成了一个完整的指数体系。销售额的变动，离不开销售量的变动和价格的变动，是销售量的变动和价格的变动共同作用的结果。推而广之，总体的变化可以看作数量因素和质量因素共同作用的结果。指数体系的组成如图10-3所示。

```
销售额指数  =  销售量指数  ×  价格指数
    ↓              ↓              ↓
 对象指数   =   数量指数   ×   质量指数
```

图 10-3　指数体系的组成

指数体系有如下特征：

（1）具备三个或三个以上的指数。

（2）体系中单个指数在数量上能相互推算。

（3）反映现象总变动程度的指数等于各个因素指数的乘积，总变动差额等于各个因素变动差额之和。

因素分析是运用指数体系之间的数量关系，从数量上确定各因素对分析指标的影响方向和影响程度的一种方法，分析结果既可以用相对数表示，也可以用绝对数表示。

（二）指数体系的作用

（1）指数体系是进行因素分析的根据，利用指数体系对现象的综合变动的反映，从数量上分析其受各因素影响的方向、程度及绝对数量。

（2）利用指数体系可进行指数之间的相互推算。

二、利用指数体系进行因素分析的方法

首先，确定分析的对象和影响因素，要从研究的目的、任务出发，在定性分析的基础上，依据有关科学理论和知识确定。对同一现象，可以从多种不同的角度进行影响因素的分析。例如，对产品生产总量的变动进行分析，既可以从劳动力要素角度，确定劳动量和劳动生产率两个影响因素，也可以从物的要素角度，确定设备投入量和设备利用效率两个影响因素。至于从哪一角度确定影响因素，取决于分析的目的、任务和研究对象的性质。

其次，确定分析对象指标和影响因素指标，并列出其关系式，根据关系式建立分析指数体系及绝对增减量关系式，先分析对象指数，然后依次分析每一个因素变动对分析对象变动影响的相对程度及绝对数量。

最后，进行验证，各影响因素指数的连乘积等于研究对象指数，各影响因素变动的绝对数量之和等于研究对象变动的绝对数量。如果不相等，说明因素有重复或遗漏，需要重新建立指标体系。

利用指数体系进行因素分析，按分析指标的表现形式不同，分为总量指标变动因素分析、相对指标变动因素分析和平均指标变动因素分析。

三、总量指标变动因素分析

总量指标变动因素分析，按分析现象的特点不同，分为简单现象因素分析和复杂现象因素分析。

（一）简单现象因素分析

简单现象，也称单一现象，其对象指标直接表现为因素指标的乘积。简单现象因素分析的特点是，在因素分析过程中，相对数分析可以不引入同度量因素，但绝对数分析必须引入同度量因素。

【例 10-6】　以表 10-1 为已知资料，利用指数因素分析法分析甲、乙、丙产品的变动情况。

解 计算过程如表 10-6 所示。

表 10-6 指数因素分析法计算过程

商品名称			甲	乙	丙
计量单位			千克	米	套
销售量	基期	q_0	100	80	10
	报告期	q_1	120	84	9
价格/元	基期	p_0	3	6	10
	报告期	p_1	4	5	12
销售额/元	基期	$q_0 p_0$	300	480	100
	报告期	$q_1 p_1$	480	420	108
	过渡性指标	$q_1 p_0$	360	504	90
销售额指数/(%)		$K_{qp}=\dfrac{q_1 p_1}{q_0 p_0}$	160.0	87.5	108.0
销售额变动绝对额/元		$q_1 p_1 - q_0 p_0$	180	−60	8
销售量指数/(%)		$K_q=\dfrac{q_1 p_0}{q_0 p_0}$	120	105	90
销售量影响绝对额/元		$q_1 p_0 - q_0 p_0$	60	24	−10
价格指数/(%)		$K_p=\dfrac{q_1 p_1}{q_1 p_0}$	133.33	83.33	120.00
价格影响绝对额/元		$q_1 p_1 - q_1 p_0$	120	−84	18

商品销售额受销售量和销售价格两个因素的影响;商品销售额的变动程度可用商品销售额指数来反映,商品销售量的变动程度可用商品销售量指数来反映,销售价格的变动程度可用商品销售价格指数来反映。因此,需要编制销售额指数及其变动的规模、销售量指数及其影响的绝对值、价格指数及其影响的绝对值。

三者之间的关系为:

$$销售额指数 = 销售量指数 \times 价格指数$$

用公式表示:

$$\frac{q_1 p_1}{q_0 p_0} = \frac{q_1 p_0}{q_0 p_0} \times \frac{q_1 p_1}{q_1 p_0}$$

变动绝对额之间的关系为:

$$销售额变动绝对额 = 数量变动产生的绝对额 + 价格变动产生的绝对额$$

即

$$q_1 p_1 - q_0 p_0 = (q_1 p_0 - q_0 p_0) + (q_1 p_1 - q_1 p_0)$$

以甲产品为例。

首先,计算销售额指数变动的相对数与绝对数。

销售额指数:

$$K_{qp} = \frac{q_1 p_1}{q_0 p_0} = \frac{120 \times 4}{100 \times 3} = \frac{480}{300} = 160\%$$

①

绝对增减量：
$$q_1 p_1 - q_0 p_0 = 480 - 300 = 180 \qquad ②$$

其次，进行因素分析，计算各因素变动的相对数与绝对数。

销售量指数：
$$K_q = \frac{q_1 p_0}{q_0 p_0} = \frac{120 \times 3}{100 \times 3} = \frac{360}{300} = 120\% \qquad ③$$

绝对增减量：
$$q_1 p_0 - q_0 p_0 = 360 - 300 = 60 \qquad ④$$

价格指数：
$$K_p = \frac{q_1 p_1}{q_1 p_0} = \frac{120 \times 4}{120 \times 3} = \frac{480}{360} = 133.33\% \qquad ⑤$$

绝对增减量：
$$q_1 p_1 - q_1 p_0 = 480 - 360 = 120 \qquad ⑥$$

最后，进行验证，即③×⑤是否等于①，④+⑥是否等于②，如果相等说明分析正确。
$$K_q \times K_p = 120\% \times 133.33\% = 160\% = K_{qp}$$
$$(q_1 p_0 - q_0 p_0) + (q_1 p_1 - q_1 p_0) = 60 + 120 = 180 = q_1 p_1 - q_0 p_0$$

甲产品销售额报告期和基期相比，增长了 60%，增加的绝对额为 180 元。一方面，销售量增长了 20%，致使销售额增加了 60 元；另一方面，价格提高了 33.33%，致使销售额增加 120 元。乙产品和丙产品的计算与分析参照甲产品。

（二）复杂现象因素分析

对于复杂总体，对象指标是因素指标乘积的总和。复杂现象因素分析按影响因素的多少可分为两因素分析和多因素分析。

1. 两因素分析

复杂现象是由多种事物所组成的总体，需要加总求和。复杂现象的两因素分析是将现象变动归结为数量因素与质量因素两个原因，由反映复杂现象总变动的对象指数、反映数量变动的数量指标指数、反映质量变动的质量指标指数三者构成指数体系。其中，对象指数是简单总体，可直接加总，数量指标指数与质量指标指数是综合指数，需要引入同度量因素。

这三种指数之间的关系为：

对象指数 ＝ 数量指标指数 × 质量指标指数

现象总变动规模 ＝ 数量变动产生的差额 ＋ 质量变动产生的差额

用公式表示为：
$$\frac{\sum q_1 p_1}{\sum q_0 p_0} = \frac{\sum q_1 p_0}{\sum q_0 p_0} \times \frac{\sum q_1 p_1}{\sum q_1 p_0}$$

$$\sum q_1 p_1 - \sum q_0 p_0 = \left(\sum q_1 p_0 - \sum q_0 p_0\right) + \left(\sum q_1 p_1 - \sum q_1 p_0\right)$$

【例 10-7】 以表 10-1 为已知资料，利用指数因素分析法分析该商店销售额的变动情况。

解 计算过程如表 10-7 所示。

表 10-7　指数因素分析法计算过程(两因素分析)

商品名称	计量单位	销售量		价格/元		销售额/元		
		q_0	q_1	p_0	p_1	$q_0 p_0$	$q_1 p_1$	$q_1 p_0$
甲	千克	100	120	3	4	300	480	360
乙	米	80	84	6	5	480	420	504
丙	套	10	9	10	12	100	108	90
合计	—	—	—	—	—	880	1 008	954

首先,计算对象指数。销售额指数及变动的绝对额:

$$K_{qp} = \frac{\sum q_1 p_1}{\sum q_0 p_0} = \frac{1\ 008}{880} = 114.55\% \quad \sum q_1 p_1 - \sum q_0 p_0 = 1008 - 880 = 128$$

其次,进行原因分析。

(1) 销售量指数及变动的绝对额:

$$K_q = \frac{\sum q_1 p_0}{\sum q_0 p_0} = \frac{954}{880} = 108.41\% \quad \sum q_1 p_0 - \sum q_0 p_0 = 954 - 880 = 74$$

(2) 价格指数及变动的绝对额:

$$K_p = \frac{\sum q_1 p_1}{\sum q_1 p_0} = \frac{1\ 008}{954} = 105.66\% \quad \sum q_1 p_1 - \sum q_1 p_0 = 1\ 008 - 954 = 54$$

最后,进行验证:

$$108.41\% \times 105.66\% = 114.55\% \quad 74 + 54 = 128$$

该商场三种商品销售额报告期比基期增长14.55%,是销售量提高了8.41%和销售价格提高了5.66%两个因素共同影响的结果。由于销售量的增加而增加的销售额为74元,由于价格提高而增加的销售额为54元,最终使销售额总共增加128元。

2. 多因素分析

进行因素分析时,如果研究对象是由三个或三个以上相互影响的因素构成的,利用因素分析法对每个因素进行分析称为多因素分析。

多因素是在两因素的基础上分解而成的:首先将对象指标分解为一个数量指标与一个质量指标的乘积,再将质量指标分解成一个数量指标与一个质量指标的乘积,依次类推。

例如:

$$人工总成本 = 人工总工时 \times 小时工资$$

式中,人工总工时 = 生产量 × 工时定额。

因此,人工总成本 = 生产量 × 工时定额 × 小时工资。

这样,人工总成本受生产量、工时定额、小时工资三个因素的影响,相应的指数体系为:

$$人工总成本指数 = 生产量指数 \times 工时定额指数 \times 小时工资指数$$

多因素分析时,根据因素指标间的依存关系,将多因素归并为两因素,利用编制数量指标指数和编制质量指标指数的原则进行分析。在多因素归并过程中,应注意以下几个问题:

第一,各因素指标应按照数量指标在前、质量指标在后的顺序排列。

第二,各因素指标的性质具有相对性,需在两两相比较的情况下判定,两两相乘要有经济意义。

第三,测定其中某个因素的作用时,要将其余所有因素按综合指数的一般编制原则固定。

例如,人工总成本核算时,生产量是数量指标,排在第一位,工时定额与小时工资均为质量指标,但工时定额是说明用工时间的,用工时间与生产量相关,应排在生产量之后,两者相乘后为人工总工时,构成一个数量指标;小时工资是说明单位工时成本的,与工时定额相乘为单位人工成本,是一个质量指标。这样,对象指数转化为由一个数量指标指数与质量指标指数构成,如图 10-4 所示。

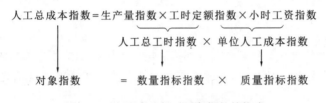

图 10-4　多因素分析时对象指数的构成

【例 10-8】　某企业生产甲、乙、丙三种产品的生产量、工时定额、小时工资资料如表 10-8 所示,利用指数体系分析人工总成本的变动情况。

表 10-8　产品生产量、工时定额、小时工资资料

产品种类	生产量/件		工时定额/(时/件)		小时工资/(元/时)	
	基期	报告期	基期	报告期	基期	报告期
	a_0	a_1	b_0	b_1	c_0	c_1
甲	500	600	1.2	1.08	15	20
乙	250	275	1.6	1.48	20	25
丙	1 000	1 100	0.8	0.72	18	22

解　生产量指数、工时定额指数、小时工资指数与人工总成本指数之间的关系为:

$$人工总成本指数 = 生产量指数 \times 工时定额指数 \times 小时工资指数$$

设生产量为 a,工时定额为 b,小时工资为 c,人工总成本指数的计算式为:

$$K_{abc} = K_a \times K_b \times K_c$$

(1) 计算对象指数。计算过程如表 10-9 所示。

表 10-9　人工总成本指数计算过程

产品种类	生产量/件		工时定额/(时/件)		小时工资/(元/时)		人工成本总额/元			
	基期	报告期	基期	报告期	基期	报告期	基期	报告期	过渡指标1	过渡指标2
	a_0	a_1	b_0	b_1	c_0	c_1	$a_0 b_0 c_0$	$a_1 b_1 c_1$	$a_1 b_0 c_0$	$a_1 b_1 c_0$
甲	500	600	1.2	1.08	15	20	9 000	12 960	10 800	9 720
乙	250	275	1.6	1.48	20	25	8 000	10 175	8 800	8 140
丙	1 000	1 100	0.8	0.72	18	22	14 400	17 424	15 840	14 256
合计	—	—	—	—	—	—	31 400	40 559	35 440	32 116

人工总成本是简单总体,可直接相加,根据指数定义列出计算式:

$$K_{abc} = \frac{\sum a_1 b_1 c_1}{\sum a_0 b_0 c_0} = \frac{40\ 559}{31\ 400} = 129.17\%$$

人工总成本变动绝对额:

$$\sum a_1 b_1 c_1 - \sum a_0 b_0 c_0 = 40\ 559 - 31\ 400 = 9\ 159$$

人工总成本报告期相对基期增长了 29.17%,增加支出 9 159 元。

(2) 进行原因分析。生产量指数、工时定额指数与小时工资指数均为综合指数,需要引入同度量因素。

① 生产量因素。

生产量指数是综合指数中的数量指标指数;其后两个指标合并为单位人工成本,是质量指标。根据编制数量指标指数的原则,以质量指标作为同度量因素且将其固定在基期。

$$K_a = \frac{\sum a_1 b_0 c_0}{\sum a_0 b_0 c_0} = \frac{35\ 440}{31\ 400} = 112.87\%$$

生产量变动对人工总成本的影响额:

$$\sum a_1 b_0 c_0 - \sum a_0 b_0 c_0 = 35\ 440 - 31\ 400 = 4\ 040$$

② 工时定额因素。

工时定额本身是质量指标,但排在生产量之后、小时工资之前,相对于前面的因素来讲,是质量指标,根据编制质量指标指数的原则,以生产量作为同度量因素且固定在报告期;相对于后面的因素来讲是数量指标,根据编制数量指标指数的原则,以小时工资作为同度量因素且固定在基期。

$$K_b = \frac{\sum a_1 b_1 c_0}{\sum a_1 b_0 c_0} = \frac{32\ 116}{35\ 440} = 90.62\%$$

$$\sum a_1 b_1 c_0 - \sum a_1 b_0 c_0 = 32\ 116 - 35\ 440 = -3\ 324$$

③ 小时工资因素。

小时工资是质量指标,排在最后,排在其前面的生产量与工时定额合并后为人工总工时,是一个数量指标,根据编制质量指标指数的原则,将人工总工时数量指标固定在报告期。

$$K_c = \frac{\sum a_1 b_1 c_1}{\sum a_1 b_1 c_0} = \frac{40\ 559}{32\ 116} = 126.29\%$$

$$\sum a_1 b_1 c_1 - \sum a_1 b_1 c_0 = 40\ 559 - 32\ 116 = 8\ 443$$

(3) 验证:

$$K_a \times K_b \times K_c = 112.87\% \times 90.62\% \times 126.29\% = 129.17\% = K_{abc}$$

$$\left(\sum a_1 b_0 c_0 - \sum a_0 b_0 c_0\right) + \left(\sum a_1 b_1 c_0 - \sum a_1 b_0 c_0\right) + \left(\sum a_1 b_1 c_1 - \sum a_1 b_1 c_0\right)$$
$$= 4\ 040 - 3\ 324 + 8\ 443$$
$$= 9\ 159$$
$$= \sum a_1 b_1 c_1 - \sum a_0 b_0 c_0$$

该企业人工总成本报告期相对基期上升了 29.17%,增加支出 9 159 元。其中,产量增加了 12.87%,增加的人工成本为 4 040 元;由于人工工时缩短了 9.38%,降低的人工成本为 3 324 元;单位人工成本上升了 26.29%,增加的总成本为 8 843 元,所占比例较大。

在实际运用中,进行多于三个因素的多因素分析时,为了测定某一指标因素对复杂社会经济现象总体的影响方向和程度,必须将其他指标因素加以固定,即假定在其他条件不变的情况下分析某一指标因素变动对现象总体的影响方向和程度。各指标因素必须根据综合指数的一般原理加以固定:分析数量指标因素变动时,将质量指标固定在基期;分析质量指标因素变动时,将数量指标固定在报告期。这样,对各因素的影响程度的测定,在形式上就相当于依次对各影响因素进行连锁替代和对比。因此,多因素指数分析法也被称为替代法。

运用替代法的步骤如下:
(1) 将基期数值代入反映指标及影响因素关系的算式。
(2) 在基期的水平上进行连续替换,依次以一个因素的报告期替代基期,计算出每次替代后的指标数值,直到所有的因素都以报告期值替代为止。当替换某个因素时,排在它前面的因素要保持报告期的水平,排在它后面的因素要保持基期水平。
(3) 把相邻两次计算的结果进行动态比较,测算每一个替代因素的影响方向和程度。
(4) 各因素的影响程度之积等于总指数,各因素的影响差额之和与总指标的报告期值与基期值的差额相等。

设:指标体系为 $y = a \times b \times c \times d$;基期指标为 $y_0 = a_0 b_0 c_0 d_0$;报告期指标为 $y_1 = a_1 b_1 c_1 d_1$。

对象指数为:

$$K_{abcd} = \frac{a_1 b_1 c_1 d_1}{a_0 b_0 c_0 d_0}$$

绝对影响额:

$$y_1 - y_0 = a_1 b_1 c_1 d_1 - a_0 b_0 c_0 d_0$$

因素分析用替代法,从第一个指标开始,用报告期替换基期,依次进行。

$$a_0 b_0 c_0 d_0 \to a_1 b_0 c_0 d_0 \to a_1 b_1 c_0 d_0 \to a_1 b_1 c_1 d_0 \to a_1 b_1 c_1 d_1$$

第一步,替换因素 a:

$$y_{(1)} = a_1 \times b_0 \times c_0 \times d_0$$

则 a 因素指数为:

$$K_a = \frac{y_{(1)}}{y_0} = \frac{a_1 b_0 c_0 d_0}{a_0 b_0 c_0 d_0}$$

绝对影响额:

$$y_{(1)} - y_0 = a_1 b_0 c_0 d_0 - a_0 b_0 c_0 d_0 = (a_1 - a_0) b_0 c_0 d_0$$

第二步,替换因素 b,已经替换的保持不变:

$$y_{(2)} = a_1 \times b_1 \times c_0 \times d_0$$

则 b 因素指数为:

$$K_b = \frac{y_{(2)}}{y_{(1)}} = \frac{a_1 b_1 c_0 d_0}{a_1 b_0 c_0 d_0}$$

绝对影响额：
$$y_{(2)} - y_{(1)} = a_1 b_1 c_0 d_0 - a_1 b_0 c_0 d_0 = a_1 (b_1 - b_0) c_0 d_0$$

第三步，替换因素 c：
$$y_{(3)} = a_1 \times b_1 \times c_1 \times d_0$$

则 c 因素指数为：
$$K_c = \frac{y_{(3)}}{y_{(2)}} = \frac{a_1 b_1 c_1 d_0}{a_1 b_1 c_0 d_0}$$

绝对影响额：
$$y_{(3)} - y_{(2)} = a_1 b_1 c_1 d_0 - a_1 b_1 c_0 d_0 = a_1 b_1 (c_1 - c_0) d_0$$

第四步，替换因素 d：
$$y_{(4)} = a_1 \times b_1 \times c_1 \times d_1$$

则 d 因素指数为：
$$K_d = \frac{y_{(4)}}{y_{(3)}} = \frac{a_1 b_1 c_1 d_1}{a_1 b_1 c_1 d_0}$$

绝对影响额：
$$y_{(4)} - y_{(3)} = a_1 b_1 c_1 d_1 - a_1 b_1 c_1 d_0 = a_1 b_1 c_1 (d_1 - d_0)$$

四、连环替代法

连环替代法是多因素指数分析法的简化形式，是根据因素之间的内在依存关系，依次测定各因素变动对对象指标差异影响的一种分析方法。

设指数间关系式为 $y = a \times b \times c$，则连环替代过程为：
$$a_0 b_0 c_0 \rightarrow a_1 b_0 c_0 \rightarrow a_1 b_1 c_0 \rightarrow a_1 b_1 c_1$$

如例 10-8 中，人工总成本可分解为生产量（a）、工时定额（b）和小时工资（c）三个因素。

基期人工总成本为 $\sum a_0 b_0 c_0$，第一次替代将 a_0 替换为 a_1，得到 $\sum a_1 b_0 c_0$；第二次在第一次基础上将 b_0 替换为 b_1，得到 $\sum a_1 b_1 c_0$；第三次在第二次基础上将 c_0 替换为 c_1，得到报告期总量 $\sum a_1 b_1 c_1$。将每一次替代后的总量与替代前的总量进行对比，所得指数即为此次被替代因素对人工总成本的影响程度，两个总量的差额也就反映了此次被替代因素对 y 的绝对影响量。

第一次替代后与替代前的两个总量对比得 $K_a = \dfrac{\sum a_1 b_0 c_0}{\sum a_0 b_0 c_0}$，此比率就是生产量（$a$）因素的综合变动程度及其对人工总成本影响程度的指数；两者差额 $\sum a_1 b_0 c_0 - \sum a_0 b_0 c_0$ 反映了生产量（a）的变动使人工总成本增减的绝对数量。

第二次替代后与替代前的两个总量对比得 $K_b = \dfrac{\sum a_1 b_1 c_0}{\sum a_1 b_0 c_0}$，此比率就是工时定额（$b$）因素的综合变动程度及其对人工总成本影响程度的指数；两者差额 $\sum a_1 b_1 c_0 - \sum a_1 b_0 c_0$ 反映了工时定额(b)的变动使人工总成本增减的绝对数量。

第三次替代后与替代前的两个总量对比得 $K_c = \dfrac{\sum a_1 b_1 c_1}{\sum a_1 b_1 c_0}$,此比率就是小时工资($c$)因素的综合变动程度及其对人工总成本影响程度的指数;两者差额 $\sum a_1 b_1 c_1 - \sum a_1 b_1 c_0$ 反映了小时工资(c)的变动使人工总成本增减的绝对数量。

用最后一次替代结果 $\sum a_1 b_1 c_1$ 与基期人工总成本 $\sum a_0 b_0 c_0$ 进行对比,得 $K_{abc} = \dfrac{\sum a_1 b_1 c_1}{\sum a_0 b_0 c_0}$,此比率就是人工总成本指数;两者差额 $\sum a_1 b_1 c_1 - \sum a_0 b_0 c_0$ 反映了人工总成本报告期比基期增减的绝对数量。

相应的指数体系为:

$$\dfrac{\sum a_1 b_0 c_0}{\sum a_0 b_0 c_0} \times \dfrac{\sum a_1 b_1 c_0}{\sum a_1 b_0 c_0} \times \dfrac{\sum a_1 b_1 c_1}{\sum a_1 b_1 c_0} = \dfrac{\sum a_1 b_1 c_1}{\sum a_0 b_0 c_0}$$

$$(\sum a_1 b_0 c_0 - \sum a_0 b_0 c_0) + (\sum a_1 b_1 c_0 - \sum a_1 b_0 c_0) + (\sum a_1 b_1 c_1 - \sum a_1 b_1 c_0)$$
$$= \sum a_1 b_1 c_1 - \sum a_0 b_0 c_0$$

利用连环替代法,能够测定各个因素对分析指标的影响程度,不仅适用于总量指标,也适用于相对指标。在用连环替代法分析相对指标的变动时,主要测算各因素指标变动的绝对差异。

【例 10-9】 某公司财务资料如表 10-10 所示。

表 10-10 财务资料

年 度	销售经营利润率	资产周转率	财务费用比率	财务结构比率	税收效益比率
2018	7%	5	0.78	1.8	0.75
2017	6%	4	0.8	2	0.75

已知权益资本报酬率=销售经营利润率×资产周转率×财务费用比率×财务结构比率×税收效益比率。要求:计算 2018 年和 2017 年相比,权益资本报酬率的变化及各因素变动对权益资本报酬率的影响。

解 设权益资本报酬率为 y,销售经营利润率为 a,资产周转率为 b,财务费用比率为 c,财务结构比率为 d,税收效益比率为 e,则 $y = abcde$。

使用连环替代法计算过程如图 10-5 所示。

2018 年权益资本报酬率为:$y_{2018} = a_1 b_1 c_1 d_1 e_1 = 7\% \times 5 \times 0.78 \times 1.8 \times 0.75 = 36.86\%$。

2017 年权益资本报酬率为:$y_{2017} = a_0 b_0 c_0 d_0 e_0 = 6\% \times 4 \times 0.8 \times 2 \times 0.75 = 28.8\%$。

增长率为:$y_{2018} - y_{2017} = 36.86\% - 28.8\% = 8.06\%$。

其中:

	A	B	C	D	E	F	G	H
1	年度	销售经营利润率	资产周转率	财务费用比率	财务结构比率	税收效益比率	权益资本报酬率	变动百分比
2								
3		a	b	c	d	e	y=abcde	
4	2018	7%	5	0.78	1.8	0.75	36.86%	8.06%
5	2017	6%	4	0.8	2	0.75	28.80%	
6	第一次替换 a	7%	4	0.8	2	0.75	33.60%	4.80%
7	第二次替换 b	7%	5	0.8	2	0.75	42.00%	8.40%
8	第三次替换 c	7%	5	0.78	2	0.75	40.95%	-1.05%
9	第四次替换 d	7%	5	0.78	1.8	0.75	36.86%	-4.10%
10	第五次替换 e	7%	5	0.78	1.8	0.75	36.86%	0.00%

图 10-5 连环替代法计算过程

① 销售经营利润率的影响为：

$$y_{(1)} = a_1 b_0 c_0 d_0 e_0 = 7\% \times 4 \times 0.8 \times 2 \times 0.75 = 33.6\%$$

$$y_{(1)} - y_{2017} = 33.6\% - 28.8\% = 4.8\%$$

② 资产周转率的影响为：

$$y_{(2)} = a_1 b_1 c_0 d_0 e_0 = 7\% \times 5 \times 0.8 \times 2 \times 0.75 = 42\%$$

$$y_{(2)} - y_{(1)} = 42\% - 33.6\% = 8.4\%$$

③ 财务费用比率的影响为：

$$y_{(3)} = a_1 b_1 c_1 d_0 e_0 = 7\% \times 5 \times 0.78 \times 2 \times 0.75 = 40.95\%$$

$$y_{(3)} - y_{(2)} = 40.95\% - 42\% = -1.05\%$$

④ 财务结构比率的影响为：

$$y_{(4)} = a_1 b_1 c_1 d_1 e_0 = 7\% \times 5 \times 0.78 \times 1.8 \times 0.75 = 36.86\%$$

$$y_{(4)} - y_{(3)} = 36.86\% - 40.95\% = -4.10\%$$

⑤ 税收效益比率的影响为：

$$y_{(5)} = a_1 b_1 c_1 d_1 e_1 = 7\% \times 5 \times 0.78 \times 1.8 \times 0.75 = 36.86\%$$

$$y_{(5)} - y_{(4)} = 36.86\% - 36.86\% = 0$$

验证：

$$(y_{(1)} - y_{2017}) + (y_{(2)} - y_{(1)}) + (y_{(3)} - y_{(2)}) + (y_{(4)} - y_{(3)}) + (y_{(5)} - y_4)$$
$$= 4.8\% + 8.4\% - 1.05\% - 4.1\% - 0$$
$$= 8.06\%$$
$$= y_{2018} - y_{2017}$$

该企业2018年和2017年相比，权益资本报酬率增长率为8.06%，其中，销售经营利润率增长了4.8%；资产周转率增长了8.4%；财务费用比率下降了1.05%；财务结构比率下降了4.10%；所得税率没有变化，税收效益比率的增长率为零。

连环替代法不仅适用于动态指数，也适用于静态指数，如对实际成本与标准成本进行比较分析，只需将报告期换为实际成本，将基期换为标准成本即可。

五、差额替代法

差额替代法是连环替代法的一种简化形式。它是利用各个因素的实际数与基数之间的差额,计算出各个因素变动对综合经济指标影响程度的一种分析方法。使用差额替代法的具体步骤如下:

第一步,计算各因素实际数(或报告期)与基数的差额;

第二步,某个因素的差额乘以函数关系式中排列在该因素前的各因素的实际数和排列在其后的各因素的基数,得到该因素的影响程度;

第三步,将各因素的影响数值相加,其代数和就是综合指标的实际数与基数之间的差额。

【例 10-10】 某企业 2015 年、2016 年有关财务指标统计资料如表 10-11 所示。

表 10-11 财务指标统计资料

年 份	总资产产值率 a	产品销售率 b	销售利润率 c
2016	78%	97%	32%
2015	81%	93%	25%

已知总资产报酬率=总资产产值率×产品销售率×销售利润率,用差额替代法分析各因素对总资产报酬率的影响程度。

解 计算过程如图 10-6 所示。

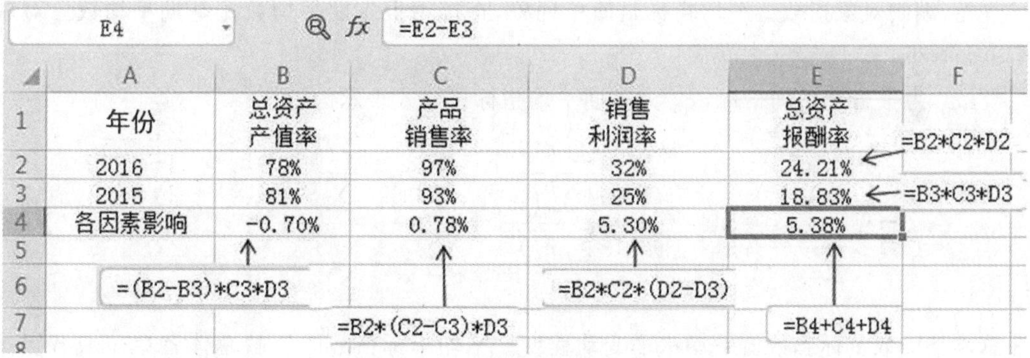

图 10-6 差额替代法计算过程

(1) 分析对象总变动。

各年总资产报酬率:

$$K_{2016}=a_1 b_1 c_1=78\% \times 97\% \times 32\% = 24.21\%$$

$$K_{2015}=a_0 b_0 c_0=81\% \times 93\% \times 25\% = 18.83\%$$

总资产报酬率增长:$K_{2016}-K_{2015}=24.21\%-18.83\%=5.38\%$。

(2) 分析各个因素变动对总变动的影响。

总资产产值率的影响:$(78\%-81\%) \times 93\% \times 25\% = -0.70\%$。

产品销售率的影响:$78\% \times (97\%-93\%) \times 25\% = 0.78\%$。

销售利润率的影响:78%×97%+(32%-25%)=5.30%。

(3) 验证分析结果:(-0.70%)+0.78%+5.30%=5.38%,与总资产报酬率增长率相同。

任务五 平均指标指数

一、平均指标指数的概念

平均指标指数是两个不同时期的平均指标对比计算出的相对数。这种由两个平均指标对比形成的指数称为平均指标指数,用来反映现象在不同时期一般水平的变动程度。

平均指标指数计算过程中的平均指标是加权算术平均数,即

$$\bar{x} = \sum x \cdot \frac{f}{\sum f}$$

加权算术平均数受变量 x 与结构相对数 $\frac{f}{\sum f}$ 的影响,因此,可利用两因素指数分析的方法编制平均指标指数体系。

二、平均指标指数体系的编制

首先,编制对象指数。平均指标是简单现象,直接用报告期平均数比基期平均数。对象指数用 $K_{\bar{x}}$ 表示。

设:$\bar{x}_1$ 为报告期平均指标,$\bar{x}_0$ 为基期平均指标。公式表示为:

$$K_{\bar{x}} = \frac{\bar{x}_1}{\bar{x}_0} = \frac{\dfrac{\sum x_1 f_1}{\sum f_1}}{\dfrac{\sum x_0 f_0}{\sum f_0}} = \frac{\sum x_1 \cdot \dfrac{f_1}{\sum f_1}}{\sum x_0 \cdot \dfrac{f_0}{\sum f_0}}$$

反映总体某一数量标志数值平均水平变动程度。平均指标指数既反映总体各单位或各组水平(变量)的变动,也反映其对总体结构变动的影响,因此,平均指标指数也称为可变构成指数。

变动的绝对额:

$$\bar{x}_1 - \bar{x}_0 = \frac{\sum x_1 f_1}{\sum f_1} - \frac{\sum x_0 f_0}{\sum f_0}$$

可变构成指数的分子与分母之差,表示总体报告期的平均数比基期的平均数增加或减少的绝对数。

其次,进行因素分析。

(1) 变量因素指数。变量因素指数是综合指数,需要引入同度量因素,在平均指标指数体系中,变量 x 为质量指标,结构相对数 $\frac{f}{\sum f}$ 作为数量指标。根据编制质量指标指数的原则,以

数量指标作为同度量因素,且将其固定在报告期,变量 x 的指数用 K_x 表示,则

$$K_x = \frac{\sum x_1 \cdot \dfrac{f_1}{\sum f_1}}{\sum x_0 \cdot \dfrac{f_1}{\sum f_1}}$$

变量因素指数反映变量值或各组水平变动的程度,表明在没有结构变动影响的条件下,总体内各标志值或组水平的变动方向和程度,以及对总平均数变动的影响,因此,变量因素指数也称为固定构成指数。

由于变量变动影响的绝对额:

$$\sum x_1 \cdot \frac{f_1}{\sum f_1} - \sum x_0 \cdot \frac{f_1}{\sum f_1} = \frac{f_1}{\sum f_1}\left(\sum x_1 - \sum x_0\right)$$

分子与分母的差额说明变量值或各组水平的变动对总平均数变动的实际影响。

(2)结构因素指数。结构指数也是综合指数,需要引入同度量因素。在平均指标指数体系中,结构相对数为数量指标,根据编制数量指标指数的原则,以质量指标作为同度量因素,且将其固定在基期,结构因素指数用 K_f 表示,则

$$K_f = \frac{\sum x_0 \cdot \dfrac{f_1}{\sum f_1}}{\sum x_0 \cdot \dfrac{f_0}{\sum f_0}}$$

结构因素指数表明在变量值或各组水平不变的条件下,由于总体结构的变动,对总平均数变动的影响方向和程度,因此也称为结构影响指数。

由于结构变动影响的绝对额:

$$\sum x_0 \frac{f_1}{\sum f_1} - \sum x_0 \frac{f_0}{\sum f_0} = \sum x_0 \left(\frac{f_1}{\sum f_1} - \frac{f_0}{\sum f_0}\right)$$

分子与分母的差额说明结构变动对总平均数变动的实际影响。

可变构成指数、固定构成指数及结构影响指数之间的关系为:

$$\frac{\dfrac{\sum x_1 f_1}{\sum f_1}}{\dfrac{\sum x_0 f_0}{\sum f_0}} = \frac{\dfrac{\sum x_1 f_1}{\sum f_1}}{\dfrac{\sum x_0 f_1}{\sum f_1}} \times \frac{\dfrac{\sum x_0 f_1}{\sum f_1}}{\dfrac{\sum x_0 f_0}{\sum f_0}}$$

即

可变构成指数 = 固定构成指数 × 结构影响指数

绝对值之间的关系为:

$$\frac{\sum x_1 f_1}{\sum f_1} - \frac{\sum x_0 f_0}{\sum f_0} = \left(\frac{\sum x_1 f_1}{\sum f_1} - \frac{\sum x_0 f_1}{\sum f_1}\right) + \left(\frac{\sum x_0 f_1}{\sum f_1} - \frac{\sum x_0 f_0}{\sum f_0}\right)$$

【例 10-11】 某企业平均工资基本资料如表 10-12 所示。分析该企业平均工资水平的变动情况,并分析工资水平及工人人数结构因素对其影响的程度和绝对数额。

表 10-12　企业平均工资基本资料

工人组别	工资水平/元		工人人数/人	
	基期	报告期	基期	报告期
技工	4 000	6 000	30	70
普工	2 000	3 000	70	30
合计	—	—	100	100

解　平均指标指数计算过程如表 10-13 所示。

表 10-13　平均指标指数计算过程

工人组别	工资水平/元		工人人数/人		工资总额/元		
	基期	报告期	基期	报告期	基期	报告期	过渡性指标
	x_0	x_1	f_0	f_1	$x_0 f_0$	$x_1 f_1$	$x_0 f_1$
技工	4 000	6 000	30	70	120 000	420 000	280 000
普工	2 000	3 000	70	30	140 000	90 000	60 000
合计	—	—	100	100	260 000	510 000	340 000

基期平均工资为:$\bar{x}_0 = \dfrac{\sum x_0 f_0}{\sum f_0} = \dfrac{260\ 000}{100} = 2\ 600$。

报告期平均工资为:$\bar{x}_1 = \dfrac{\sum x_1 f_1}{\sum f_1} = \dfrac{510\ 000}{100} = 5\ 100$。

总平均工资的变动为:

$$K_{\bar{x}} = \dfrac{\bar{x}_1}{\bar{x}_0} = \dfrac{5\ 100}{2\ 600} = 196.15\%$$

$$\bar{x}_1 - \bar{x}_0 = 5\ 100 - 2\ 600 = 2\ 500$$

其中,工资水平变动的影响为:

$$K_x = \dfrac{\sum x_1 \cdot \dfrac{f_1}{\sum f_1}}{\sum x_0 \cdot \dfrac{f_1}{\sum f_1}} = \dfrac{510\ 000}{340\ 000} = 150\%$$

$$\sum x_1 \cdot \dfrac{f_1}{\sum f_1} - \sum x_0 \cdot \dfrac{f_1}{\sum f_1} = \dfrac{510\ 000}{100} - \dfrac{34\ 000}{100} = 1\ 700$$

工人人数结构变化的影响为:

$$K_f = \frac{\sum x_0 \cdot \frac{f_1}{\sum f_1}}{\sum x_0 \cdot \frac{f_0}{\sum f_0}} = \frac{340\,000}{260\,000} = 130.77\%$$

$$\sum x_0 \cdot \frac{f_1}{\sum f_1} - \sum x_0 \cdot \frac{f_0}{\sum f_0} = \frac{340\,000}{100} - \frac{260\,000}{100} = 800$$

综合影响验证：

$$150\% \times 130.77\% = 196.15\% = K_{\bar{x}}$$
$$1\,700 + 800 = 2\,500 = \bar{x}_1 - \bar{x}_0$$

从计算结果来看，企业平均工资报告期比基期增长了 96.15%，工资支出增加 2 500 元，其中，工资水平在报告期增长了 50%，致使工资总额增加 1 700 元；工人人数结构也发生了变化，技工比例上升，普工比例下降，使得总平均工资水平上升了 30.77%，致使工资总额增加 800 元。

项目习题与实训

任务一　认知统计指数

一、单项选择题

1. 在统计实践中，通常人们所说的"指数"一词的含义指的是（　　）。
A. 广义的指数概念　　　　　　　　B. 狭义的指数概念
C. 广义和狭义的指数两种概念　　　D. 拉氏和派氏指数的概念
2. 按所反映现象的时间不同，可以把它分为（　　）。
A. 个体指数和总指数　　　　　　　B. 简单指数和加权指数
C. 动态指数和静态指数　　　　　　D. 定基指数和环比指数
3. 统计指数划分为个体指数和总指数的依据是（　　）。
A. 指标性质不同　　　　　　　　　B. 采用的基期不同
C. 研究对象分类不同　　　　　　　D. 编制指数的方法不同

二、多项选择题

1. 统计指数的作用（　　）。
A. 综合反映复杂现象总体数量上的变动情况
B. 反映现象总体的总规模水平
C. 反映现象总体各单位变量分布的集中趋势
D. 分析现象总体变动中受各个因素变动的影响
E. 利用指数间的数量关系，进行各种推算

2.下列属于质量指标指数的有( )。
A.价格指数　　　　　B.单位成本指数　　　　C.销售量指数
D.工资水平指数　　　E.劳动生产率指数

3.下列属于数量指标指数的有( )。
A.销售量指数　　　　B.产量指数　　　　　　C.价格指数
D.职工人数指数　　　E.可变指数

4.指数按选择基期的不同可分为( )。
A.静态指数　　　　　B.动态指数　　　　　　C.环比指数
D.定基指数　　　　　E.综合指数

5.指数的作用有( )。
A.可进行因素分析　　　　　　　B.反映事物变动方向
C.可进行相关分析　　　　　　　D.反映事物变动程度
E.研究事物在长时间内的变动趋势

任务二　综合指数

一、填空题

1.统计指数按指数化因素的性质不同,分为_____和_____。
2.同度量因素的作用有二,其一是_____,其二是_____。
3.数量指标指数的计算公式为_____,质量指标指数的计算公式为_____。
4.编制数量指标综合指数的一般原则是采用_____作为同度量因素;编制质量指标综合指数的一般原则是采用_____作为同度量因素。
5.统计实践中,编制数量指标指数时应将同度量因素的时期固定在_____,编制质量指标指数时应将同度量因素的时期固定在_____。

二、单项选择题

1.由两个总量指标对比形成的指数一般情况是( )。
A.个体指数　　　B.综合指数　　　C.平均指标指数　　　D.可变指数
2.拉氏指数所采用的同度量因素是固定在( )。
A.基期　　　　　B.报告期　　　　C.假定期　　　　　　D.任意时期
3.派氏指数所采用的同度量因素是固定在( )。
A.基期　　　　　B.报告期　　　　C.假定期　　　　　　D.任意时期
4.综合指数包括( )。
A.个体指数和总指数　　　　　　B.定基指数和环比指数
C.平均数指数和平均指标指数　　D.数量指标指数和质量指标指数
5.编制数量指标指数时一般应以( )作为同度量因素。
A.报告期的质量指标　　　　　　B.基期的质量指标

C. 报告期的数量指标　　　　　　D. 基期的数量指标

6. 某企业总产值增长50%,价格增长25%,则产量增长( )。
   A. 25%　　　B. 2%　　　C. 75%　　　D. 20%

7. 若价格增长5%,销售量增长4%,则销售额增长( )。
   A. 20%　　　B. 9%　　　C. 9.2%　　　D. 8%

8. 如果用 p 表示商品价格,用 q 表示商品销售量,则公式 $\dfrac{\sum p_0 q_1}{\sum p_0 q_0}$ ( )。

   A. 综合反映多种商品销售量的变动程度
   B. 综合反映多种商品销售额的变动程度
   C. 综合反映多种商品销售价格的变动程度
   D. 综合反映多种商品销售价格及销售量的变动程度

三、多项选择题

1. 同度量因素的作用有( )。
   A. 比较作用　　　B. 权数作用　　　C. 媒介作用
   D. 同度量作用　　E. 平衡作用

2. 公式 $\sum p_1 q_1 - \sum p_0 q_1$ 的经济意义是( )。
   A. 综合反映销售额变动的绝对额
   B. 综合反映多种价格变动而增减的销售额
   C. 反映由于价格变动使消费者增减的货币支出
   D. 由于销售量变动而增减的销售额
   E. 综合反映价格和销售量变动的绝对额

3. 公式 $\sum p_0 q_1 - \sum p_0 q_0$ 的经济意义是( )。
   A. 反映由于销售量变动而增减的销售额
   B. 反映由于价格变动使消费者增减的货币支出
   C. 综合反映价格和销售量变动的绝对额
   D. 综合反映销售额变动的绝对额
   E. 反映由于销售量变动使居民增减的货币支出

4. 编制综合指数的要点包括( )。
   A. 引入同度量因素　　　　　B. 确定指数化因素
   C. 固定同度量因素的时期　　D. 选择指数编制方法
   E. 明确指数的经济意义

5. 某地区2008年(相对2007年)社会商品零售价格总指数为103.2%,这一结果说明( )。
   A. 商品零售价格综合上涨了3.2%
   B. 商品零售额上涨了3.2%

C. 由于物价上涨使商品零售量下降了3.2%

D. 每种商品零售价各上涨了3.2%

E. 商品零售额增长不一定与零售价格上涨同步

6. 编制综合指数时,下列说法正确的是(　　)。

A. 拉氏物价指数采用基期销售量作为权数

B. 拉氏物价指数采用报告期销售量作为权数

C. 派氏物价指数采用报告期销售量作为权数

D. 派氏物价指数采用基期销售量作为权数

E. 派氏物量指数采用报告期销售量作为权数

四、综合应用题

某企业产品产量与出厂价格资料如表10-14所示。

表10-14　产品产量与出厂价格资料

产品名称	产量 q/件		出厂价格 p/(元/件)	
	8月份	9月份	8月份	9月份
A产品	20	25	10	12
B产品	15	18	20	25

请根据上述资料回答下列问题。

(1) 表10-14中的产量和出厂价格(　　)。

A. 均为观测数据　　　　　　B. 均为分类数据

C. 均为顺序数据　　　　　　D. 均为数值型数据

(2) 反映该企业历年来产量的变化情况最适用的图形是(　　)。

A. 饼图　　　　　　　　　　B. 环形图

C. 折线图　　　　　　　　　D. 直方图

(3) 产量指数和出厂价格指数(　　)。

A. 均是质量指数　　　　　　B. 均是数量指数

C. 分别是质量指数和数量指数　　D. 分别是数量指数和质量指数

(4) 拉氏产量指数(　　)。

A. $K_q = \dfrac{\sum q_1 p_0}{\sum q_0 p_0} = \dfrac{25 \times 10 + 18 \times 20}{20 \times 10 + 15 \times 20} = \dfrac{610}{500} = 122\%$

B. $K_q = \dfrac{\sum q_1 p_1}{\sum q_0 p_1} = \dfrac{25 \times 12 + 18 \times 25}{20 \times 12 + 15 \times 25} = \dfrac{750}{615} = 121.95\%$

C. 反映该企业两种产品的综合产量9月份比8月份增长了22%

D. 反映该企业两种产品的综合产量9月份比8月份增长了21.95%

(5) 派氏价格指数(　　)。

A. $K_p = \dfrac{\sum q_0 p_1}{\sum q_0 p_0} = \dfrac{20 \times 12 + 15 \times 25}{20 \times 10 + 15 \times 20} = \dfrac{615}{500} = 123\%$

B. $K_p = \dfrac{\sum q_1 p_1}{\sum q_1 p_0} = \dfrac{25 \times 12 + 18 \times 25}{25 \times 10 + 18 \times 20} = \dfrac{750}{610} = 122.95\%$

C. 反映该企业两种产品的综合出厂价格9月份比8月份增长了23%
D. 反映该企业两种产品的综合出厂价格9月份比8月份增长了22.95%

五、计算题

已知某地区甲、乙两种商品的销售量及价格资料如表10-15所示。

表10-15　销售量及价格资料

商品	单位	销售量		价格/元	
		基期	报告期	基期	报告期
甲	件	2 000	2 200	10.0	10.5
乙	套	5 000	6 000	6.0	5.5

计算：
(1) 销售量指数及由于销售量变动而增减的销售额。
(2) 价格指数及由于价格变动而增减的销售额。

任务三　平均数指数

一、单项选择题

1. 按个体价格指数和报告期销售额计算的价格指数是(　　)。
   A. 平均指标指数　　　　　　　B. 加权算术平均数指数
   C. 综合指数　　　　　　　　　D. 加权调和平均数指数
2. 按个体产量指数和基期总产值计算的产量指数是(　　)。
   A. 综合指数　　　　　　　　　B. 加权算术平均数指数
   C. 平均指标指数　　　　　　　D. 加权调和平均数指数
3. 若产量增加，而生产费用不变，则单位成本指数(　　)。
   A. 减小　　　B. 无法预计变化　　　C. 增大　　　D. 不变
4. 由三个指数组成的指数体系中，两个因素指数的同度量因素通常(　　)。
   A. 都固定在基期　　　　　　　B. 都固定在报告期
   C. 一个固定在基期，另一个固定在报告期　D. 采用基期和报告期的平均
5. 加权算术平均数指数变形为综合指数所用的特定权数是(　　)。
   A. 基期总额　　　　　　　　　B. 报告期总额
   C. 固定权数　　　　　　　　　D. 假定期总额
6. 加权调和平均数指数变形为综合指数所用的特定权数是(　　)。
   A. 固定权数　　B. 报告期总额　　C. 基期总额　　D. 假定期总额
7. 编制总指数的两种形式是(　　)。
   A. 数量指标指数和质量指标指数　　B. 定基指数和环比指数
   C. 算术平均数指数和调和平均数指数　D. 综合指数和平均数指数

8. 平均数指数是总指数的另一形式,计算的基础是(　　)。
A. 数量指数　　　B. 个体指数　　　C. 综合指数　　　D. 质量指数

二、多项选择题

1. 加权算术平均数指数是一种(　　)。
A. 综合指数　　　　　　　B. 总指数　　　　　　　C. 平均数指数
D. 个体指数加权平均　　　E. 质量指标指数

2. 综合指数与平均数指数(　　)。
A. 在解决复杂总体不能直接同度量的问题时的思路不同
B. 在运用资料的条件上不同,在经济分析中的具体作用亦不同
C. 在计算形式上不同而在经济内容上相同
D. 在计算形式上相同,在经济内容上也相同
E. 在一定权数条件下,二者有变形关系,这时两种方法计算的指数具有完全相同的经济意义和计算结果

三、综合应用题

某地区三种农副产品的收购资料如表 10-16 所示。

表 10-16　农副产品的收购资料

产　品	计量单位	收购量		收购价格/元	
		5月份	6月份	5月份	6月份
甲	千克	200	500	55	65
乙	千克	300	600	65	80
丙	千克	400	300	85	80

请根据上述资料从下列备选答案中选出正确答案。

(1) 收购量与收购价格,(　　)。
A. 前者为定性变量,后者为数值变量　　　B. 前者为数值变量,后者为定性变量
C. 两者均为定性变量　　　　　　　　　　D. 两者均为数值变量

(2) 反映收购量与收购价格之间的关系适宜采用的图形是(　　)。
A. 饼图　　　　B. 散点图　　　　C. 圆环图　　　　D. 条形图

(3) 收购量指数(　　)。
A. 是数量指数
B. 是质量指数
C. 采用拉氏指数公式计算:$K_q = \dfrac{\sum q_1 p_0}{\sum q_0 p_0} = \dfrac{500 \times 55 + 600 \times 65 + 300 \times 85}{200 \times 55 + 300 \times 65 + 400 \times 85}$
D. 采用派氏指数公式计算:$K_q = \dfrac{\sum q_1 p_1}{\sum q_0 p_1} = \dfrac{500 \times 65 + 600 \times 80 + 300 \times 80}{200 \times 65 + 300 \times 80 + 400 \times 80}$

(4) 收购价格指数(　　)。
A. 是数量指数

B. 是质量指数

C. 采用拉氏指数公式计算：$K_p = \dfrac{\sum p_1 q_0}{\sum p_0 q_0} = \dfrac{65 \times 200 + 80 \times 300 + 80 \times 400}{55 \times 200 + 65 \times 300 + 85 \times 400}$

D. 采用派氏指数公式计算：$K_p = \dfrac{\sum p_1 q_1}{\sum p_0 q_1} = \dfrac{65 \times 500 + 80 \times 600 + 80 \times 300}{55 \times 500 + 65 \times 600 + 85 \times 300}$

（5）拉氏指数与派氏指数，（　　）。

A. 前者要求权数固定在基期　　　　B. 后者要求权数固定在基期

C. 前者要求每期更换权数　　　　　D. 后者要求每期更换权数

四、计算题

某市各类商品零售价格指数和权数如表 10-17 所示，要求计算零售价格总指数。若报告期零售额比基期增长 13.8%，则零售量增长了多少？

表 10-17　各类商品零售价格指数和权数

类别	指数/(%)	权数/(%)
一、食品类	108.5	48
二、衣着类	103.4	18
三、日用品类	106.3	13
四、文化娱乐用品	109.5	8
五、医疗保健	110.4	3
六、住居	107.6	4
七、交通通信	108.4	4
八、其他类	104.5	2

任务四　指数体系及因素分析

一、单项选择题

1. 因素分析法的依据是（　　）。

A. 指标体系　　　　　　　　B. 指数体系

C. 综合指数理论　　　　　　D. 平均指数理论

2. 某种商品报告期与基期比较销售量增长 16%，价格下降 9%，则销售总额比基期（　　）。

A. 增长 7%　　B. 增长 5.56%　　C. 增长 27.47%　　D. 下降 27.47%

3. 如果商品的价格上涨 10%，销售量下降 10%。则商品的销售额（　　）。

A. 有所增加　　B. 有所减少　　C. 没有变化　　D. 无法判断

4. 在物价上涨后，同样多的人民币少购买商品 3%，则物价指数为（　　）。

A. 97%　　B. 103%　　C. 3%　　D. 109.09%

5. 某地区 8 月份的居民消费价格指数为 105%,则货币购买力指数为(   )。
   A. 95.24%   B. 85.24%   C. 105.24%   D. 90.24%
6. 已知某工业企业 2006 年的工业增加值为 2 000 万元,2008 年减少为 1 800 万元,这几年间的物价总水平下降了 6%,那么该企业的产品产量指数大致是(   )。
   A. 106.0%   B. 104.8%   C. 95.7%   D. 84.9%
7. 因素分析法可以分为连环替代法和差额替代法,这两种方法的关系是(   )。
   A. 连环替代法与差额替代法的复杂程度相等
   B. 差额替代法与连环替代法的基本原理不相同
   C. 差额替代法是连环替代法的一种简化形式
   D. 连环替代法是差额替代法的一种简化形式

二、多项选择题

1. 运用指数体系进行因素分析时(   )。
   A. 可以对总量指标进行因素分析
   B. 可以对平均指标进行因素分析
   C. 可以对相对指标进行因素分析
   D. 可以从绝对数方面进行因素分析
   E. 可以从相对数方面进行因素分析
2. 指数体系的基本含义(基本原理)包括(   )。
   A. 若干因素指数连乘积等于实际总变动指数
   B. 总变动指数等于各因素指数的几何平均数
   C. 若干因素影响的绝对额之和等于实际总变动
   D. 对象指数分子与分母之差等于各因素指数分子与分母之差的连乘积
   E. 对象指数分子与分母之差等于各因素指数分子与分母之差的代数和
3 在采用连环替代法时,替代顺序应遵循的原则是(   )。
   A. 先替代数量因素,再替代质量因素
   B. 如果既有实物数量又有价值数量,先替代实物数量,再替代价值数量
   C. 如果有几个数量因素或质量因素,先替代数量指标,后替代质量指标
   D. 先替代主要因素,再替代次要因素

三、计算题

1. 某企业三种产品产量与成本有关资料如表 10-18 所示。

表 10-18 三种产品产量与成本有关资料

产品名称	产量			单位成本		
	计量单位	基期 q_0	报告期 q_1	计量单位	基期 p_0	报告期 p_1
甲	万件	10	12	元/件	8	10
乙	万只	30	50	元/只	3.8	3.5
丙	万个	15	20	元/个	10	8

要求：

(1) 计算三种产品的单位成本指数以及由于单位成本变动使总成本变动的绝对额。

(2) 计算三种产品产量总指数以及由于产量变动而使总成本变动的绝对额。

(3) 利用指数体系分析说明总成本（相对程度和绝对额）变动的情况。

2．某地区近两年粮食产值、播种面积和单位面积产量统计资料如表 10-19 所示。

表 10-19　某地区粮食产值、播种面积和单位面积产量统计资料

粮食作物	播种面积／亩		单位面积产量／千克		粮食单价／元	
	基期 q_0	报告期 q_1	基期 m_0	报告期 m_1	基期 p_0	报告期 p_1
甲	1 000	1 200	400	500	2.0	3.0
乙	700	600	320	400	1.5	2.0
丙	500	300	250	300	1.0	1.6

试对产值变动的原因进行分析。

3．某企业 2015 年、2016 年有关财务指标统计资料如表 10-20 所示。

表 10-20　财务指标统计资料

年份	总资产产值率	产品销售率	销售利润率
2015	80%	98%	30%
2016	82%	94%	22%

已知总资产报酬率＝总资产产值率×产品销售率×销售利润率，请运用连环替代法分析各因素对总资产报酬率的影响程度。

任务五　平均指标指数

一、填空题

1．反映总体结构变动对总平均水平变动的影响的是 _____。

2．反映总体各组水平变动对总平均水平变动的影响的是 _____。

二、单项选择题

1．平均指标指数是（　　）。

A．个体指数的加权平均数　　　　B．类指数的加权平均数

C．由两个平均数对比得到的指数　　D．总指数

2．反映总体结构变动的平均指标指数是（　　）。

A．结构影响指数　　　　B．固定构成指数

C．可变构成指数　　　　D．平均数指数

3．职工总平均工资增长 3.5%，固定构成工资指数增长 15%，职工人数结构影响指数为（　　）。

A．18.5%　　　　B．119.03%　　　　C．−11.5%　　　　D．90%

4. 平均指标指数体系包括三个指数,即( )。
A. 总指数、加权算数平均数指数、加权调和平均数指数
B. 总指数、综合指数、个体指数
C. 总变动指数、数量指标指数、质量指标指数
D. 可变构成指数、固定结构指数、结构变动指数

5. 如果居民消费价格指数上涨了20%,则现在1元钱( )。
A. 只值原来的0.8元　　　　　　B. 只值原来的0.83元
C. 与原来1元钱等值　　　　　　D. 无法与原来比较

三、多项选择题

1. 由两个平均指标对比形成的指数是( )。
A. 平均数指数　　B. 可变构成指数　　C. 平均指标指数　　D. 综合指数

2. 用某企业职工人数和劳动生产率分组资料来进行分析时,该企业总的劳动生产率变动主要受到( )。
A. 企业劳动生产率变动的影响
B. 企业各类职工人数中所占比重的变化影响
C. 企业各类职工劳动生产率的变动影响
D. 受各组职工人数和相应劳动生产率两因素的影响

四、综合应用题

某企业按男、女分组的工人人数和工资资料如表10-21所示。请据此计算并回答以下问题,在备选答案中选取正确答案。

表10-21　按男、女分组的工人人数和工资资料

性别	工资总额/元		人数/人		平均工资/元	
	基期	报告期	基期	报告期	基期	报告期
男	24 000	20 000	30	20	800	1 000
女	10 000	18 000	20	30	500	600
合计	34 000	38 000	50	50	680	760

(1) 从基期到报告期,该企业全部工人平均工资的增长率是( )。
A. 111.76%　　　　　　　　　　B. 122.5%
C. 11.76%　　　　　　　　　　　D. 22.5%

(2) 从基期到报告期,该企业男、女工人平均工资的增长率分别是( )。
A. 125%、120%　　　　　　　　B. 25%、20%
C. 83.3%、180%　　　　　　　　D. -16.7%、80%

(3) 从基期到报告期,该企业男性工人平均工资比女性工人平均工资( )。
A. 增长5个百分点　　　　　　　B. 增长快5%
C. 增长慢46.29%　　　　　　　D. 少增长96.7%

(4) 该企业全部工人平均工资变动受男、女工人平均工资变动的影响程度是( )。
A. 125%　　　B. 123.52%　　　C. 122.58%　　　D. 91.7%

(5) 该企业全部工人平均工资变动受男、女工人人数结构变动的影响程度是（　　）。
A. 91.17%　　　　B. 123.52%　　　　C. 122.58%　　　　D. 150%

五、计算题

某企业平均工资基本资料如表 10-22 所示。

表 10-22　企业平均工资基本资料

工人组别	工人数／人		工资水平／元	
	基期	报告期	基期	报告期
技术工	800	780	2 000	2 100
普通工	1 200	1 020	1 600	1 800
合计	2 000	1 800	—	—

根据资料计算：

(1) 总平均工资指数（平均工资可变指数）；

(2) 工资水平指数，人数结构变动影响指数以及各因素变动对总平均工资的影响程度。

参考文献

[1] 卞疏宁.统计学概论[M].4版.北京:高等教育出版社,2012.
[2] 黄良文,陈仁恩.统计学原理[M].4版.北京:中央广播电视大学出版社,2006.
[3] 全国统计专业技术资格考试用书编写委员会.统计业务知识[M].北京:中国统计出版社,2013.
[4] 周恩荣.应用统计学[M].北京:北京交通大学出版社,2007.
[5] 于涛.社会经济统计学原理[M].武汉:武汉大学出版社,1992.
[6] 李天剑,王金荣.统计学原理与营销统计[M].2版.北京:高等教育出版社,2013.
[7] 胡德华.统计学原理[M].2版.北京:清华大学出版社,2017.
[8] 刘雅漫.新编统计基础[M].5版.大连:大连理工大学出版社,2009.
[9] 李海波,刘学华.新编统计学[M].上海:立信会计出版社,2005.
[10] 陈在余,陶应虎.统计学原理与实务[M].北京:清华大学出版社,2009.